# 泰国史话

## History of Thailand

田霖 ◎ 著

中国书籍出版社
China Book Press

图书在版编目（CIP）数据

泰国史话 / 田霖著. -- 北京：中国书籍出版社，2023.8

ISBN 978-7-5068-9526-2

Ⅰ.①泰… Ⅱ.①田… Ⅲ.①泰国—历史 Ⅳ.①K336.0

中国国家版本馆CIP数据核字（2023）第147765号

## 泰国史话

田霖 著

| 责任编辑 | 王志刚 |
|---|---|
| 责任印制 | 孙马飞　马 芝 |
| 封面设计 | 东方美迪 |
| 出版发行 | 中国书籍出版社 |
| 地　　址 | 北京市丰台区三路居路97号（邮编：100073） |
| 电　　话 | （010）52257143（总编室）　（010）52257140（发行部） |
| 电子邮箱 | eo@chinabp.com.cn |
| 经　　销 | 全国新华书店 |
| 印　　刷 | 北京睿和名扬印刷有限公司 |
| 开　　本 | 710毫米×1000毫米　1/16 |
| 字　　数 | 285千字 |
| 印　　张 | 20.75 |
| 版　　次 | 2023年8月第1版　2023年10月第1次印刷 |
| 书　　号 | ISBN 978-7-5068-9526-2 |
| 定　　价 | 56.00元 |

版权所有　翻印必究

# 前言

泰国地处中南半岛，是我国的近邻，从我国云南省西双版纳自治州出发驱车两小时就能到达泰国最北部的边境。由于地理相近、血缘相亲，中泰两国之间的传统友谊源远流长。如今，每年都有成百上千万人次的中国游客前往泰国旅游，大量中国企业赴泰投资建厂，泰国的流行文化风靡我国网络空间，不论男女老少几乎都能说上一句"萨瓦迪卡"，可以说泰国是我们最熟悉的国家之一。

说起泰国，人们常常联想到迷人的微笑和温婉的泰语，想到庄严华丽的佛教寺庙和神秘莫测的宗教仪式，想到虔诚善良的国民和尊贵优雅的王室，想到美丽宜人的热带风光和物美价廉的农林物产。这些美好的标签让我们对这片国度无比向往，但与此同时，泰国也有其饱受争议的一面，比如政治斗争频繁导致政变和街头示威频频上演；毒品和枪支问题严重，导致社会惨剧时有发生；地下赌博和色情行业屡禁不止，以至于在许多文艺作品中，泰国被描绘成法外之地。

我们对于泰国的印象充满了冲突和分裂，诸多矛盾的元素被纳入到同一个语境之中，使得泰国的形象也衍生出神秘复杂的一面。仔细观察这个与我们关系密切的国家，会发现泰国文化的内核被掩盖在纷繁复杂的碎片标签之下，令我们感到陌生和好奇。笔者撰写本书的初衷也正是源自于这种好奇，希望抛去对泰国的刻板印象和碎片化认知，从头梳理泰国文化的根源，建构了解泰国历史的框架，从而帮助感兴趣的读者深入了解泰国是如何一步一步在历史的长河中走来。

东南亚地区被誉为世界文明的十字路口，东西方文明在此沟通交融，迸发出灿烂的文明。而泰国的地理位置处于中南半岛的中央地带，更是文明碰撞的舞台中心。在远古的石器时代，泰国境内就有人类活动遗迹，在金属器时代则发展出了灿烂的史前文明，尤其是位于泰国北部的"班清文化"，有着极高的考古价值。公元前6世纪左右，印度史书将泰国所在的土地称为"素万那普"，意思是"黄金之地"，印证了当时这片土地的丰饶富庶。

公元1世纪左右，这片被称为暹罗的土地上逐渐出现了大大小小的国家政权，比如扶南国、金邻国、堕罗钵底国等等，这些早期国家处于古印度和古代中国之间，是沟通两大文明古国的重要桥梁。在外界的影响下，这些古国也创造出了属于自己的独特文明。这一阶段的国家大多是孟 - 高棉人所建，而泰族人直到公元8世纪左右才逐渐迁徙到这里。关于泰人起源之谜，学术界一直有争论。泰国的历史教科书中列出了多种说法，但并无定论。目前我国学者的意见大多认为泰人起源于中国古代的百越民族聚居区，大致范围是从浙江省向南直到越南北部，再向西到云南省南部的新月形地带。泰族原本是古代百越民族中的一支，自北向南迁徙进入东南亚地区，在泰国北部他们建立了大大小小许多王国政权，最后由孟莱王于1292年建立了兰纳王国，达成了泰北地区的统一。

除去泰北地区以外，还有大量泰人向南迁徙进入到泰国中部地区定居，并建立政权。泰国历史上的第一个大一统封建政权便是位于兰纳王国南方的素可泰王国。素可泰在13世纪下半叶崛起，不仅脱离了高棉人的统治，而且开疆扩土，为当今泰国的疆域奠定了基础。在社会文化方面，素可泰时期的统治者兰甘亨大帝发明了泰语文字，还促进了上座部佛教在王国的传播，影响了暹罗此后数百年的文明发展。但素可泰王国存续时间并不长，在经历了9位国王后，于1438年被中部的阿瑜陀耶王国吞并。

阿瑜陀耶王国的前身是中部华富里地区的罗斛国，后于1350年迁都至阿瑜陀耶城。由于泰国习惯以都城来命名王国，因此阿瑜陀耶成了继素可泰之后，泰国历史上的第二个封建王国。最初阿瑜陀耶和素可泰是并立的两个政权，但由于阿瑜陀耶土地肥沃、交通便利，逐渐在贸易和竞争中获得优势，最终吞并了素可泰。阿瑜陀耶王国存续时间达到400余年，期间有五个家族的统治者登上王座，分别创建了该王国的五个朝代。最初的两个朝代中，乌通家族和素攀家族不断争夺王位，从1350至1408年双方各诞生了3位国王。最终素攀家族大权在握，稳定了国内的政治局面，领导王国不断发展，并确立了萨迪纳制度来控制全国的土地和人力资源，这一制度对后世产生了巨大的影响。素攀王朝延续了一百余年，最终在内忧外患中终结。当时素攀家族内部不断争夺王位导致政权不稳，而缅甸东吁王国则国力强盛，趁机发兵来袭。经过近20年多次战役的洗礼，阿瑜陀耶城于1569年被缅军攻破，王国沦为缅甸的附属国，在历史上第一次丧失独立主权。

阿瑜陀耶战败后，缅王扶植了素可泰家族的统治者成为傀儡国王，开启了王国的素可泰王朝时期。经过15年的厚积薄发，纳瑞萱大帝于1584年带领暹罗重新独立，并且通过战争捍卫了民族尊严，让阿瑜陀耶摆脱了附属国的地位。在这一时期，西方人越来越多地来到阿瑜陀耶，促进了贸易的发展，带来了财富和繁荣，也使贵族阶级势力逐渐壮大，埋下隐患。

1629年，宫中大臣奥亚席沃拉翁篡位登基，开启了阿育陀耶的第四个王朝——巴沙通王朝。这一王朝存续期间，阿瑜陀耶与西方国家的外交和贸易关系越发密切，尤其在1656年那莱王登基后，不仅有西方人在宫廷中任重要职位，还吸引大量西方商人和传教士来到阿瑜陀耶，他们留下大量文件记录，是现在研究泰国历史的重要材料。与西方国家的交往为阿瑜陀耶带来财富的同时，也带来了祸患。1688年法国人在希腊人华尔康的里应外合之下，将军舰开到暹罗的两个港口要求驻军。那莱王无奈答应了这一屈辱要求，引发了阿瑜陀耶人民的不满，最终导致了宫廷政变。

1688年政变的领导人是帕碧罗阁，他建立了阿瑜陀耶的最后一个王朝——班普銮王朝。由于此前与法国人的冲突，阿瑜陀耶王国与西方人的交往变得谨慎，逐渐走向封闭，影响了国家的对外贸易。与此同时，国内又多次爆发争夺王位的内部战争，导致国力衰弱。邻国缅甸看到良机再次来袭，阿瑜陀耶苦苦抵抗但没能逃脱亡国的命运。1767年，阿瑜陀耶城第二次被攻陷，在战火中沦为一片废墟，延续了417年的阿瑜陀耶王国时代就此落幕。

都城沦陷之后，暹罗成了诸侯割据的竞技场。其中华人将军郑信脱颖而出，率领部众驱逐缅军，光复国土。由于阿瑜陀耶城被毁，郑信称王后重新定都于湄南河畔的吞武里城，建立了泰国历史上的第三个王国——吞武里王国。此后他不断征战，不仅平定了国内的诸多割据势力，还培养了强大的军队来开辟疆土，让暹罗找回了往日的荣光。但郑信王在执政末期刚愎自用导致贵族和百姓不满，都城中发生暴乱，他不得不退位出家，最终被手下的大将军昭披耶却克里处死。吞武里王国在短短15年后便退出了历史舞台。

昭披耶却克里平定了都城的暴乱之后亲自登上王位，并下令迁都至湄南河对岸的曼谷城，开启了曼谷王朝。曼谷王朝始于1782年，至今已经延续了200余年，共诞生了10位国王，被称为拉玛一世至拉玛十世。在曼谷王朝初期，暹罗与邻国的战争逐渐平息，和平成了主旋律，国家的文化、政治、贸易都得到长足的发展。到19世纪下半叶，西方帝国开始对东南亚施加影响力，泰国周边国家纷纷沦为殖民地。拉玛四世和拉玛五世意识到国家需要做出改变才能避免厄运，因此主导了国家的现代化改革。这一时期的暹罗发生了天翻地覆的变化，不论在行政体制、经济税收、人民权利、社会风貌、基础设施等方面都发生极大改变。暹罗凭借主动积极的改革和灵活的外交策略在列强之间斡旋，确保了自身的独立地位，成为东南亚地区唯一一个没有沦为殖民地的国家。拉玛六世王时期，暹罗更是主动参加第一次世界大战并成为战胜国，在国际舞台上赢得了平等和尊重。

随着暹罗不断学习西方国家的先进制度和技术，民主的思想也随之不断传入。最终在1932年，一场革命终结了暹罗的君主专制制度，拉玛七世王成为首位君主立宪制度下的君主。但此次革命主要由知识分子和进步军人发动，民主对于广大的普通民众来说还是一个新鲜事物，民主体制在本土文化语境中遭遇了水土不服。通过人民选举上台的文人政府经常陷入党派相互攻讦、频繁更换领导人的怪圈。而军人势力则凭借领袖威权形象吸引民众，并且配合美国在东南亚的反共需求，牢牢把控了泰国的政治权力。从第二次世界大战时期到20世纪70年代，军人执政的时期远远超过民选政府。直到1973年10月14日，泰国爆发了大型的抗议示威活动，进步学生和青年人走上街头抗议军人政府，用自己的生命和鲜血来表达对自由民主的渴望。最后在拉玛九世王的干预下，军政府领导人流亡海外，泰国民主运动取得了首次胜利。此后，泰国军人势力也意识到民主的大潮难以抗拒，逐渐退居幕后，在民主体制之下谋求政治影响力。

20世纪八九十年代，泰国经济发展迅猛，成为我们口中的"东亚四小虎"之一。但随后的1997年亚洲金融危机重创泰国，让泰国对全球化这一概念展开了反思。拉玛九世提出了"适度经济"理论，主张在全球化的浪潮中"退一步"，注重内生型发展，提高风险防范能力。而2001年上任的商人总理他信·西那瓦从这一哲学中吸收养分，注重泰国底层草根阶级和偏远乡村地区的发展和福祉，鼓励他们走出小农经济的圈层，主动积极参与到全球化贸易之中。他的政策深受底层民众欢迎，但广大城市中产阶级的利益因此受损，保守派政治精英因此开始组织反对他信的活动。此后的十年中，泰国政坛被分裂为两股势力：代表保守派力量反对他信的"黄衫军"以及代表草根阶级支持他信的"红衫军"。红黄两派你方唱罢我登场，彼此争斗不休，对泰国社会的稳定造成了极其恶劣的影响，也导致了2006年和2014年两次军事政变。

2014年至2023年是泰国政局较为稳定的一段时间，军人背景的政府颁布了2017年版宪法，组织了2019年大选。虽然执政合法性饱受争议，但巴育·占奥查将军仍是度过了诸多难关，一直稳坐总理宝座。在本书写作完成之时，泰国即将进行2023年大选，这将是泰国政治的又一个拐点。执政近10年的军人势力能否继续掌权？他信家族势力是否会卷土重来？新一代年轻人的政治诉求是否能够得到满足？一个个问题都扑朔迷离，或许在本书出版后就能得到解答。

泰国有着复杂而又悠久的历史，在数百年的发展中始终保持着与中国的密切往来，"中泰一家亲"从来不是一句空洞的话语，而是关于两国友谊最恰当的表述。现如今，中泰两国在诸多领域都开展了密切的合作：泰国是中国"一带一路"倡议、"澜沧江-湄公河"合作机制的重要伙伴，而中国则是泰国最重要的投资来源国之一，也是其最大的出口市场，可以说双方有极大的合作潜力等待挖掘。但当今的世界格局不断变化，中泰关系也面临着诸多挑战，需要通过彼此了解、增加交流来打破猜忌和隔阂。

笔者努力写作此书，希望能够帮助更多读者了解泰国，为推动两国人民的传统友谊尽绵薄之力。在写作过程中，笔者参考了国内外大量文献，认真学习了前人的研究成果，从中获益匪浅，但由于写作体例限制未能一一标注，在此表示感谢。笔者并非历史研究专业出身，只能尽量客观地呈现泰国历史发展的史实，减少个人观点的表述。但泰国历史研究的材料纷繁复杂，各种语言、各个时期的史学作品中经常出现彼此矛盾的说法和数据。笔者只能通过多方比较查验来确认最合理的说法，但其中难免出现纰漏和错误，恳请学界师长、同仁和读者朋友指正。

本书能够得到出版离不开中国书籍出版社的大力支持，感谢王志刚编辑等出版社同仁。在本书的写作过程中，北京外国语大学泰语专业的外国专家葛潘·纳卜芭副教授提供了极大帮助，遗憾的是她没能看到此书问世，在此向她表示深切的感谢和怀念。

# 目 录

前　言 / 1

## 第一章　泰国概况 / 1
　　一、泰国的民族 / 5
　　二、泰国的宗教 / 8
　　三、泰国的王室 / 13

## 第二章　史前时期与早期王国 / 17
　　一、史前文化 / 20
　　　　石器时代 / 20
　　　　来自死亡铁路的石斧 / 21
　　　　金属器时代：班清文化 / 22
　　　　素万那普：黄金之地 / 24
　　二、早期国家 / 26
　　　　中部地区：扶南王国 / 26
　　　　中部地区：金邻国 / 27
　　　　中部地区：堕罗钵底国 / 28
　　　　南部地区：狼牙修、盘盘国 / 30
　　　　南部地区：从"单马令"到"洛坤" / 31
　　　　北部地区：从百越迁徙到泰北 / 33
　　　　北部地区：哈利奔猜"女王国" / 34
　　　　北部地区：孟莱王与兰纳国 / 35

## 第三章　素可泰王朝 / 39

### 一、素可泰王朝的兴起与衰败 / 41

素可泰：从村庄到王国 / 41

素可泰王国的建立 / 42

素可泰的辉煌：兰甘亨大帝 / 45

素可泰的衰落 / 49

王朝更迭期：从素可泰到阿瑜陀耶 / 51

### 二、素可泰时期的社会文化发展 / 54

政治体制 / 54

生产贸易 / 56

文化艺术 / 58

## 第四章　1350—1767：阿瑜陀耶王国时期 / 61

### 一、阿瑜陀耶王国初期：蹒跚前行（1350—1488）/ 63

两大家族之争 / 64

萨迪纳制度 / 67

### 二、阿瑜陀耶王国中期：内忧外患（1488—1628）/ 72

王位之争 / 73

泰缅战争大幕开启 / 77

素丽遥泰陨落之战（1548年）/ 79

白象战争（1563年）/ 80

阿瑜陀耶破城之战（1568年）/ 82

纳瑞萱大帝：带领国家重获独立 / 85

后纳瑞萱时期：外国势力涌入阿瑜陀耶 / 91

日本武士叛乱 / 92

### 三、阿瑜陀耶王国末期：再次沦陷（1629—1765）/ 94

王朝再度更迭 / 95

巴沙通王朝开启 / 99

　　　　再争王位 / 101
　　　　那莱大帝的功绩 / 103
　　　　华尔康与法国殖民者 / 108
　　　　1688年驱逐法国殖民者 / 110
　　　　班普銮王朝 / 113
　　　　王国的末日 / 117
　　四、阿瑜陀耶王国的外交与文化发展 / 122
　　　　王国统治的进步 / 122
　　　　王位传承的魔咒 / 124
　　　　阿瑜陀耶与中国的交往 / 126
　　　　阿瑜陀耶的社会文化与文学艺术 / 130

## 第五章　吞武里王朝 / 135
　　一、吞武里王朝的兴起 / 137
　　　　华人国王：郑信大帝 / 138
　　　　抵抗缅军，光复国土 / 139
　　　　重新统一王国 / 142
　　　　向北征讨彭世洛 / 144
　　　　向南攻打洛坤 / 146
　　　　再次北征镇压枋长老 / 147
　　　　对外扩张 / 148
　　二、吞武里王朝与中国的交往 / 152
　　三、吞武里王朝的覆灭 / 155

## 第六章　曼谷王朝初期 / 159
　　一、拉玛一世时期 / 161
　　　　拉玛一世早年经历 / 161
　　　　登上王位 / 163

迁都曼谷 / 165
　　保卫王国 / 166
　　重建国内秩序 / 167
　　法律、宗教、文化发展 / 169
二、拉玛二世时期 / 170
　　保卫国家 / 171
　　宗教文化艺术发展 / 171
　　外交与贸易 / 173
三、拉玛三世时期 / 174
　　早年生平 / 175
　　勤政爱民 / 176
　　弘扬佛教 / 176
　　外交与贸易 / 177

## 第七章　曼谷王朝的现代化改革 / 181

一、拉玛四世时期 / 184
　　拉玛四世早年经历 / 184
　　西方殖民者卷土重来 / 186
　　拉玛四世的社会改革 / 189
二、拉玛五世时期 / 191
　　拉玛五世早年经历 / 191
　　积攒改革力量 1873–1875 年 / 192
　　深化改革 1892–1910 年 / 195
　　维护国家独立主权 / 199
三、拉玛六世时期 / 201
　　拉玛六世早年经历 / 201
　　暹罗民主思想思潮初现 / 202
　　拉玛六世的民族主义思想 / 204

暹罗参加第一次世界大战 / 206

## 第八章　风云激荡的变革时期 / 209

### 一、君主立宪制度的建立 / 212

拉玛七世的统治 / 212

革命的准备 / 214

革命的爆发与结果 / 217

革命后的政治斗争 / 219

### 二、第二次世界大战时期的泰国 / 221

銮披汶颂堪的军人独裁统治 / 221

泰国的亲日路线 / 224

自由泰运动 / 226

战后的民主窗口期 / 231

## 第九章　军人专政与民主运动时期 / 235

### 一、军人独裁专政时期（1947—1973）/ 238

銮披汶颂堪卷土重来 / 238

沙立政权 / 242

他侬政权 / 245

### 二、民主曙光初现（1973—1997）/ 247

1973 年学生运动 / 247

3 年"民主实验"再度失败 / 250

1976 年军事政变事件 / 251

军人政权的过渡时期 / 253

1992 "黑色五月"事件 / 255

## 第十章　经济危机后的泰国 / 259

### 一、1997 年"冬阴功"经济危机 / 262

		1997年亚洲金融危机始末 / 262

		金融危机之中的政局动荡 / 263

	二、充足经济：自给自足的道路 / 267

	三、毁誉参半的他信·西那瓦 / 271

		早年生活 / 271

		他信政府的经济政策 / 273

		政治斗争 / 275

## 第十一章　当代泰国的政治困境 / 281

	一、"红黄之争" / 284

		反他信势力的政治武器 / 284

		"黄衫军"的街头运动 / 286

		"红衫军"的抵抗 / 289

		英拉政府 / 293

	二、巴育政府的执政困境 / 297

		巴育军人政府的改革措施 / 297

		巴育军人政府的发展规划 / 300

		拉玛九世国王去世 / 301

		2019年大选 / 304

		巴育政府继续执政的困境 / 308

## 参考文献 / 314

	中文参考资料 / 314

	泰文参考资料 / 316

	英文参考资料 / 317

| 第一章 |

# 泰国概况

泰国和我国的领土并不接壤，云南省西双版纳傣族自治州的景洪市距泰国最北部的边境有两百多公里的距离，驱车两小时即可到达，中泰两国算得上是实实在在的近邻。两国之间相近的地缘关系为两国开展合作提供了极大便利，而且两国人民血脉相亲，有着深厚的历史交流渊源。

泰国全称"泰王国"（Kingdom of Thailand），地处中南半岛的中心位置，西部与缅甸接壤，东北部与老挝为邻，东南部毗邻柬埔寨，而南部则连接马来西亚，国土面积大约51.3万平方公里，面积比我国的四川省稍大一些。泰国国土总共分为6个地区，各地区都有不同的地形地貌，自然资源非常丰富。

泰国北部为山区，面积9.3万平方公里，该区域80%为山地和丘陵，平均海拔约1600米。泰国最高峰因他暖峰海拔2576米，位于泰国北部中心城市清迈的城郊。泰北山区丛林密布，也是泰国人的母亲河——湄南河（Chao Phraya River）的发源地。

泰国东北部面积16.8万平方公里，属于湄公河流域，和对岸的老挝隔河相望。该地区的方言和地方文化与老挝比较接近，当地人可以使用泰国东北方言与老挝人直接进行口头交流，几乎没有障碍。

泰国中部面积9.2万平方公里，位于湄南河平原，适宜种植稻米，是泰国的粮仓，泰国也因此成为世界上主要的稻米出口国。此外，泰国的首都曼谷也位于中部地区，根据世界银行2015年的测算，曼谷区域的城市面积占到了全国城市面积的80%左右。可见曼谷是泰国绝对的经济、政治、文化中心。

泰国西部地区面积大约5.4万平方公里，大部分与缅甸接壤。1957年拍摄的经典战争电影《桂河大桥》，便以该区域中横跨桂河、连接缅甸和泰国西部的大桥为故事背景。

泰国东部地区坐拥泰国最大的港口——林查班港和国际闻名的旅游胜

地——芭提雅，是全国的经济、工业、物流中心。近年来泰国政府宣布在该区域发展东部经济走廊（EEC：Eastern Economic Corridor）计划，要在该区域建设海陆空国际交通枢纽，吸引外商投资，发展新兴科技产业，建成东南亚的新经济中心。

南部地区历来是泰国最重要的农业产区，农业产值占到当地国民生产总值的25%—35%，尤其是橡胶产量占到全国的70%以上。泰国南部地处狭窄的马来半岛，与马来西亚接壤，尤其最南部的三个府——惹拉府、北大年府和陶公府，是泰国马来人主要的聚居地。由于历史遗留问题和宗教文化差异，当地存在一些分裂武装势力，曾经多次策划炸弹袭击事件。

泰国国土的形状看上去像一只大象的头部，西北部和东北部分别是大象的两只耳朵，东南部像是一侧的象牙，而南部狭长的半岛区域则像是大象的长鼻子。但泰国人更喜欢将自己的国土形状比喻为一柄战斧：南部好像斧柄，东部好像斧刃。这两个比喻或许也象征着泰国文化中的不同侧面，一方面带有大象般的温和谦逊，另一方面也具有战斗的血性。我们印象中的泰国是一个微笑的国度，风景宜人、人民友好，是一个物产丰富、适宜居住的天堂。但实际上这只是泰国文化中的一个侧面，泰国在历史上也经历了许多风雨坎坷，时至今日仍有许多难以解决的社会问题。我们应该带着理性客观的眼光去看待泰国历史文化。

泰国的国旗中其实蕴含了泰国文化的三大要素。泰国国旗叫作"三色旗"，上下排布着红—白—蓝—白—红共五个横条，其中红色代表各民族人民为国奋斗的热血，白色代表宗教的纯洁，而蓝色代表王室，位于人民和宗教之间。泰国人常常使用一个词叫作"Kuam Pen Thai"，意思是"泰国性"，指的是"使泰国成为泰国的特性"，其中最重要的三大支柱就是国旗上的三个元素："民族、宗教、王室"，这也是我们认识泰国时最重要的三个方面。

# 一、泰国的民族

泰国虽然以主体民族泰族命名，但实际上是一个不折不扣的多民族国家。泰国的官方和学界未能就民族划分的方式达成统一，而且各民族的名称也纷繁复杂容易混淆。所以泰国究竟有多少个民族，并不是一个容易回答的问题。

根据泰国社会发展与人类安全部公布的数据显示，泰国除了主体民族泰族外还有56个少数民族，按居住地区将其分为四类：居住于平原地区的少数民族共38个，居住于山地地区的少数民族共13个，居住在沿海地区的少数民族共3个，居住在森林地区的少数民族2个。泰国学术界也经常根据语言对少数民族进行分类，认为泰国共有73个民族：泰语系共24个民族，南亚语系共23个民族，南岛语系3个民族，汉藏语系21个民族，苗瑶语系2个民族。

以上数据告诉我们，泰国其实也是由不同语言、不同文化、不同习俗的民族组成的，也有其文化复杂性。在了解泰国时，我们不能简单地轻信一些刻板印象，这无疑是一叶障目的做法。或许走出泰国的都市和旅游景点，真正走入小镇，走入乡村，走入普通泰国人的生活中，才会发现这个国家真实的模样。

一般认为泰国的主体民族是泰族，根据泰国官方和学者的不同说法，泰族在泰国人口总数中的占比达到了90%—94%。实际上这一说法可能和我们的认知是存在偏差的，中国学界此前认为泰族的比例在40%左右，是什么造成了如此大的差距呢？以泰国的华人为例，据估计到2010年止，泰国的华人已经达到了660万人，占到泰国总人口的10%左右。此前也有泰国学者认为华族是泰国最大的少数民族。但在当下的统计中，我们并没有看到华人作为一个少数民族出现在人口统计当中，而是成为泰国主体民族的一部分，这与泰国数百年来的民族政策是有一定关系的。

泰国自曼谷王朝建立后，一直主张本国的少数民族融入主体民族中，其中主要包括泰国东北部的佬族人口、南方信仰伊斯兰教的马来人、大量移民至泰国的华人，以及居住在山地区域的山地民族等。泰国是东南亚唯一没有被西方列强殖民的国家，但在拉玛四世至拉玛五世时期开始主动接受西方民族国家的观念，强调泰国的民族意识和民族身份。曼谷王朝的统治者一直希望将东南亚传统的松散政体整合为中央集权的民族国家形式，因此通过许多方式试图同化少数民族，比如宣传泰族和佬族使用同一种语言，属于同一个国家；禁止南部马来族聚居区使用马来语、穿马来民族服装，甚至要求政府中的马来族职员将马来名字改为泰人名字，要求马来族穆斯林儿童用泰语学习文化知识等。

华人华侨移民泰国的历史久远，尤其在19世纪中期以后，大规模的契约华工移民东南亚，泰国的华人社会已经形成了一定规模。在20世纪20年代，大量中国知识分子也通过自由移民前往泰国定居，进一步扩大了东南亚华人的人口规模。早期移民至泰国的华人经常投奔同乡或者亲友，因此在泰国经常集中聚居于一地，并且在当地根据家乡、行业建立不同的组织，比如同乡会、宗亲会、商会等，形成了一个个颇具规模的社会组织。这些泰国华人仍然保留着许多中华民族的文化传统，并且有着浓厚的家乡观念，逢年过节都要祭拜祖先，因此也形成了许多具有中华文化色彩的场所，比如神庙、善堂、祭坛等。此后又开设华文学校、创办华文报社等。泰国华人由于团结、勤劳等优秀特质，在当地迅速发展壮大，他们早期的聚居区也迅速成为繁华的商业街区，比如曼谷三聘街、耀华力路、石龙军路一带的唐人街，至今仍是曼谷比较繁华的商业区。泰国华人也没有偏安一隅，而是逐渐融入了泰国社会中，在各行各业发挥本领。

到了拉玛六世王时期，华人在泰国社会中的力量越来越强大，他们凭借卓越的经商能力掌握了泰国多个经济产业的重要地位，对泰国经济稳定具有极大的影响力。1910年，为了抗议泰国政府提高中国移民的人头费，曼谷华人组织了罢工、罢市，结果首都的商业和运输几乎瘫痪、物价上涨、商品短缺，可见当时泰国经济对华人较强的依赖性。同时，拉玛六世登基时，正值中国辛亥革命酝酿起势，泰国华人在孙中山"三民主义"的指导下，建立了同盟会暹罗分会。当清朝封建统治被推翻，拉玛六世受到了极大震动。他认为华人具有深深的故土情结，始终牵挂着家乡，对泰国没有感情。华人在泰国挣到的真金白银都以侨批侨汇的形式流回了中国，是唯利是图的机会主义者。由于以上种种原因，拉玛六世采取了较为激进的措施来压制华人的活动，以较为强力的手段试图同化华人。他在位期间通过《变更国籍法》《国籍法》等限制华人移民；1918年出台《民校管理条例》、1921年出台《义务教育法》限制华文教育，将之前自由组织的华文学校纳入统一管理；颁布《报刊与文件管理条例》限制华文报纸的发行。为了消弱华人在经济领域的强势，拉玛六世还立法扶持泰人经商办厂，给予泰商优惠政策和资金，让他们在市场中与华人竞争。

拉玛六世的民族主义思想一直延续到第二次世界大战时期，当时的泰国领导人銮披汶颂堪总理期望建设一个"大泰帝国"，意图将所有傣泰族人都纳入同一个政权，"收复"泰族人的领地。他的军国主义思想和二战期间的日本侵略者达成了一致，在他的领导下，泰国成为"轴心国"的成员之一。随着二战的失败，他的民族主义野心失败了，但此前他施行的许多同化少数民族的政策仍然造成了较大的影响。以华人为例，銮披汶曾经将10个府划为禁区，赶走当地世代居住的华人；他认为不应继续开办华文学校，将全国几乎所有华文学校强制封闭，还将原有的10家华文报纸关闭了9家，只剩下《中原报》。这些强制措施虽然受到了当地华人的强烈抗议，但在军人政府的高压统治之下，泰国华人的许多文化传承在这一时期被切断。

20世纪50年代开始，由于中华人民共和国政府不承认双重国籍，大量旅居泰国的海外华人选择加入泰国国籍，从此他们的身份从"华侨"——旅居海外的中国公民，变成了"泰国华人"——具有中国血统的泰国人。

所以目前我们看到泰国华侨的人数并不算多，但是随着老一辈华人在当地扎稳根基，开枝散叶，他们的第二代、第三代子孙也在不断扩大着泰国华人的规模。

1975年之后，中泰两国建立了正式外交关系，泰国政府也逐渐改变了此前狭隘的民族主义思想，能够与中国政府合作，妥善处理华人华侨的问题。目前生活在泰国的华人后裔，仍然对中华文明抱有一定的情感，但其身份认同已经偏向泰国。大部分华人后裔已经不会说中文，但仍从家中长辈身上学习到一些中华民族的传统文化。泰国许多政界、商界的风云人物都有华人血统，并始终牵挂着家乡，比如正大集团董事长谢国民，祖籍广东省澄海县（现澄海区），1979年他领导正大集团在深圳投资创办了中国大陆第一家外商投资企业，获得0001号外商投资企业批准证书，为中国改革开放事业做出历史性贡献；前总理他信·西那瓦和英拉·西那瓦兄妹，祖籍广东梅州，已经是第四代华裔，但仍不忘回祖籍探亲祭祖。

虽然泰国华人在民族划分上已经被归入了泰族，但这并不影响两国人民源远流长的友好关系。泰国政府也逐渐改变了同化少数民族的政策，转而保护国内民族文化的多样性，尊重不同民族的风俗习惯和历史传统。在这样的政策指导下，我们看到了中泰文化以华人华侨为纽带不断交流，也看到泰国南部由于宗教信仰而产生的冲突近年来逐渐减少。相信泰国各族人民能够和睦相处，保留自身的语言文化和风俗习惯，使泰国成为一个民族文化的万花筒。

## 二、泰国的宗教

泰国经常被称为"黄袍佛国"，去泰国游玩过的人也一定发现，泰国几乎所有城市中都有大大小小的寺庙，街上也经常看到穿着橘黄色僧袍的僧侣走街串巷。但从寺庙的造型和僧侣的装束来看，就能很明显地发现，泰国信仰的是上座部佛教，有时也被称为南传佛教或小乘佛教。

东南亚区域的早期佛教以大乘佛教为主，比如柬埔寨曾经辉煌一时的吴哥王朝就曾经举国信仰大乘佛教。泰国也不例外，位于南部区域的古国室利佛逝就主要信仰大乘佛教，只有少部分地区受到上座部佛教的影响。直到13世纪，泰人从吴哥王朝的统治中脱离，并建立了素可泰王国。为了摆脱吴哥王朝大乘佛教的影响，素可泰王朝的国王选择上座部佛教作为国教。上座部佛教讲求人人平等、自修善果的思想冲击了吴哥的贵族文化和阶级思想，受到了广泛的欢迎。此后素可泰王朝的兰甘亨大帝还从斯里兰卡请来了巴利三藏经，逐步废弃梵文所写的大乘佛教经典，转而采用巴利文书写上座部佛教经文。素可泰王朝的利泰王也是一位虔诚的佛教徒，潜心研究佛学，还用巴利文写了泰国历史上最重要的佛教经典《三界经》。自此，上座部佛教成为泰国最重要的宗教信仰，并传承至今。当今泰国佛教仍然与王室之间有重要联系，比如泰国佛教的最高领袖被称为"僧王"（Sangkharat），他作为泰国僧伽委员会的主席，是全国僧侣的最高领袖，在民众心目中有非常崇高的地位。但由于东南亚历史中长久以来的神王合一思想，宪法规定泰国国王是佛教的最高维护者，因此僧王也是由国王来任命的。可以说从古至今，泰国上座部佛教的流行与王室的推广有直接的关系，从13世纪开始，这种来自印度的宗教，虽然在印度已经几乎销声匿迹，但却在东南亚诸国自上而下地传播，发扬光大。

时至今日，佛教已经成为泰国最重要的文化元素，全国信仰佛教的人口比例在90%以上。上到国王下到平民，所有的泰国男子都应出家一次，出家时间长短可随意选择。这种习俗被认为是积攒功德的一种做法，并且这种功德可以分享给父母，报答养育之恩。泰国女性无法出家，泰国寺庙中常见的身着白衣的女性信徒被称为"持戒女"，她们没有正式的宗教身份和地位。所以年轻男子出家时，能够为母亲积攒功德，这对泰国人来说是非常光荣的事情。但随着泰国年轻一代面临的生活职场压力越来越大，流行文化越来越有影响力，出家为僧的习俗也在逐渐变化。原本这种短期出家的时间要在一个月以上，三个月最佳，但现在许多泰国年轻人只是利用周末去寺庙短暂完成出家仪式，早上出家晚上还俗，也有很多人不愿意剃掉头发和眉毛，选择不出家。

但无论如何，在泰国社会中僧人仍有非常高的地位，泰国人的生活也与佛教息息相关。由于上座部佛教要求僧人不可亲自下厨烹饪，他们必须在清晨走街串巷接受民众的布施，而民众也非常乐于参加这种仪式，从而从这种善行中获取功德。每逢重要的佛教节日，比如万佛节（泰历3月15日）、佛诞节（泰历6月15日）、守夏节（泰历8月15日）等，民众都要到寺院去供奉香烛、诵经祈福。泰国人对僧人的尊敬还体现在日常的生活细节中，比如泰国常见的交通工具双条车，后部的车厢中时常挤满了人，但副驾驶的位置一般都没人去坐。泰国的朋友解释说，一般这个座位要留给僧人，僧人是不可以在车厢中和平民挤作一团的，尤其车中有女性的情况下，因为女性和僧人任何形式的肢体接触都是禁忌的。笔者在泰国还经常见到满头白发的老人躬身向年轻的僧人行礼，可以看出这一身僧袍在泰国人心目中的重量。

由于佛教在泰国有着极大的影响力，有些人认为佛教就是泰国的国教。但事实上，泰国宪法规定公民有宗教自由，泰国人民的信仰也不止佛教一种。比如南部有许多马来人信仰伊斯兰教，他们主要聚居于惹拉府、北大年府、陶公府和沙敦府。部分华人信仰大乘佛教、道教等，基督教在泰国也有一定的影响力。早在阿育陀耶王朝，天主教便随着西方商人进入了泰国的土地，并于1664年召开了首次暹罗教区会议，代表着暹罗的天主教徒正式得到梵蒂冈教皇的承认。而基督教的另一个教派——新教进入泰国的时间则比较晚，1837年曼谷王朝初期，美国传教士在泰国建立了新教教会，但最初的传教效果不佳，30多年只成功皈依了45名教徒，其中多为华人；而1840年进入泰国的长老会派（新教的教派之一）教士历经19年才成功劝说一名暹罗人接受洗礼。虽然最初的传教工作进度较慢，但基督教的传教士们为当时的泰国社会，带来了较为先进的教育理念和医学技术，他们建造教堂的同时也开办学校和医院，为当地人民谋福祉。这些学校和医院许多都一直开办至今，比如易三仓大学的英文名就来自英文 Assumption，意为"圣母升天"；曼谷圣路易斯医院则得名于对天主教有重要贡献的法国路易九世王。

此外，印度教在泰国文化中也有极大的影响力。事实上佛教和印度教都诞生于印度，也都脱胎于婆罗门教，两者之间有许多核心观念的冲突，但也存在着诸多共通之处。甚至许多泰国人认为印度教就是佛教的一种分支。这种看法并不准确，但是的确体现了两种宗教在泰国的融合。信仰佛教的泰国人其实同时也在不断接受印度教文化的影响。每一个从曼谷素万那普机场落地的外国游客，在走出机场之前都能够看到一尊"翻搅乳海"的雕塑，这个故事其实是印度教中的创世神话，讲述了众神搅动海水获得不老甘露的故事。当游客来到曼谷的玉佛寺中，会发现这座泰国皇家佛教寺庙的墙壁上，画着的是印度古代史诗《罗摩衍那》，讲述着印度教文化背景的英雄故事，而其中主角罗摩的名字，更是成为泰国国王的封号——拉玛。故事中的罗摩是印度教中三大主神之一——保护神毗湿奴的第七次化身，也是一个完美的君王，因此泰国曼谷王朝的第一代到第十代国王都用他的名字宣告自己是毗湿奴的化身，而印度教中毗湿奴的坐骑——神鸟迦楼罗，则盘踞在泰国国徽的中央。当游客离开玉佛寺来到曼谷市中心的商业街，则可能会被四面佛周围人声鼎沸、香火缭绕的场景所吸引。四面佛位于曼谷君悦酒店正门口，周围被各大豪华商场环绕，但这样一个寸土寸金的十字街头，供奉的并非泰国人普遍信仰的佛教塑像，四面佛其实是印度教另一大主神——创造神梵天。由于创世的任务已经完成，印度教中对梵天的供奉普遍少于另外两大主神，但在泰国却是另一番模样。四面佛梵天的香火之旺盛要超过许多佛教寺庙。除此之外，许多泰国人会在家门口拜神龛祭拜印度教中的土地神；许多学校中都立有智慧之神——象头神迦尼萨的塑像；泰国王室的各种仪式也需要有婆罗门—印度教祭司主持。以上种种现象都让我们看出印度教已经深深融入了泰国人的信仰体系中，甚至出现在佛寺之中，和佛教融为一体。

除去以上几种经文宗教之外，泰国人的信仰观念中还包含了许多原始信仰的印记。东南亚区域在原始社会时期主要流行的是万物有灵的信仰，人们认为人类的身体和灵魂是分开的，肉身死亡之后，灵魂仍然不灭。泰国民间对鬼怪的信仰非常丰富，与各大宗教平行构成了泰国人丰富的精神世界。虽然佛教拥有主导性的地位，但鬼怪信仰仍然找到了自己合适的位置。由于小乘佛教的教义中，佛陀并不是神而是一位导师，不能保佑信众或是消灾免祸，所有的功德业报都是个人行为所致，而且将在下一世得到报偿，但凡人总是有一些现实的需求，不论是希望考试通过还是爱情圆满，都不能等到下一世再解决。为了解决这些现实的需求，鬼怪就成了人们更好的供奉选择。在泰国人的观念中，供奉鬼怪更像是一种平等的、交换性质的行为，因此对鬼怪的恐惧情感也不是那么强烈。

笔者曾经去过一些泰国著名的佛教寺庙，在庙中经常能看到各种鬼怪和佛祖在同一个物理空间中接受供奉，比如许多庙中都摆着长长的粗壮树干，两端系着彩色布条。这类树木可能是香坡垒树，泰语中习惯称呼为"Takien"。这本是一种木质极佳的树木，适合用来做家具建材，但因为泰国人相信有一种叫作 NangTakien 的树妖时常寄居在这类树上，所以一般不会随意砍伐，甚至有传说在香坡垒树边随便吐痰都会带来厄运。还有一个有趣的现象，能够体现佛教和鬼怪信仰的融合。在曼谷帕拉克侬区有一座寺庙叫玛哈布庙（Wat Mahabut），得名于重建该寺的高僧，但周围的居民一般都称其为"鬼妻庙"，因为庙中供奉着泰国民间传说中著名的鬼怪"鬼妻娜娜"。鬼妻的故事在泰国家喻户晓：娜娜难产而死，但深爱着丈夫，因而以鬼魂身份继续和丈夫生活，被看作忠贞爱情的象征。因此，偏居寺庙一隅的鬼妻娜娜塑像前香火非常旺盛，挤满了来此求姻缘求好运的人。与之相比，寺庙中心供奉佛像的大殿虽然金碧辉煌，但却拜者寥寥。

由此可见，泰国人对鬼怪信仰有着充沛的热情，同时也体现出佛教信仰在泰国社会文化中具有极强的包容性，不仅包纳了印度教文化，还将民间的鬼神信仰融合进来。泰国教育部也在课本中写道：泰国从来没有由于宗教问题爆发过严重冲突。或许正是这样的包容性让泰国社会中充满了丰富多彩而又和谐共存的元素。

## 三、泰国的王室

泰国所在的东南亚地区，大致在公元前后便已经出现了早期国家政权。而在许多泰国人的认知中，泰人一直到13世纪才建立了自己的国家——素可泰王国，这才是泰国历史的开端。此后历经阿育陀耶王朝、吞武里王朝和如今的曼谷王朝。泰国的历史书页中，缺不了历朝历代君王的名字，对泰国历史的阐述是不能不涉及泰国王室的。这部分内容我们将会在本书之后的章节为读者详细阐述，本节只简单谈一谈王室对于泰国社会的意义。

关注泰国的人一定对泰国的王室不陌生，泰国社会从古至今一直都在王室的统治下发展前行。但可能也有人会好奇，为什么在泰国这样一个热爱自由的国家中，在现代社会仍然保留了跪拜国王等诸多繁文缛节，为什么泰国的法律明确规定冒犯王室成员会受到极其严重的惩罚？当代泰国社会中，王室的影响体现在方方面面，普通民众对国王的崇拜已经几乎达到了极限，国王的形象近乎神，这在历史中有迹可循。

东南亚地区的早期王国与我们的想象或许有一定距离，古代东南亚的政权并非中央集权制，而是在一个范围内有多个小的政治中心，各自有统治者和宫廷。许多小政治中心形成了一个"王圈"（Circle of Kings），其中最有势力的一个统治者会成为"神选"的国王，其他的统治者都向他朝贡。但随着各自势力的此消彼长，其他的统治者也会期待自己能成为国王。这种模式被学者称为"曼陀罗制"（Mandalas）。而在这一体制中，国王并没有极大的政治权力，对地方势力的控制力也不强。他的地位主要通过宗教形式来表现，因此早期的东南亚国家中，国王地位的获得主要是因为他掌握了神力，被尊为"神王"。这种观念主要来自印度，国王常以湿婆的一部分或者参与湿婆神力来展示自身的神性。这逐渐形成了东南亚的神王文化，意味着国王对于普通民众来说就是神一般的人物，是世界的超凡中心。

从13世纪的素可泰王朝开始，一直到现代社会，泰人一直生活在君主制国家中。素可泰时期的君主统治特点被学者称为"家国同构，君父同伦"，当时的君主被称为"坡坤"，意为"王父"。可以看出，当时的君主是以一种家长式的绝对权威在治理国家，而臣民要以儿女的姿态崇拜、效忠于国王。可以说君主制从一开始就是泰国文化传统中非常重要的部分，君主除了被表述为国家的大家长外，还以"神王"的身份代表国家的神圣传承，以"法王"的身份代表最高的道德权威。这种绝对的权威地位传承到近现代社会中，虽然国王身上的神性已经逐渐淡化，但仍然需要以最高的道德标准来治理国家。而对国家有重要贡献的国王也会受到民众的尊敬，获得"大帝"称号，他们的事迹都是泰国历史中的华彩篇章，我们会在后面的章节中重点介绍。

虽然国王和王室在泰国文化中占据了非常重要的地位，但也不是从来没有经历过挑战。1932年的君主立宪革命，使得曼谷王朝的拉玛七世王成为泰国最后一位以绝对君主制统治国家的国王。此次不流血的革命获得成功，泰国开启了君主立宪制的新篇章。此后，拉玛七世王黯然退位，拉玛八世王尚未登基便意外身亡，年幼的拉玛九世王临危即位。在连续不断的挫折后，王室力量似乎要逐渐淡出泰国的政治舞台。但拉玛九世波澜壮阔的一生改变了这一进程，使得泰国王室至今仍有极其强大的政治和文化影响力。拉玛九世于1946年登基，当时他只是一个19岁年轻人，在众多政治家的夹缝中生存。但此后他逐渐成熟，凭借卓越的个人魅力和高超的政治智慧，在君主立宪的体制中，重新树立了泰国王室的巨大影响力。拉玛九世勤政爱民、德行高尚的形象深入人心，他在位期间一系列强化国王神性的仪式和习俗得到恢复。诸多因素使得他在现代社会中又一次拥有"法王"与"神王"的两大身份，从而成为泰国人民心中神一般的人物。

文化基因中"神王崇拜"的底色加上拉玛九世的丰功伟绩，使得王室成为当代泰国社会中极其重要的一个特色元素。如果有机会去泰国，一定会观察到王室的文化影响力已经渗透到泰国人的日常生活中。比如走在泰国的大街小巷，处处可见巨幅的国王、王后肖像被装裱在金黄色的华丽画框中，路过的行人偶尔还会对其行合十礼。当人们提及王室成员时需要使用"皇语"，将普通的动词换成更加复杂、更加高贵的词汇，或者加上专门的前缀，甚至王室成员的吃穿用度、身体部位都必须用不同的词汇来指代，[①]可以说给国内的泰语学习者增添了许多烦恼。在电影院里，每部电影放映前都会播放《颂圣歌》，全体观众必须起立以示尊重。除了日常生活之外，王室元素也出现在各种公共事务中，比如泰国的父亲节和母亲节，分别是拉玛九世的生日12月5日和诗丽吉皇太后的生日8月12日，国王和王后被看作全体泰国人的父亲母亲。同时，拉玛九世的生日也成为泰国的国庆节，而此前的国庆节被安排在6月24日——1932年君主立宪革命成功的日期，这一变化也可以看出泰国社会中王室文化的演变痕迹：君主立宪革命的重大成就在拉玛九世的个人功绩面前逐渐丧失了辉煌的底色，王室地位在低谷中复苏，成为泰国当代社会新的政治风向。

拉玛九世2016年10月因病逝世，享年89岁。泰国上下举国同悲，万千民众身着黑色服装走上街头抱着国王的肖像痛哭。在拉玛九世逝世后的一年中，有超过1200万人前往大皇宫律实玛哈巴萨皇殿祭拜灵棺，几乎是泰国全国总人口的五分之一。2017年10月26日，在全世界的关注下，泰国迎来了一场盛大庄重的"世纪葬礼"，为一个时代画上了句号。2019年5月，拉玛九世的独子玛哈·哇集拉隆功（Maha Vajiralongkorn）正式加冕，成为曼谷王朝的第十位国王。在他的带领下泰国王室将会走向何方？这是泰国社会愈发关心的一个问题。

---

[①] 就像我国古代的君王也会有一些专属的词汇，比如不能自称"我"，得用"朕""寡人"，吃的饭得叫"御膳"等。

| 第二章 |

# 史前时期与早期王国

在回溯泰国的历史之前，首先要明确几个事实。首先，"泰国"这一名称，并非自古以来就有的。相反，这个名称出现的时间相当晚，1939年的时候才第一次被确定为国家的名字，1949年最终确定沿用至今，不过70余年。本书所涉及的泰国历史包含了更久远的时间段，包括吞武里王国、阿瑜陀耶王国、素可泰王国时期等，这些都是当今的泰国在古代的不同名称。而在中文古籍中，这个国家常常被称为"暹罗"。其次，当今泰国所在的土地也并非一直都是泰族人的根据地。我们所说的这片土地，大致位于中南半岛的中部地区，主要包含湄公河和湄南河流域，并且一直向南延伸至泰国湾和马来半岛的北部。在这一区域，数千年前就燃起了人类文明的火苗，并且不断延续至今，其间有大大小小的部落、城邦和帝国出现。这些兴起而又衰落的文明是由不同族群的人建立的。当前的泰国中小学历史教科书大多以13世纪的素可泰王朝作为泰人独立建国的起点，但在那之前这片土地上已经有许多其他族群的人创造的辉煌文明了。因此，在回溯泰国历史之前，我们把时间向前拨转到史前时期，去了解这片土地上最早燃起的人类文明火苗。

最初在东南亚土地上的人类以狩猎、采集为生，当地地处热带，水资源和食物较为丰富，适宜人类生存。在大约5000年以前，泰国境内已经发展出了小型的"村落"，或者说人类的聚居点，位于东北部呵叻府和色军府境内，这意味着古代人类不再四处流浪，而是定居下来，为农业和畜牧业的发展打下了基础。此后，大约在3000年前，小型的村落不断拓展到泰国全境，这些村落逐步发展生产力，彼此之间也不断开展联系和交易。彼此邻近的村落联合起来，逐渐组成了小型的城邦，可以看作早期国家的雏形。

此后随着周边文明的扩张，泰国地区也逐渐受到外来文化的影响，比如印度和中国商人、宗教使者等都曾来到这片土地上，促进商品交易的同时也传播了文化。对外贸易的需求使得沿海地区和内陆河流沿岸出现了更多城市,它们联合起来成为王国。但早期的王国大多是松散的联盟,没有特别突出的政治中心,甚至每个城市都有各自的统治者。因此,城与国之间的界限并不明确,这一点在语言中也有体现,比如泰语中的"勐"(Mueang)既可以表示城市也可以表示国家。因此在了解早期国家历史时,我们不能再采用现代地图中以色块和线条区分国家的方式,而是需要看到早期的"国"或"国王",其实经常指的是某个城邦及其统治者,而在城与城之间存在的广大地块很可能尚未开垦,并没有清晰的划界。

此后东南亚的土地上逐渐发展出大型王国,同一民族的人联合起来,将大小城市纳入同一个国王的统治之下,这个国王的权力具有神圣性,形成了东南亚的"神王"传统,王国通过宗教为自己的统治赋予合法性。此时的王国控制的疆域就比较大了,除了国都之外,可能还有其他的重要城市,并且都拥有自己的统治者。因此,一个王国内可能有许多个"王",但他们之间也有等级关系,其中地位最高的才是"王中之王",其他城市的统治者则要承认他的主宰地位。当然随着权力的斗争,政治中心可能也在不同的政治家族中不断转移。当统治者能力较强时,王国内部的重要城市都被国王控制,指派宗亲或是心腹重臣去治理,权力逐步向中央集中。而国家衰落时,也可能随时有地方统治者取代"王中之王"占有整个王国,或者是以自己的领地为中心建立新的王国,与旧主分庭抗礼。

以上这些历程,都可以算作泰族人建立自己的国家、登上历史舞台之前的序言。

# 一、史前文化

## 石器时代

泰国最早的人类活动可以追溯到石器时代,在北部喃邦府管辖下的夜他县（Mae Tha）曾发掘出一些砾石石器遗物，在泰国南部甲米府的洞穴中也出土过古老的石片工具，距今已有上万年的历史。证据表明，这些人类主要以狩猎、采集为生，这一时期仍没有固定的生活根据地。现今发现的旧石器时代遗址，将泰国地区人类活动的最早年代大致定位在数万年以前。但这一说法由于考古证据不够充分，仍然只能大致推算，无法精确到具体的时间范围。

中石器时代是旧石器时代向新石器时代过渡的阶段，泰国大部分历史作品中都将其单列为一个时期。这一时期的遗址包括北碧府西沙瓦县的翁巴洞（Ongba Cave），考古队在这里发现的木炭通过碳-14鉴定，已经有11000年的历史。另一处重要的中石器时代遗址是夜丰颂府直辖县的神灵洞（Tham Phi Maen，也称"仙人洞"）遗址，距今大致有9000年历史，在这里出土了陶器的碎片以及多种植物的种子。而在北碧府的赛育遗址则出土了一具女性遗骸，上面扑撒了红色的尘土，还有多种动物骨头以及贝壳埋葬在尸体周围，说明中石器时代的原始人已经发展出基本的殉葬仪式。这一时期的原始人主要以游猎采集为生，在山洞中居住，但已经发展出了十分初级的制陶技术。

## 来自死亡铁路的石斧

泰国的新石器时代遗址众多，其中有一处的发现十分具有戏剧性。在第二次世界大战期间，出生于印度尼西亚的荷兰考古学家范·希克伦博士（Dr.H.R. van Heekeren）不幸被日本侵略者逮捕，作为战俘被送到泰国西部的北碧府。当时的日军已经占领了缅甸，泰国政府也签署条约成为日军的盟友，为了运输物资和补给，日军逼迫战俘们修建一条连接缅甸和泰国的铁路。这条铁路修建难度极高，此前英国勘探队曾经设计了一条线路，但因为建设难度太高不得不放弃。但在日军的压迫之下，来自盟军的战俘夜以继日地工作，原计划6年完工的铁路仅用了17个月便连通了。其间大量筑路人员由于过度疲劳、营养不良、传染病或虐待而丧生，死亡人数达到 10.6 万人，因此这条铁路也被称为"死亡铁路"。而面对如此艰难困苦的条件，范·希克伦博士仍然完成了重要的考古发现。他长时间地艰苦工作，在短暂的休息时间内检查铁路挖掘工作中的成堆泥土，并保存了大量研究笔记以及一小部分文物。1944 年范·希克伦博士被从泰国转移到日本的战俘营，其间他的笔记和收藏被一个朋友保存起来直到战争结束，最终部分藏品被马萨诸塞州哈佛大学的皮博迪考古和民族学博物馆收藏。战争结束后，范·希克伦博士令人惊讶地返回了充满惨痛回忆的铁路修建现场，他参与了泰国和丹麦组成的联合考察队，继续从事考古工作，并在北碧府首府西北方 35 公里左右的班告村（Ban Kao）附近发现了史前石器和人类墓葬。这一遗址大致可以追溯到公元前 2500 年—公元前 1600 年。此后，他发表了学术论文《来自死亡铁路的石斧》（Stone Axes from the Railroad of Death），为泰国考古工作打下了具有历史意义的基础。讲述死亡铁路修建过程的好莱坞电影《桂河大桥》，差一点就把范·希克伦博士的故事加入到影片中，当时的导演组已经寻找到一位考古专业的学生扮演他，但出于种种原因，这段故事没有被呈现在大银幕上。无论如何，他的努力应该被铭记，设想如果没有范·希克伦博士的坚持和忍耐，这些珍贵的史前遗迹可能就被淹没在死亡铁路翻起的废土堆中，永远无法被人发现。

除了范·希克伦博士发现的班告遗址之外，泰国的新石器时代遗址还有多处，比如侬诺他遗址、古恰伦遗址、攀牙府岩画、乌汶府孔尖县岩画等，都见证了泰国土地上最原始的人类活动。

## 金属器时代：班清文化

在石器时代结束之后，人类开始掌握了以青铜为代表的金属器，从而拉开了金属器时代的序幕。东南亚区域中最著名的青铜时代文化遗址，应该要属越南的东山遗址。从20世纪初开始，在越南的清化省东山县东山乡发现了大量的铜器和铁器，其中包含了大量的铜鼓。这种器具包含了丰富的物质和文化内涵，从一种乐器发展为象征财富和权威的仪式性器具，是东南亚史前文明的代表。东山文化遗址也因此被认为是东南亚早期文明的典型代表。学术界经过多年的发掘，认定这是一个从青铜时代向铁器时代过渡的文化，大约起始于公元前600年左右。此后不断在越南发现了更早期的青铜时代文化遗迹，证明当地曾经经历过一个颇为发达的青铜时代，可以追溯到公元前2000年左右。

但1966年在泰国乌隆府依旺县的发现吸引了全球学术界的目光，并且对此前的考古学传统观点发出了挑战。当时美国驻泰国特命全权大使的儿子史蒂芬·杨在泰国东北地区旅游，来到了一个叫作"清"的小村子。他在地面上偶然发现了几块碎陶片，上面有赭红色的纹饰，吸引了他的注意。他虽然本身没有太多历史和考古学的学术背景，但出于好奇还是将陶片带回了曼谷，并且通过父亲的关系送至美国。美国考古学家通过碳-14等科学方法测定，这些陶片的年代约为公元前3600至公元前1000年。这一发现引起了学术界的轰动，因为当时大家对泰国这一区域的史前文明几乎一无所知，未曾发现有使用金属器的证据。但这位美国青年无意间的发现，成为考古学家日后拨开迷雾的关键所在。大量的学者和考古队在20世纪60年代以后从世界各地来到泰国乌隆府，与当地的政府和学者合作开展发掘和研究。由于这一遗址位于"清"村，而泰语中"村子"一词的发音类似"班"，因此得名班清文化。

班清文化遗址在20世纪60—80年代迎来了一批又一批的考古队，进行了多次大规模的地下发掘，并且得出了丰硕的研究成果。班清是一个墓葬重叠的居住遗址，数千年的时间形成了多层墓葬的结构，共有7层。出土的文物中有数千件陶器，其中包括绳纹黑陶和大量彩陶，而最为出名的是红纹陶。这些陶器将班清文化的起点定位在公元前5000年左右。[①]这些颜色各异的陶器上面有各种美丽的花纹,有泰国学者将这些花纹分为7类,分别是单螺纹、双螺纹、工字纹、钩形纹、蛋形纹、蛋形纹重叠为锁环以及波浪纹。这些纹饰也体现出了从简单到复杂的演变过程,从早期的抽象简单线条到后期出现了复杂的人、兽、植物图案。这些陶器最主要的用途是用来盛放逝者的骸骨,也有不同用途的生活用具。这些花纹体现了当时的史前文明已经有了较为丰富的精神生活,并将对于美的理解融入了墓葬仪式当中。

此外,班清遗址出土的器物中有许多青铜器,比如铜斧、铜镯、铜矛、铜俑等,还有一面制作精美的小型铜鼓。青铜器具的出现标志着班清文化的第二个阶段,大约在公元前1500年至公元前1000年左右,比越南东山文化的青铜器历史更为悠久。班清文化进入晚期后,出现了铁器,大致年代为公元前1200年至公元前500年。但班清出土的青铜器和铁器的数量不多,只能初步窥见这一地区在当时已经有了比较初级的冶金技术,并且凭借贸易联系,从周边区域获取了本地没有的金属原材料。班清的早期青铜器呈现出一种原始的特征,大多用于生产狩猎和日常生活,并没有出现权杖、祭祀器具等体现阶级身份的器物。有学者分析说,这体现了东南亚史前文明的特点。东南亚的冶金技术并不是因军事和政治的需要而大规模发展的,这一点和中国以及两河流域的文明非常不同。班清冶金技术发展的推动力主要来自日常的生活需求,体现了东南亚渐进式、和平的进步方式。

## 素万那普:黄金之地

当今泰国所在的这片土地气候宜人,物产丰富,随着文明的不断发展,

---

① 关于班清文化中陶器、青铜器和铁器所属的年代,学术界尚无一致意见。本章数据大多来自贺盛达:《东南亚文化发展史》;段立生:《泰国文化艺术史》;梁志明:《东南亚古代史》。

在大约3000—4000年前逐渐脱离了游猎采集的生活方式，开始有了固定的居所，并生产粮食、驯养动物。当时泰国中部地势平坦，适合农业和畜牧业的发展，于是大型的农业部落逐渐于2500—3000年前出现。这些部落逐渐掌握了制作金属器的技术，包括青铜器和铁器，进一步促进了文明的发展。当地富饶的自然资源吸引了周边其它文明的注意，外国的商人纷纷来到这里开展贸易。在周边文明古国的记载中，常常将这一区域称为"素万那普"（Suvarnabhumi），"素万那"意为黄金，"普"意为地方，整个词的含义是"黄金之地"。现在位于曼谷的素万那普国际机场便得名于此。"素万那普"这个名字指称的是当今中南半岛的区域，大致包括如今的泰国和缅甸、越南的部分地区。自从有历史记录以来，中国、印度和西方人的史书中就开始以这个名字称呼这片区域，因此这也算得上是泰国最古老的名字了。

黄金之地这个名字大概反映了泰国乃至东南亚区域在这一时期的富饶：当地生产黄金这种稀有的金属，周边国家的商人为了获取财富，纷纷来到这里，使这一区域成为当时重要的贸易中心。此外，泰国中部偏西的地区还是青铜器的生产中心，当时制作的青铜器中加入了大量的锡，产生了类似黄金的颜色，深受印度商人的喜爱。北碧府的帕侬吞县曾经出土了大量当时的青铜器文物，可以证实这一观点。当然，"黄金之地"的名字也可能是一种比喻意义，这一地区丰饶的物产，可以让来到此处的商人赚得盆盈钵满，因此被赋予了这样一个令人向往的名字。

当时前来黄金之地进行贸易的最主要商人团体就是古印度人，他们在这片区域的商业活动不仅仅为东南亚带来了财富，同时也将古代印度的宗教文化传播至此。婆罗门教、印度教都在此生根发芽，在数千年后的今天仍然影响着泰国人的精神世界。素万那普这个名字在佛历纪元之初，也就是公元前6世纪左右，便存在于印度的史书中了。虽然当时这片土地上仍未发展出早期的国家政权，但当地人已经有了较为成熟的村落组织，能够共同开展生产和贸易。

## 二、早期国家

自公元一世纪以来,泰国所在的这片土地像是一个舞台,来自各个族群的人在这里组织政权,建立国家,发展文明。许多泰国人认为,泰族人建立的第一个国家是素可泰王国,并以此作为泰国历史的开端。但素可泰王朝建立至今不过800余年,而这片土地上上演的历史则远远超过这一时间范畴。让我们回到黄金之地最初的年代,梳理泰人登上舞台之前的历史故事。

### 中部地区:扶南王国

在梳理东南亚古国历史的时候,绕不开的一个国家就是扶南国,这是东南亚区域中最古老的王国之一,大约形成于公元1—3世纪。由于扶南的政治中心位于湄公河南部,如今属于柬埔寨境内,是高棉人建立的国家,因此我国学者一般不将这一古国纳入泰国历史的研究范畴中。但泰国的许多历史书籍则习惯从扶南开始讲起,认为扶南王国是泰国历史中非常重要的一个时期,虽然不是泰人建立的国家,但是对当今泰国境内的广大区域都产生过重要文化影响。我们在这里便对它进行一个简要介绍,从而更好地理解古代东南亚大小诸国疆域的变化。

"扶南"这一词在古高棉语中的意思是"山",反映了当地居民对山的崇拜。在印度教理论中,山又象征着宇宙中心的须弥山,可以看出扶南是一个受印度文化影响的国家。扶南的主要势力范围在湄公河流域南部直至湄公河入海口。东南亚的早期国家并不像中国古代封建王朝一样,形成了中央集权制的政权,而是以一种相对松散的方式聚合在一起,权力中心经常是流动的。作为古代东南亚早期的国家之一,扶南国在公元1—3世纪不断攻城略地，尤其在 3 世纪初统治者范曼"以兵威攻伐旁王，咸服属之，自号扶南大王"，扶南国的势力范围扩大到柬埔寨及越南南部，向西到达了泰国、缅甸南部，甚至一直延伸到马来半岛的北部。

由此可见，当今泰国所在的这片土地上，第一个建立的早期国家政权应该就是扶南国。大量出土的文物的确证明，当时泰国中部的乌通城以及湄南河流域地区出现了大量的扶南文化痕迹。此外，泰国东部的尖竹汶府还出土了砂岩质地的门楣、高棉式石碑等，都证明当地曾经处于扶南势力范围内。

由于古代东南亚地区松散的政治结构，当时的国家疆域并不像如今的世界地图一样，可以用不同的线段色块区分各个国家之间的界限，当时的王国边界并不清晰，始终处于模糊的、流动的状态。一个王国一般只有一个被赋予了神圣权力的国王，但王国内部仍有其他小国独立存在，这些小国的统治者拥戴臣服于神圣的王权，而中央王权所在的地区便成为整个王国的政治中心，周边其他小王国或小政体仍作为分散的次中心，保留着相当的独立自主性。这种类似于宗主国与附属国的关系，被学者用印度文化中的一种纹饰图案所概括为"曼荼罗"政体。因此在扶南国的扩张过程中，只是将周边地区的诸国纳为属国，泰国地域的大小政体既有独立性也臣服于扶南的统治。当时中南半岛上许多大大小小的部落联盟发展水平仍不算高，有学者认为扶南国的范曼王于 3 世纪初开始征服周边各国时，泰国中部仍处于晚期新石器时代或早期金属器时代，刚刚出现早期的国家政权。

范曼的后人统治扶南到 4 世纪初。到 4 世纪中叶，印度的一个婆罗门成为扶南的统治者，他姓侨陈如，名耶跋摩。在他的统治下，扶南受印度文化的影响进一步加深。公元 5 世纪，扶南逐渐衰落，而湄公河中游的真腊王国开始兴起，最终于公元 627 年被灭。

## 中部地区：金邻国

中国的古代文献中记录了一个在公元 2 世纪出现在泰国地域的古

国——金邻国。金邻国又名"金陈国",三国时期朱应的《扶南异物志》以及康泰的《吴时外国传》,都提到了泰国中部靠近暹罗湾的地区存在一个金邻国,"去扶南可二千余里,地出银,人民多好猎大象,生得乘骑,死则取其牙齿。"根据考古发现,金邻国的都城应当在当今泰国素攀府乌通城,而"乌通"的"通"在泰语中表示的意思就是金子。

金邻是否沦为扶南的属国,历史上并没有明确的记载,学者们对此也有不同见解。法国学者让·波义塞利尔(Jean Boisselier)的观点比较独特,他认为扶南国的发展是自西向东的,最初扶南国的中心应该位于湄南河(昭披耶河)流域,在当今素攀府的乌通城,而后才逐渐向湄公河流域南部转移。但泰国华人学者黎道纲持不同观点,他认为这一观点只对了一半,金邻的确出现了大量扶南文化的痕迹,但并不是因为扶南文化发源于金邻,而是因为扶南国征服了金邻,并以乌通为国土西南的重镇。在后期扶南在柬埔寨受到北部真腊政权的威胁时,不得不"迁都"至泰国境内的乌通城,因此才在当地留下了大量文化遗迹。黎道纲的观点结合了考古发现和中国古代典籍记载,合理性相对更高一些。但我国学者段立生并不同意这一观点,他认为根据史书记载,范曼王在公元3世纪初讨伐金邻国时得了疾病,遣太子代为出征。此后的几十年,扶南陷入宫廷斗争,直至公元231—245年三国时期中国使者出使扶南时,金邻仍然是扶南的邻国,而非属国。

究竟金邻国与扶南国是何种关系,至今仍没有一个明确的答案。但无论如何这都是发生在泰国境内的一段历史,见证了这片土地上最早的王国政权变迁。

## 中部地区:堕罗钵底国

真腊王国征服了扶南国后,在8世纪初分裂为北部的陆真腊和南部的水真腊,直到9世纪初南北两部统一,定都吴哥附近,一直到15世纪都被称为"吴哥王国"。在扶南逐渐衰落的时期,泰国地域上的孟人脱离了统治，建立了堕罗钵底国。堕罗钵底国位于当今泰国中部的佛统府一带，大致建立于公元6世纪。其实此前孟人也在泰国境内建立过国家，大约公元3世纪，孟人建立了林阳国，据竺芝的《扶南记》（后载于《吴时外国传》中）记载："林阳国去金陈国步道二千里，车马行，无水道。举国事佛。"由此可见，林阳和金邻是同时期的国家，大致位置不能确定，但也应在泰国境内。从当地的考古发现来说，林阳是堕罗钵底国的前身。

泰国的佛统府曾出土两枚银币，上面有梵语写着"堕罗钵底国王功德"，明确证明了这个王国曾经真实存在过。泰国学者认为佛统可能是这一王国的首都，但此后越来越多类似特征的文物出土，在泰国全境发现了63处该时期的古城，遍布泰国各地，泰国史学家因此认为，堕罗钵底国早期仍然处于松散的原初国家（Proto-state）阶段。

堕罗钵底国的名字在唐朝名僧玄奘的《大唐西域记》中便曾出现过，但他大概是在印度听说了这个国度，未必亲自去过。这在一定程度上说明，堕罗钵底国主要信仰佛教，而且和印度之间来往密切。

当时的堕罗钵底国处于中国和印度之间，交通便利。当时泰国中部的古代城市大多位于海岸线港口附近，方便国家内部的交通运输以及和外国（尤其是印度）的贸易往来。事实上"堕罗钵底"这个词就源于巴利文的Dvaravati，意思就是"门户"，可见这里曾经是重要的贸易口岸。而中文文献中也记载了大约在唐朝贞观年间（627—649年），两国就已经有了正式往来，当时堕罗钵底国盛产犀牛，缺少马匹，便派遣使者进贡当地物产，并向唐朝皇帝索要马匹。

频繁的对外交流带来了财富积累和文明的进步。堕罗钵底国在社会经济和文化方面相较扶南时期已经有了较大的提升，出现了较为体面的服饰衣着，而不再以树叶蔽体，国王的装扮更是十分华丽，杜佑的《通典》中记载："每临朝，则衣朝霞，冠金冠，耳挂金环，颈挂金涎衣，足履宝装皮履。"在建筑方面也出现了瓦房，还兴起了装饰壁画，不再是仅仅用树叶覆盖屋顶。而在文化艺术方面，堕罗钵底国广泛吸收了印度的佛教文化艺术，并在此基础上添加了自身的民族特色，形成了独特的风格。比如段立生曾总结道："当时的佛像造型一般为椭圆形的脸、瘦削的鼻，丰富的面部表情，醇厚的嘴唇，头顶有角锥状的肉髻，这类佛像被统称为堕罗钵底派的艺术。"

堕罗钵底国的繁荣持续了大约200年，在公元8世纪之后便不断衰退，之后被高棉人的王国不断侵略征伐，直到公元10世纪左右被吴哥帝国征服。此后当地大量孟人被抓走充当奴隶，古佛统城也因为河水改道，变得不适于农业种植，当地人们纷纷逃离，最终佛统成为一座荒城，数百年后才得以重建。

## 南部地区：狼牙修、盘盘国

如今的泰国南部地区是一个狭长的半岛，分隔东边的泰国湾和西边的安达曼海，被称为"马来半岛"。这片区域与南方的苏门答腊、爪哇等海岛联系紧密，又处于古代文明古国印度和中国的海路航道中间，因此自古便是重要的海上贸易通道。这一区域虽然面积不大，但诞生过许多大大小小的国家政权，彼此间不断争斗，或是臣服归顺，偶尔也会大国吞并小国形成统一局面。虽然最初不在泰人王国的统领范围内，但在泰人建立属于自己的政权以后，这一片富饶的区域一直处于泰国的控制中。著名学者段立生曾通过中文古籍文献对这一区域的古国进行过梳理和研究，详情如下。

公元1—5年，汉朝便开辟出了一条著名的汉使行程，从广东乘船进入暹罗湾，在马来半岛东岸的斜仔（今为素叻他尼府的柴也县Chaiya）登陆，步行穿越马来半岛上陆地最窄处——克拉地峡，再从马来半岛西岸乘船前往印度。《汉书》在描述这一段行程时，提及两个国家的名字，分别是谌离国和夫甘都卢国。这两个国家都处于如今的泰国境内，谌离国位于马来半岛东岸，夫甘都卢国位于马来半岛西岸。但这两个国家的名字仅在《汉书》中出现，后人对其知之甚少，也不知道他们何时淡出了历史舞台。

按照时间顺序来看，2世纪时，马来半岛上出现了一个叫作狼牙修

(lankasuka)的国家。这一时间是根据撰于6世纪的《梁书》推断的，书中记载狼牙修已经建国400余年，因此估计这一国家大致建于2世纪。这一国家的政治中心在如今的马来西亚吉打，紧邻泰国南部边境线。公元10世纪左右，狼牙修吞并了赤土国的部分领土，直到14世纪左右灭亡。这里提到的赤土国是马来半岛上大约6世纪开始出现的另一个国家政权。其地理位置仍存在争议，有人认为处于现今的马来西亚，有人认为在苏门答腊岛，有人认为在泰国博他仑府，或是宋卡府，两个古国的位置都在如今泰国领土的最南端。

稍向北一些，在如今的素叻他尼府附近有一个与狼牙修国接壤的盘盘国。这个古国存在的时间大约在公元5—8世纪左右。素叻他尼府位于马来半岛中部，紧邻春蓬府和拉廊府，是一片狭长的地峡，最窄处宽度仅56公里。在古代来往东西的商人可以乘船抵达地峡两岸的港口，走陆路横穿地峡，仅需2—3天，到另一侧的港口后再乘船向目的地进发。而如果一直走海路，则需要向南绕过马来半岛，从马六甲海峡通过，相比之下花费的时间要长不少。盘盘国的地理位置正好占据了地峡最狭窄处，是往来东西、沟通中国和印度两大古国的商人们必经的陆地咽喉地带。因此盘盘国接受了周边各大文明古国的影响，尤其是印度。前文提到的扶南王国憍陈如国王，原本就是印度的婆罗门，《梁书》记载他就是从盘盘国去到如今柬埔寨境内的扶南国，并且"复改制度，用天竺法"，推行印度化改革。可见印度文化通过盘盘国进入了东南亚地区，包括如今的泰国。另一方面，盘盘国也积极与古代中国开展朝贡贸易，从5世纪到7世纪之间，我国南北朝、唐朝时期朝贡记录中也常有盘盘国的条目，成为当时中国和印度之间佛教交流的中转站。

## 南部地区：从"单马令"到"洛坤"

除此之外，南部地区的另一个重要古国要属单马令（Tharmaraja）国。

中文古籍中关于单马令的最早记录见于宋代的《诸藩志》，记录了大约10—13世纪单马令臣属于海上强国三佛齐[①]的历史。但据泰国历史学家的推测，单马令成为大型城市的历史已经超过1500年了，当时有印度商人来此贸易，在古代文献中记录了这一名字。而在爪哇岛上出土的公元779年的卡拉山石碑（Kalasan），也记录了三佛齐国的诸多附属国，其中便包括单马令。这说明单马令的历史要早于中文古籍的记载。但当时的单马令只是一个小国，其统治者只敢以"土地之主"自称，不敢用国王的称号，因此中国的学者未曾注意到这一国家，也是再正常不过。但此后单马令国逐渐强盛起来，在1191年时出现了第一位真正的"国王"，名叫帕昭席昙摩索叻（Sri Thammasokaraj）。他将这一个小小的贸易聚集地发展成了一个王国，不但脱离了三佛齐的统治，还拥有了自己的12个属国，并且用十二生肖作为每个属国的标志。但之后随着中南半岛上的素可泰王国崛起，单马令国最终被纳入了暹罗的版图中，成为现在的那空是贪玛叻（Nakhon Sri Thammarat）府。据学者推测，这个名字中"那空"指的是城市，"是贪玛叻"则源自国王的名字"席昙摩索叻"。单马令、帕昭席昙摩索叻、那空是贪玛叻这几个名字看上去相差甚远，实际上都包含了梵语中关于宗教的元素——Dharma，中文一般译为达摩。这说明，当地由于与印度往来便利，在佛教文化方面达到了一定高度。素可泰时期的石碑中记录，当时暹罗所有的高僧都来自这一地区。不过在华人的习惯中，"那空是贪玛叻"这个名字实在太长，被简化成了"那空"，由于发音的关系最后被译为"洛坤"府，有些中文古籍中则将其称为"六坤"。从"单马令"到"那空是贪玛叻"再到"洛坤"，同一个地区的名字在不同记录中不断产生着变化，学者们抽丝剥茧从中找到历史的真相，实属不易。

---

[①] 三佛齐，史称"室利佛逝"，是发源于苏门答腊岛的一个海上强国，其强盛时期时的势力范围曾达到马来半岛，但由于其政治中心主要位于东南亚海岛区域，不在泰国领土境内，在此不做过多记述。

## 北部地区：从百越迁徙到泰北

前文介绍了泰国中部和南部的古代国家，这些国家虽然诞生于如今泰国所在的土地上，但这些古国的人民大多并非泰族人。11世纪以前，这片土地上居住的大多是孟—高棉人。而泰族人在13世纪以后突然在这片土地上称霸，关于他们的起源和来历却极少能找到史料佐证。此前全世界各国的学者对此曾有过争论，有的认为泰族起源自中国南部的云南，部分学者则认为泰族源自中国西部的四川、陕西一带，甚至有人认为泰族来自远在新疆的阿尔泰山，此后逐步被汉人压迫南迁，建立了南诏、大理国，将三国时期被诸葛亮七擒七纵的孟获当作泰族人的首领。以上的说法都逐渐被证伪。后期又有泰国学者提出，泰族并非从北向南迁徙，而是来自马来半岛，也有学者认为泰族并不是从哪里迁徙而来，而是发源于本土。各种说法看似都有一定依据，风靡一时，但最终都无法自圆其说。目前我国学者基本达成了一致看法，认为泰族起源于中国古代的越人。越人文化语言相通，但支系庞杂，被称为"百越"，从现今的浙江省，向南到越南北部，再向西到云南省南部，整个新月形的广阔地带都是其活动范围。泰族人便是从这一方向逐渐向南方迁移，他们并非直到13世纪才建立了自己的政权，而是从3世纪开始便逐渐在百越的活动区建立大大小小的部落或者国家。虽然当时的很多故事已经在历史中消散，但至少我们可以了解到，泰族人是从北方逐渐进入泰国大地，因此北方的部分早期王国见证了泰族逐渐崛起的过程。

在泰族人进入之前，泰国北部地区的主要居民是鲁阿人（Lua people），他们在泰国北部清莱、清盛的湄果河（Kok River）流域、清迈、南奔的湄滨河（Ping River）流域，喃邦的湄旺河（Wang River）以及帕尧府的湄应河（Ying River）流域，建立了大大小小的聚居地和城邦。当地一般认为鲁阿人是这一区域最早的居民，但他们的文明程度较低，泰国北部有许多佛教文化在当地传播的故事，而鲁阿人常常被认为是未开化的、未受到佛教智慧启迪的人。

此后，泰人逐步进入泰北地区，据何平教授考据，这一时间大致在公元8世纪左右。当他们到来时，这一区域已经成为孟—高棉人的地盘，传说中记载双方为了争夺领土爆发了大大小小的冲突。这些进入当地的泰族人被当地人称为"泰庸（Yon）人"，他们建立了传说中的国家"庸那迦"（Yonok），这一国家的建立时间已不可考。而传说中，当时还有一个"银扬王国"（又译"恩央王国"）被泰族的另一个支系建立起来，[①] 位于如今的清盛府附近，这个国家一直延续了数百年，并在1259年迎来了一位极有能力的首领——孟莱王。他的父亲是本国国王，而母亲则是西双版纳景昽金殿国的公主，可见当时的泰国北部与我国云南地区属于同一个文化圈，文化相近，来往密切。孟莱王带领军队不断战胜周边的小国，最后在战胜了孟人统治的哈利奔猜国后，将泰国北部的这一片疆域统一起来，建立了兰纳王国。

## 北部地区：哈利奔猜"女王国"

哈利奔猜国在中文古籍中叫作女王国，这一国家可以说是泰族人在泰北地区的最后一个对手。哈利奔猜国大约建于8世纪左右，据当地文献记载，两名修行者以南奔城为中心建立了哈利奔猜国，并于次年从泰国中部的华富里请来罗斛国公主占玛苔微（Camadevi）来做王国的第一任统治者。公主聪明伶俐，知书达礼，美名远扬，当地的修行者派遣使团诚心邀请，公主也欣然前往。出发之前她向父王提出条件，将佛教三宝、500名僧人、婆罗门占星师500名、医生500名、各类工匠500人、财主地主500人以及大量的士兵带去哈利奔猜，作为自己治国的资本。历史学家认为，当时

---

[①] 也有一说，银扬和庸那伽为同一王国的不同朝代。

的泰北地区佛教信仰仍不发达，占玛苔微公主对上座部教在泰北的传播做出了极大贡献。

从罗斛到南奔城的途中，占玛苔微公主已经怀有身孕，到达目的地仅仅7天之后，就诞下双胞胎王子。在她的统治之下，当地的政治经济文化都大大发展，军事实力也十分强盛。我国云南地区的南诏王国曾经发兵攻打哈利奔猜，结果"被女王药箭射之，十不存一，蛮贼乃回"。由于占玛苔微统治得当，哈利奔猜国也被称为"女王国"。此后王位在传续了19代后被上文提到的孟莱王所灭，存续时间600余年。

## 北部地区：孟莱王与兰纳国

孟莱王，出生于1238年，他母亲怀孕时看到天空中一颗闪闪发光的星星，占星家预言她会有一个强大的儿子。20岁时，孟莱王登上王位，开辟了属于自己的王朝。1262年，他建立了清莱城，并将其作为王国的首都。当时的泰北地区四分五裂，傣泰民族建立的各个城邦之间时常相互征战，导致人民流离失所。孟莱王登基后，决心统一谷河流域的各个城邦。他不断发展国力，团结泰族人民，先将清盛周边的几个城邦纳入自己的统治，之后对不服从的城邦则发兵征讨，最后将泰北地区的所有城邦全部纳入自己的统治之下，建成了兰纳王国。[①]"兰纳"在泰语中的意思是"百万田地"，可见其土地丰饶。有趣的是，在我国元明时期的典籍中，兰纳王国被称为"八百媳妇国"。书中记载这个名字的来历说："八百媳妇者，其长有妻八百，各领一寨，故名。"兰纳王国被称为"八百媳妇国"，哈利奔猜被称为"女王国"，这背后其实体现了古代中国和泰北地区间的文化差异。泰国乃至东南亚地区，在古代时女性地位较高，能够作为村寨的首领统治

---

① 何平提出"兰纳"一名其实是在披耶格那王（1335–1385年在位）时期才开始使用，此后在15世纪才流传开来。为便于读者理解，直接表达为孟莱王建立了兰纳王国。

人民，保存了一定的母系社会遗风，这对长期浸染儒家文化的古代中国来说是十分奇异的，因而用这一特点命名这两个国家。

在1292年战胜了哈利奔猜国后，兰纳王国的疆域达到了鼎盛，东边与老挝接壤，南边与素可泰王国交界，西边直抵缅甸，北边则与西双版纳为邻。在今天泰国的地图上，兰纳王国占据了北部的8个府，分别是清迈府、南奔府、南邦府、清莱府、帕尧府、帕府、难府以及夜丰颂府。

在王国内部，孟莱王先是建起了一座新城——魏功甘（Wiang Kum Kam）作为都城，现位于清迈府境内。有一次，他出门打猎时来到素贴山下，见此处地势平缓，又依山傍水，觉得十分适合建城。当晚就有高人入梦，告诉孟莱王说这里适宜建设新城，作为兰纳王国的都城。第二天醒来，又有手下的猎人来报告一桩奇事：素贴山脚下是一片茂密的树林，打猎过程中，林中出现两只白鹿，是母子俩。原本猎犬已经将其团团围住，但这两只鹿转身跑进树林消失不见，成功逃脱了，实乃前所未见。孟莱王一听，更觉得这里是风水宝地，下定决心要在此建城。他邀请素可泰国的兰甘亨王和帕尧国的孟昂王来出谋划策，最终于1296年在素贴山脚下建起了清迈城。清迈在泰语中的意思就是"新城"，现在去清迈的游客都能在古城内见到"三王纪念碑"，用来纪念这座被誉为"泰北玫瑰"的城市落成。

孟莱王在位期间，兰纳国国力强盛，经济文化实力大为发展，一直占据着泰北地区，和此后中部出现的暹罗各大王国并立。可以说兰纳或清迈的历史一直和暹罗王国并行发展，直到近现代才汇合到一处，在不同的历史时期，泰北地区发展出了与中部王国十分不同的文化艺术特点。兰纳王国有自己的官方文字，被称为"昙摩文"，或者"兰纳文"，其字体与泰国中部地区的写法相差较大，但在当时成功地在老挝澜沧王国、缅甸景栋和中国云南西双版纳的部分族群中传播开来。

兰纳王国从统治者到平民百姓都信仰佛教，因此大修佛塔，《新元史·八百媳妇传》记载，该国境内"每村立一寺，每寺建塔，约以万计"，人民"好佛恶杀"。其实初到当地时，泰族人并不信奉佛教，之后是以哈利奔猜国女王为代表的泰南孟人，孜孜不懈将佛教传入了这一地区。泰族人接受了佛教之后，反而嫌弃孟人所传教义不纯，国王特意从锡兰，也就是今天的斯里兰卡，引进了兰卡旺（Langkawong）教派的教义，还要求当地孟人僧侣重新剃度，接受该教派的教义，由此可见兰纳王国人民对佛教的全心投入。如今我们去兰纳的旧都——清迈古城中仍然能感受到这种氛围。漫步在城中，几乎每隔几个街角就能看到一间古代寺庙。据泰国佛寺组织（Temple Thailand）统计，清迈府首府范围内就有144座寺庙，而整个清迈府更是有1789座寺庙记录在册，可见当地佛教氛围之浓厚。其中位于清迈古城中的契迪龙寺（Wat Chedi Luang）可以算作是泰北最著名的寺庙之一，距今已经有600年左右的历史。泰语"契迪龙"原文的意思指的是"宏大的佛塔"，顾名思义，寺中最重要的景观便是巨型佛塔。最初佛塔高82米，是清迈最高的建筑，但此后由于地震，佛塔顶部倒塌，剩下约60米高。佛塔四周的雕塑也因为战火显得残破沧桑，但不影响后人对其生发出敬畏之心。如果读者有机会前往清迈，务必参观游玩一番，感受历史的厚重。

兰纳王国建国之后，孟莱王朝一共有18位国王，延续了数百年。但这期间，王国国力渐衰，而且被夹在周边强大的王国势力之间，不得不以附属国的形式存在。兰纳曾经臣服于缅甸东吁王国、暹罗阿育陀耶王国和老挝的澜沧王国。尤其令泰国人心有不满的是，在16—18世纪，兰纳曾经被缅甸统治200余年，直至1773年才由泰国吞武里大帝收复。此后清迈以暹罗附属国形式继续存在，直到19世纪末，才在曼谷王朝拉玛五世治下被划入暹罗的版图。

泰族人在进入中南半岛的土地上之后，最先是生活在北部地区。孟莱王统一各城邦建立的兰纳王国，更是应该算作泰人在当地的重要早期政权之一。不过，泰国的中心地带位于湄南河流域以及沿海地区，此后的数个大一统王朝都在中部地区定都。因此泰国历史学家常常以同时期的另一个王国——素可泰王国，作为泰人建国历史的开端。本章中我们只简要介绍兰纳王国在素可泰王朝建立前和建立初期的发展历程。后文中，我们将转换视角的中心,关注中部地区逐渐崛起的泰人素可泰政权,而关于兰纳或清迈的故事则只能在历史的夹缝中,以配角的身份继续出现了。

| 第三章 |

# 素可泰王朝

# 一、素可泰王朝的兴起与衰败

如果要问一个普通泰国人，泰国的历史从何时开始，很有可能他会回答：素可泰王朝。的确，在素可泰王朝之前，泰国土地上诞生过许多早期王国，发展出了辉煌的文明，泰族人也在不同地区建立过更早的王国。但在后人看来，这些故事可能更像是一幕大剧的序章，素可泰王国的建立才标志着泰国历史发展的主角终于登场。或许这样说稍有夸张之嫌，但素可泰王朝的确有其重要性。这是第一个在泰国核心地带实现大一统的朝代，短暂地结束了诸侯割据的时代，奠定了当今泰国的立国基础。素可泰王朝也是最早的有泰文文字记载的朝代，虽然至今存世的文字记载并不算丰富，但从此以后泰国进入了信史时期。我们将凭借前人挖掘出的文物古迹和文字记载，逐步认识泰国历史中的第一个朝代。

## 素可泰：从村庄到王国

素可泰位于泰国北部，北边与前文所说的兰纳王国相邻。这一区域有着悠久的历史，考古发现，在当地旺哈村（Wang Had）存在着公元前500年左右的历史遗迹，已经出现了冶炼金属的活动，比如出现了金银装饰的器具、古剑、镯子等。而且当地还出土了堕罗钵底国时期的仪式、装饰器具，上面出现了不同的纹饰，比如猴脸的图腾，说明在佛教传入之前，这里发展出了独特的原始信仰。这一系列发现都证明素可泰地区在古代一直是重要的聚居地和贸易中心。

此后，随着近千年的文明发展，素可泰逐渐成为泰人的大本营。前文我们曾经说过，学术界认为泰人并非当地土生土长的民族，而是源自中国南方的百越民族，从中国东南沿海地区逐步移居而来。他们从泰国北方进入这片"黄金之地",与当地民族通婚,建立自己的国家,逐渐沿着不同的河水流域,形成了不同的族系,大致可以分为湄公河流域、萨尔温江流域、红河流域以及湄南河流域,之后便在中南半岛各国开枝散叶。

最初半岛上只有沿海区域和沿河方便通航的地区出现了大型城市,主要是由来自印度的商人在此开展贸易,他们作为中间人也会将货物贩卖到中国。到10世纪之后,唐宋时期的中国商人更多地亲自来到东南亚开展贸易,这大大促进了陆路贸易的开展,因此内陆区域也出现了越来越多的城邦和贸易中心。从考古遗迹来看,当时出现了两条主要的贸易线路:第一条是东西线路,大致从老挝的万象延伸至泰国的彭世洛府;第二条则是南北线路,是沿着湄南河的走向,从泰北的清迈、南奔、南邦等地一直延伸至曼谷入海口,中间也可以沿着西向支线连接萨尔温江,与缅甸开展贸易。而素可泰城的位置几乎就在两条横纵走向的贸易线路交叉处,因此在这一时期成为重要的贸易集散地。《宋史》卷四八九中曾经记录了一个叫作"程良"的古城,根据地名和方位推测,应该位于素可泰府北部的是塞差那莱县。这里古称"查良"(chaliang),之后成为素可泰王朝的重要城市,一般作为副王的领地。在《宋史》的记录中,程良城与泰国中部重镇罗斛并列,可见当时素可泰地区已经发展出了重要贸易城市,为此后建国打下了基础。

10—11世纪,素可泰成为中南半岛的贸易重镇,连接着东边的吴哥王国和西边的缅甸蒲甘王朝。当时的素可泰受到吴哥文化的影响,至今仍能在当地发现具有吴哥风格的建筑。贸易往来带来了人口的快速增长,素可泰地区出现了更多城市,比如程良、颂威(SongKhwae)、隆巴载(Lumbachai)等,它们联合在一起成为一个城邦。

## 素可泰王国的建立

从素可泰王朝开始,泰国进入了信史时代,而目前已知的最早泰文文献——兰甘亨石碑，便出现在这个时期。兰甘亨石碑是泰国最著名的文物古迹之一，其中记叙了素可泰王国在第三代国王兰甘亨大帝治下一片繁荣和谐的景象。兰甘亨石碑由于出土时间较早，因此被排序为"素可泰第一石碑"，但其中记录的内容并不是最早的。1887年，在素可泰首府希初寺（Wat Srichum）的地道中，出土了另一块素可泰王朝时期的石碑。这块石碑分前后两面，宽67厘米，高275厘米，厚8厘米，根据出土地被命名为"希初寺石碑"，同时也被排序为"素可泰第二石碑"。根据考古专家和历史学家的研究，这块石碑的制作时间大致在1341—1367年之间，要晚于兰甘亨石碑，但其中记录的内容却涉及素可泰王国的建立过程，具有极高的历史价值。

由于当时的文字记载仍然十分稀少，因此这块"希初寺石碑"可以说是解读素可泰王国起源的权威材料之一。石碑没有记载究竟最初是谁建成了素可泰城，其内容中只说到素可泰早期有一位统治者叫泼坤希挠纳统（Pokun Srinaonamtum），[①] 他同时也统治着程良或者是塞差那莱（Si Satchanalai）城。当时的素可泰王国领地并不算大，与此后兰甘亨大帝时期无法相比，但也算是泰国中部一个较大的政权。

碑文记载，有一位名叫刹巴科隆拉蓬（SabadKhonlamphong）的外族人率军叛乱，控制了素可泰城和是塞差那莱城。泼坤希挠纳统的儿子帕孟（Pha Mueang）当时统治着孟腊城（Mueang Rat），他决定起兵驱赶叛军。与他一同出征的是邦杨城（Mueang Bang Yang）的城主，名叫"邦坎豪"（Bang Klang Hao）。这两位城主兵分两路，帕孟占领了素可泰城，邦坎豪则占领了是塞差那莱城，成功夺回了王国。

帕孟作为王子，本应自己继承父亲的王位，但令人不解的是，他将素可泰城拱手让给了邦坎豪，自己则去治理是塞差那莱城。除此之外，他甚至将自己的"室利膺陀罗铁"（Sri Indraditya）头衔也让给了邦坎豪。

---

① 素可泰王朝时期，将国王称为泼坤，意思是"王父"。

传说帕孟英俊潇洒，勇敢过人，高棉国王因此将自己的女儿辛孔玛哈苔微（Singkhon Mahathewi）许配给他，并且送给他"室利膺陀罗铁"的称号，这一称号一般是高棉人称呼国王时才用的，同时还赠予他一把宝剑。高棉国王的这一做法，其实是以高官厚禄和金钱财富诱惑帕孟王子继续效忠高棉帝国。但在战胜叛军之后，帕孟竟然将素可泰城以及自己的头衔全都让给了邦坎豪，后世的历史学家提出了两个原因：首先，虽然史料中没有直接说明，但学者们普遍同意帕孟和邦坎豪是存在亲属关系的，邦坎豪很可能是帕孟的姐夫或妹夫，邦坎豪的王后叫作娘盛（NangSueang），相传是泼坤希挠纳统的女儿，帕孟的姐姐或妹妹。其次，历史学家也重新演绎了帕孟让出王位的场景：起初邦坎豪是不接受王位的，因为帕孟先攻下了素可泰城，他本人也是名正言顺的继承人，没有道理要放弃王位。但帕孟则表示说，他是高棉国王的女婿，如果由他来继承王位，那么高棉政权随时有可能渗透至素可泰。或许是出于这两点原因，帕孟放弃了王位，将其让给了邦坎豪。

关于帕孟王子之后的去向，由于史料缺乏，我们已经很难还原历史的真相，但泰国民间有些不同的说法。有一种认为，帕孟虽然迎娶了高棉公主辛孔玛哈苔微，但实际上早已有一位泰人妻子，因此他只好安排高棉公主去统治他此前居住的孟腊城。他拒绝了素可泰的王位后，又放弃了高棉国王御赐的头衔，因此高棉公主对他极为不满，于是放火烧城，命令手下的高棉军人发动暴动。帕孟王子不得不率军镇压，最后高棉公主辛孔玛哈苔微伤心投河而死。而帕孟王子和他的原配妻子则离开了这片伤心地，最后在泰国北部的清莱府去世。这类三角恋故事总是很有市场，因此辛孔玛哈苔微的故事一直流传至今，甚至还被改编成了著名的舞剧。

以上关于帕孟王子和邦坎豪两位统治者的故事，其实在石碑中的记载并不算详细，许多内容都是民间传说或是后人杜撰的。回到"希初寺石碑"的记载，碑文中记载了泼坤希挠纳统的两个王子，除了帕孟之外，还有一个叫作披耶干亨帕拉（Phraya KamhaengPhra Ram），他是颂威城（Song

Khwae）的统治者。他有个儿子名叫昭希拉塔（Chao Sri Sattha），是一位勇敢的武士，而后来剃度为僧，成了素可泰的僧王，而他就是"希初寺石碑"的撰稿人。他对素可泰王朝早期的世系记载，成为后人了解当时历史的重要材料。

近来的泰国历史研究经常将泼坤希挠纳统和帕孟算作素可泰王朝的奠基人，并且根据初代国王名字的最后一部分，将他们的时代命名为"纳统"王朝，虽然他们没有被认定为素可泰名正言顺的国王，但帕孟王子禅让王位的行为使素可泰免于受到高棉帝国的影响，为王国的独立打下了基础。邦坎豪接受了帕孟王子的好意，他于1249年登基，开创了素可泰的"帕銮"（Phra Ruang）王朝，成为了素可泰的第一位国王，史称"室利膺陀罗铁"王，而这正是帕孟王子此前的头衔。他有三子两女，长子夭折，当他去世后次子继承了王位，名叫"泼坤班孟"（Ban Mueang），而三子就是后来美名远扬的兰甘亨大帝。大约1279年，泼坤班孟去世，兰甘亨继位为王。

## 素可泰的辉煌：兰甘亨大帝

兰甘亨大帝是素可泰王朝的第三位国王。他英勇善战，为王国开疆扩土，使泰族人的领土达到了前所未有的辽阔，奠定了现代泰国的疆域。此外，他还发明了泰文字母，让文明得以在这片土地上传承近千年，而他的事迹要从最著名的兰甘亨石碑讲起。

1834年的1月17日，曼谷王朝尚未登基的拉玛四世王出家为僧，到暹罗北方修行。他来到素可泰府的首府，一日在草丛中偶然发现了一座石碑。石碑为四方形，上端为尖顶，高111厘米，四面皆有文字。据历史学家推测，石碑建造于1283年至1298年之间，这些文字大致分为3段，是不同时期撰写的内容。其中第一段以兰甘亨大帝的第一人称，叙述了他登基前后治理国家的情况。这块石碑被排序为"素可泰第一石碑"，是我们了解兰甘亨大帝生平和素可泰历史的重要材料，也是泰国的国宝级文物，现存于泰国国家博物馆曼谷馆。

石碑上的文字用古代泰语写就，行文和用词与现代泰语有很大不同，因此经过了一百余年，泰国学者才逐步将其解译，并且邀请各国学者将其翻译成多种语言，其中便有中文的译本。①

石碑文本的第一部分主要介绍了兰甘亨大帝的生平，第一段介绍其家庭成员，大意如下："我父名为室利膺陀罗铁，母亲名为娘盛，兄名班孟。我同胞兄弟五人，三男两女，长兄夭折。"碑文没有说明兰甘亨的生辰年月，但据说他和兰纳王国的孟莱王以及帕尧城的孟昂王年幼时是同一位高僧的学生，之后才一起商量建造了清迈城。孟莱王出生于1239年，估计兰甘亨大帝与他年纪相仿。

碑文第二段则介绍了兰甘亨大帝与父亲共同抗敌的事迹。兰甘亨19岁时，邻国蒙束（MeuangChot）国王坤三春（Khun Samchon）来犯。素可泰国王室利膺陀罗铁携兰甘亨与之作战。在父亲麾下士兵败下阵来、仓皇逃走之际，兰甘亨挺身而出，乘象作战，杀退敌人。国王因其英勇，赐他名叫做"帕兰甘亨"。

碑文第三段描述了兰甘亨登基之前对父母的供奉，他将打猎、采摘所得全部献给父亲，父亲去世后，则全力辅佐兄长，兄长去世后，他才获得全部领土。

以上内容是碑文中的第一部分，以第一人称书写，大抵是兰甘亨自己撰写的内容。碑文的第二部分和第三部分则分别介绍了素可泰王国在兰甘亨时期的社会发展、人民安居乐业的景象，歌颂了大帝开疆拓土，治国有方。据泰国学者推测，兰甘亨大帝于1279年登基，虽然碑文中并未记载，但碑文的第二段中记载他曾在1279年栽下了糖棕树，而泰国古代国王登基时经常栽树，以求自己的统治能像树木一样屹立百年。虽然他在位时间

---

① 感兴趣的读者可以阅读巫凌云老师1987年发表在《云南民族学院学报》上的文章《泰国兰甘亨碑铭释文补正》一文，其中包括了原文的中文译文，并对照石碑古代原文做出了一些新的注释。

并不算长，在驾崩前统治国家大约20年，但他的功绩被传颂千秋，的确算得上是一棵荫泽后人的参天大树。

兰甘亨大帝的功绩首先在于他大大开拓了素可泰王国的疆域，为现代泰国奠定了立国的基础。兰甘亨石碑全文的最后一段说道："王勇制群敌，国广象多。"在他统治的时期，素可泰王国的北方疆域直达老挝的兰勃拉邦，泰北兰纳王国孟莱王以及帕尧城的孟昂王都与素可泰王朝建立了伙伴关系，共同抵御中国元朝南下的军队。而向西方，王国的领土直抵如今缅甸的毛淡棉地区。当时有一位孟族人马加杜在素可泰宫廷中工作，他与兰甘亨的女儿相爱私奔至毛淡棉，并且在当地称王[①]。之后他向兰甘亨大帝忏悔认错，承认了素可泰王国对毛淡棉的宗主权力，使素可泰的西面疆域到达了下缅甸地区，碑文中的说法是"以海为疆"。王国的边疆向东直抵呵叻高原，向南则达到马来半岛的洛坤府。

兰甘亨大帝治国的第二大功绩是促进了素可泰王国的发展。在他统治期间，王国政治清明，百姓遵纪守法，生活富庶。当时素可泰人称呼国王为"泼坤"，意思是"王父"，这不仅体现了当时"家国同构，君父同伦"的统治理念，也符合兰甘亨爱民如子的管理风格。兰甘亨石碑中记录说："有铃悬于门外，城乡之中民有争执，口角不和，欲诉诸王，极为简便，仅须往敲门铃。坤兰甘亨国王，一闻铃声，即呼入讯问，予以公平裁判。故素可泰全境，万民称赞。"同时，他还在自己种下的糖棕树之间对垒石板，每月定时请僧侣向百姓宣讲佛法，而平日里兰甘亨王就在石板上和公子王孙、公卿大臣商讨国事。可见兰甘亨大帝治国有方，能够倾听所有人的意见，在百姓子民心中具有极高的地位。在他治下，素可泰人民"不徇窃盗，不私赃贼，见则不贪，见富不怨"。人民通过自己的劳动致富，全国范围广植槟榔林、老叶林、椰子、波罗蜜、芒果、酸角等各种水果也生长繁茂，不管是谁种的都可以自己保有，不需向国家上缴，甚至商人们也可以随意

---

① 后世他被称为伐丽流（Wareru），并且开创了缅甸勃固王朝。

做各种生意，贩象、贩马、贩金银，皆不收关税。以上皆为兰甘亨石碑中记载的内容，可见兰甘亨大帝治理下的国家，"水中有鱼，田里有米"，人民可以幸福生活，以至于周边泰族和其他族人皆来归顺。

最后一点，除了治理国家之外，兰甘亨大帝在社会文化方面也做出了极大贡献。据石碑记载，"泰文此前无有"，是兰甘亨大帝精心思构而创造的。但事实上，这种文字并不是凭空想出来的，而是通过对古孟文和古吉蔑文加以改造而得来的，将原本弯曲的线条拉直后，书写更加简单一些。这种文字此后发展成为了如今的泰语字母，是数百年文明传承的基础。除此之外，兰甘亨王对上座部佛教在泰国的传播起到了重要的奠基作用。石碑中记录了他从南方那空是贪玛叨（即现在的洛坤府）请来高僧作为僧王，在素可泰城中讲经礼佛，传播教义。石碑还记录了国王带领全城信众举行供僧衣节（Kathina）仪式的盛大场景，以及素可泰城中修建大小佛寺、供奉佛像以及佛骨的诸多情况。兰甘亨大帝努力在素可泰传播上座部佛教，以至于"全部人士，无论男女，莫不虔诚崇奉佛教"。在这一时期，上座部佛教在泰国的土地上扎下了根基。实际上，当时周边强大的高棉吴哥帝国主要信仰大乘佛教，认为众生需要被神佛拯救才能渡过苦海。但上座部佛教相信，人人皆可自渡，按照佛教义理修行，最终便能到达彼岸。这两种不同的信仰，其实暗含了阶级统治的需求，吴哥王朝的统治较为僵化，要求人民以"王"为"神"，引起了诸多不满。而兰甘亨大帝则视民如子，他千里迢迢从南方请来上座部佛教高僧，正是为了弘扬自由而平等的宗教思想。在他的统治下，素可泰彻底脱离了吴哥王朝，这也是一种宣告：泰人的命运要掌握在自己手中，再也不靠他人的拯救或者恩赐。

在兰甘亨的带领下，素可泰发展成为中南半岛上一个强盛的国家，是当今泰国的雏形。据中国的史书记载，兰甘亨于1298年驾崩，为纪念他的丰功伟绩，后人赠予他"大帝"称号，他也成为泰国历史上第一位"大帝"。

## 素可泰的衰落

兰甘亨之子乐泰（Loethai）王于1298年登基，是素可泰王国的第四位国王。关于他的史料记载十分稀少，只在希初寺石碑（素可泰第二碑文）中提及他是室利膺陀罗铁的孙辈，评价他知理知法，智慧过人。中国的古代典籍中有记载，他曾于1299年派遣使团前往中国。他在位25年，1323年驾崩。

1323年，沃南塔（Ngua Nam Thum）王[①]登基。据泰国学者考据，他并非乐泰王之子，而是其堂弟。沃南塔的父亲是素可泰王国的第二任国王班孟，他是兰甘亨大帝的侄子。至于同样有权继承王位的乐泰王之子立泰（Lithai）王，则只好继续等待，1340年他才被任命为王位继承人，统领是塞差那莱城。

虽然史料中只有寥寥记载，但历史学家认为兰甘亨大帝驾崩后，素可泰王国的王位传承产生了问题。第二任国王班孟与第三任国王兰甘亨大帝是亲兄弟，当时采用了"兄终弟及"的方式来传承王位。但这样他们各自的子嗣形成了两个派系，都认为自己有继承王位的权利，王位在两条世系中流转，逐渐出现了隔阂与矛盾。兰甘亨之子乐泰原本已经将其子立泰王任命为是塞差那莱城城主，几乎可以被视为王储。但最后他却将王位传给堂弟沃南塔，历史学家认为乐泰王此举是软弱的妥协举措，立泰王对此决定必然不满。而沃南塔王在位数年后再次将立泰任命为继承人，又引发他自己一系子孙的不满，最终导致了王国内部的混乱。

希初寺石碑记载，1347年立泰王从是塞差那莱城发兵占领了素可泰城，并派遣自己的子孙统领王国的各大城市或附属国。这次王国内部的刀兵相见，有很大的可能便是因为沃南塔王的子嗣计划继承父亲的王位，但两度

---

[①] 也有学者将其名译为"威南童王"。

被视为继承人的立泰王再也无法坐视不理，于是出兵镇压，最终将王国的统治权把握在自己手中。

1347年立泰王登基，号称"昙摩罗阁一世"（Thammaracha I），成为素可泰王国的第六位国王。但他接手的王国已经不再是兰甘亨大帝时期雄霸中南半岛的素可泰国了。事实上，从1298年兰甘亨大帝驾崩到1347年立泰王登基的50年时间中，素可泰王国几乎已经分崩离析，除了宫廷内的明争暗斗之外，在王城之外也有许多附属的城市或城邦宣布了独立，不再附属于素可泰。兰甘亨大帝在位时，素可泰也未能形成中央集权的模式，只是凭借个人的雄才大略吸引了各方诸侯来投靠，但许多城邦和附属国都是半独立的状态。当他驾崩后，王国的势力严重衰败，版图大大缩小，立泰王接手的素可泰王国几乎只剩下王国的核心区域，包括素可泰、甘烹碧、彭世洛、披集和那空沙旺等，更多的城市已经脱离素可泰管辖，诞生了新的政权，尤其是南方的罗斛和素攀政权趁机夺取了许多原本属于素可泰的土地，势力迅速壮大起来。

现在一般认为，素可泰王朝时期的国王中，立泰王是仅次于兰甘亨大帝的明君，但此前的历史学家大多认为，相比于兰甘亨大帝的文武双全，立泰王则是文治强于武功，将其视作一位沉迷佛法、不善征战的国王，面对外部的敌人显得较为软弱。现今的泰国学者对他有了一些新的看法和更加公允的评价，认为立泰王的确在佛法方面造诣很高，但宣扬佛法也是其为素可泰王国扩大影响力的方式。立泰王本人的称号叫作"昙摩罗阁一世"，昙摩罗阁在泰语中就是"法王"的意思，足见他对佛法的虔诚。他在位期间，不仅邀请锡兰的僧侣来素可泰传授佛法，更是潜心撰写佛教经典《三界经》（Tri-Bhumi PhraRuang）。这是第一部由泰人撰写的佛教著作，开启了泰国佛教文学的先河。该书描绘了佛教的世界观，将世界分为欲界、色界和无色界，共三界。通过引用30多部佛教经典，立泰王将当时其掌握的所有佛教知识统统汇集于此书，成为泰国佛教发展的根基和源泉。此后立泰王还一度出家为僧，开了国王出家的先河，而这也是泰国男子成年后全部都要短期出家修行的起源。

早先的评价认为他厌恶争斗，无心治国，不愿以武力手段与外敌抗争，是一位爱好和平但胸无大志的国王。但这样的说法是有失偏颇的，立泰王能登上王位便是通过军事斗争才得以成功，如果潜心礼佛又何必来争夺王位呢？事实上，他在位期间也不断试图通过佛教统一王国内部的文化，比如在颂威城、甘烹碧城建设佛塔，传播佛教。同时素可泰第 8 石碑中记载，立泰王曾经派兵镇压周边诸城，东方从颂威城至巴塞河（Pasak River）流域，北部则控制了如今的帕府地区，并且沿途派兵清剿，命令当地村民到是塞差那莱城的寺庙中做僧侣的仆从。可以说他的领土扩张策略和佛教思想传播是同时进行的，他始终期望素可泰能再次成为中南半岛的权力中心。

但在他的时代，中南半岛又有多个新的政权崛起，比如在素可泰南方的华富里地区，便有一个罗斛国，相传这一古国在公元 8—9 世纪便已经存在，曾经先后是三佛齐和高棉帝国的属地。关于这一古国早期发展的历史资料较少，大多来自神话和民间传说。在素可泰王国逐渐衰落的时期，罗斛国则逐渐脱离了高棉帝国的影响力，成为素可泰在泰国中部地区的强劲对手。立泰王登基仅仅 3 年后，也就是 1350 年，罗斛国的乌通王就迁都阿瑜陀耶城，开创了泰国历史上的第二个大一统王朝。但王朝的更迭是一个缓慢的过程，素可泰和阿瑜陀耶两个朝代之间存在着百余年的时间交错，双方的统治者曾经有过一段斗智斗勇的时期。

## 王朝更迭期：从素可泰到阿瑜陀耶

立泰王统治时期，素可泰王国的势力有所恢复，在扩张版图的过程中与泰国中部的阿瑜陀耶王国产生了竞争。随着素可泰王国的势力逐渐延伸至巴塞河流域，越来越接近阿瑜陀耶的领地时，两方开始产生了直接的冲突。

当时的阿瑜陀耶国王是拉玛铁菩提一世（Ramathibodi I），由于其来自乌通城，史书中也经常称他为乌通王。他感到了素可泰的立泰王带来的威胁，于是出兵征讨素可泰的重镇彭世洛①。相传，当时彭世洛城发生了饥荒，阿瑜陀耶的军队假扮成贩米的商队入城后轻松破城。当时两国之间并没有爆发大规模军事冲突，关系并不算剑拔弩张。尤其立泰王仁爱之名流传甚广，乌通王也不愿将冲突扩大，于是任命自己的盟友、素攀家族的首领坤銮帕诺（KhunluangPhaNgua）去治理彭世洛。这位素攀城主在统治彭世洛期间迎娶了立泰王的妹妹，这样一来他成为立泰王的妹夫，能够较好地缓和双方的关系。

立泰王虽然不爱征战，却也有自己的手段。他决定出家为僧，并利用自己的僧人身份成为政治谈判的筹码。当时上座部佛教在泰人国家内广为流传，立泰王出家后成为高僧自然获得了广泛尊重。他一方面有王国统治者的身份，另一方面又有世俗之上的超然地位。于是他亲自向乌通王求和，不费一兵一卒便重新夺回了彭世洛城。

但乌通王答应立泰王的请求也是经过了深思熟虑的，他也提出几个条件，要求立泰王从此之后居住在彭世洛，素可泰以及另一处大城市甘烹碧必须由其他人统治。当时双方商定的人选是立泰王的妹妹帕玛哈苔微，她既是素可泰国王的血亲，又嫁给了阿瑜陀耶势力一方的素攀城城主，由她治理素可泰城算是一个折中的方法。从此两国间迎来了短暂的和平，此后立泰王一直居住在彭世洛，并将王国的都城迁移至此。

1369年乌通王驾崩，阿瑜陀耶王朝内部也产生了权力斗争，素攀家族的坤銮帕诺从素攀城发兵包围了都城，将乌通王之子拉梅萱逼下王位。1368年，立泰王驾崩，其子叻泰王（Leuthai）在彭世洛登基，后称"昙摩罗阇二世"，成为素可泰王国的第七位国王。从他这一代开始，素可泰彻底沦为阿瑜陀耶的属国。

坤銮帕诺又带兵向北方开进，将北方诸城全部纳入了阿瑜陀耶的统治。

---

① 当时此地名叫颂威（Song Khwae）城，意为"两河之城"，位于彭世洛府，与现在泰国难府的颂威县不在一处。

坤銮帕诺安排自己的妻子，也是立泰王的妹妹帕玛哈苔微暂时统治素可泰城，而立泰王的儿子叻泰王（Leuthai）则继续统领彭世洛城。

1381年帕玛哈苔微在素可泰去世，她和坤銮帕诺的儿子帕希贴帕胡拉（Phra Si Thephahurat）继承了素可泰城主的位置，他身上既有父亲阿瑜陀耶素攀家族的血脉，又有母亲一方素可泰的王族血统。由此可见，素可泰虽然国力渐弱，但他们在新崛起的阿瑜陀耶王朝中选择了素攀家族作为盟友，为复兴积攒力量。当时帕希贴帕胡拉年纪尚小，而且是素攀家族的继承人，素可泰王宫内的大臣对他并不信服，因此他只得请立泰王在世时的心腹大臣出马协助统治，这一时期的素可泰城完全由素攀家族管理。

1388年坤銮帕诺驾崩，阿瑜陀耶王国内部再次陷入了继承权之战，乌通王一脉又从素攀家族手中夺回了王位，并且处死了素攀家族的继承人。眼看家族有难，帕希贴帕胡拉深感自己在素可泰的位置也不安稳，于是主动将城主之位交还给了素可泰家族，自己转而去管理甘烹碧城。当时素可泰的国都已经迁至彭世洛，由国王叻泰王（昙摩罗阇二世）统治，素可泰城则交到了叻泰王之子塞叻泰王（Sai Lue Thai）手上。

叻泰王跟随父亲立泰王的脚步，于1399年放弃王位出家修行，1409年驾崩。而他的儿子中要数塞叻泰王势力最大，他抢在兄长之前，于1400年登上王位，登基后被称为"昙摩罗阇三世"，成为王国的第八位国王，并且统治素可泰王国近20年。他在位期间，素可泰为了获得独立地位仍然不断地进行斗争。北方兰纳王国的史书曾经记载，1402年塞叻泰王曾派兵参与兰纳王国的王位争夺战，史学家认为这说明当时素可泰王国处于独立地位。

1419年塞叻泰王驾崩。他的兄弟波罗摩班（Borommapan）接替王位，登基后称"昙摩罗阇四世"，是素可泰王国的第九位国王，也是最后一位国王。当时阿瑜陀耶王国内已经平定了家族之间的王位争夺，素攀家族的膺陀罗阇（Intharacha）登上了王位。膺陀罗阇的母亲和妻子都来自素可泰家族，而他的继位者萨帕亚王，也娶了昙摩罗阇四世的姐姐为妻，可见当时双方的关系已经交织在一起。

1438年,素可泰最后一任国王昙摩罗阁四世驾崩,王位并没有传给他的兄弟或子嗣。阿瑜陀耶的萨帕亚王作为昙摩罗阁四世的姐夫,任命自己的儿子拉梅萱①,也就是日后阿瑜陀耶的戴莱洛迦纳王,来统领彭世洛。这标志着,素可泰从此以后不再作为附属国出现,而是被阿瑜陀耶王国纳入统治。延续200年、历经9位国王的素可泰王国,至此亡国。

虽然失去了王位和政权,素可泰家族的势力却没有彻底消亡。从立泰王的妹妹帕玛哈苔微开始,素可泰的数代公主都与阿瑜陀耶的素攀家族联姻。这一策略取得了一定成效,素攀家族在阿瑜陀耶王国逐渐把控大权的同时,素可泰家族的多名女性也随之成为阿瑜陀耶的王后。虽然素可泰没能保住独立地位,被彻底纳入了阿瑜陀耶的统治范围,但其家族的血脉已经融入了新王国的统治阶级,阿瑜陀耶的多位国王都有来自母亲的素可泰血统。这一家族的势力始终盘踞在王国北方,等待着有一天能够迎来复苏。

## 二、素可泰时期的社会文化发展

### 政治体制

前文我们已经说过,素可泰王国并不是泰人建立的最早国家政权,其实在10世纪以后泰人在中南半岛建立过多个国家,比如兰纳王国、帕尧王国都和素可泰处于同一时期,甚至更早。但当时这些泰人组成的小型政权仍带有部落联盟的性质,处于从原始社会向早期封建领主制度过渡的阶段,整体仍是作为柬埔寨吴哥王朝的藩属政权存在。当时的吴哥帝国继承了扶南时期的繁荣,对中南半岛的各个族群仍然具有统治地位。但在十三

---

① 拉梅萱经常被用作王储的封号。

世纪之后，随着吴哥帝国的阇耶跋摩七世去世，吴哥帝国的控制力日益衰落，这让泰族人获得了机会，开始为独立而斗争。虽然吴哥国王试图通过联姻来拉拢泰族人，将女儿嫁给了素可泰的王子帕孟王，但也未能阻止泰族人独立的步伐。最初的泰人部落四处散落，各自为政。到后来，孟莱王带领兰纳王国统一了泰北地区，而兰甘亨王则带领素可泰王国获得了更大疆域，北方紧邻兰纳王国，南部则延伸至马来半岛的洛坤，西边直抵缅甸毛淡棉地区，东边则囊括湄公河流域直逼吴哥王国。这一时期为泰国如今的疆域奠定了基础，因此素可泰被大多数泰国人认为是泰国历史上的第一个王朝。

但实际上，素可泰仍是一个带有过渡性质的王国。早期是泰人部落的聚合，在兰甘亨大帝时期虽然吸引了大量附属国、诸侯国来臣服，但仍未能形成一个强有力的中央集权制度，整个国家仍是一个松散的联盟。各诸侯国的主要官员由国王任命，并且承担对中央的赋税和劳役义务，但在这些诸侯政权的内部，仍有较大的征收赋税、任命官员、统领军队的权力。通过这种形式，王室内部的权力能够达到一定程度的平衡，王子王孙或官宦贵族被分配到各大城市去进行统治，维护中央政权的同时也具有自己的封建主权力。而距国都较远的各个城邦，则仍由原本的首领进行统治，只是需要承认素可泰王国的宗主地位，这些首领需要承认是代表国王对臣民进行统治，并且定期对素可泰纳贡称臣，在战时听从调遣，出兵助战。兰甘亨石碑中的部分内容，反映了王国扩张的过程："凡骑象来归，率国来附，则予援济，若无臣无妇，无金无银，则予资助，以致成乡成国。""坤室利因陀罗惕王之子坤兰甘亨，乃室利刹差那来，素可泰之国王，麻族、高族、寮族，以及远方泰人，沿乌河孔河之泰人，均来归顺。"由此可见，当时素可泰王国的扩张很大程度是依靠对其他政权的吸引和招安，而并非靠武力征服和压制。

在这一基础上，兰甘亨王在素可泰国内建立了一套军政合一的统治制度。全国的成年男子皆为士兵，而各地的首领既是行政长官也是军队的统领。平时各地平民各自从事生产，一旦有战事开启，这些平民就需要拿起武器听候调遣，"无军民之分，聚以成军，散则为民。"这其实和现今泰国采取的兵役制度有类似之处，法律规定所有泰国成年男子都有义务服兵役，一旦年满18周岁便自动成为军队的预备役，直至年龄超出限制后方能解除预备役身份。在这期间则需要参加每年举行的征兵抽签，抽中的人必须服役两年，接受军事训练，以便在战时为国效力。

但是由于权力分散，素可泰王国的统治并不稳固，王国内的附属国和城市首领各自发展势力，拥有自己的军事力量，容易产生内部的权力争夺。在兰甘亨大帝去世后，素可泰王室内部产生了王位继承的问题，究竟是嫡子继承还是"兄终弟及"，正处于过渡时期的王国还没有明确的传统。兰甘亨王之后即位的乐泰王和沃南塔王的治国手段不如前者，各地的王族成员以及附属国的首领，纷纷率领自己的子民脱离素可泰的统治，王国迅速分崩离析。虽然此后的立泰王（昙摩罗阇一世）凭借高深的佛教思想试图重现光辉岁月，但最终也未能抵挡住迅速扩张的阿瑜陀耶王国。

## 生产贸易

素可泰王朝也是社会生产大大发展的一段时期，当时的王国内部兴旺富足，"水中有鱼，田中有米"，人民通过劳动和贸易提升生活质量。兰甘亨时期对社会生产、财富继承等方面进行了细致的规定，使得人民开展生产的积极性更高，比如兰甘亨石碑中提及："国中处处广植槟榔林、老叶林。此地又多椰林，婆罗密林亦伙。芒果林、酸角林亦不少。凡种植者均得保有此等园林。"可以看出当时人们对自己的生产所得有支配的权利，自然乐于从事生产。而且兰甘亨大帝还规定了财产继承的方法："庶民或公子王孙死亡谢世，所遗屋宇、驯象、妻孥、亲属、粮仓、仆从、槟榔林老叶林，悉归其子。"因此人民也愿意积累财富，荫泽后代。

除了种植业以外，素可泰的手工业也逐步得到发展。比如《真腊风土记》中记载,"暹人"(即素可泰王人)以桑蚕为业,桑种蚕种皆自暹中来。他们能够以蚕丝织布制衣,真腊人的衣服破损后,都要请暹妇缝补。此外,兰甘亨大帝还大力发展陶瓷业,从中国邀请工匠,引进制陶技术,来到素可泰开窑烧制。但由于素可泰的土质不好,应工人要求,陶瓷的生产中心被迁至素可泰城北的宋加洛附近,此后发展出了古代泰国最著名的"宋加洛瓷器"。学者在素可泰旧城以及是塞差那莱县发现了许多古窑遗迹,在周边发现了大量陶瓷器皿的碎片,在暹罗湾中也曾打捞出宋加洛瓷器的残片。这说明当时此地所产瓷器除了国内使用外,还远销海外。此后的学者在马来西亚、印尼、印度、菲律宾和锡兰甚至埃及都发现了宋加洛陶瓷器皿,这些瓷器为当时的素可泰王国带来了大量收入。而从造型和烧制技术特点方面,很容易看出宋加洛瓷器和中国陶瓷的师承关系,甚至出现了一些以柿子为造型的瓷器,但泰国本身不产柿子,显然是受到了中国龙泉窑的影响。这都是中泰友谊源远流长的历史见证。

农业和手工业的进步,推动了贸易的发展,素可泰王国在国内国外市场都积极开展贸易。兰甘亨大帝对此制定了宽松的贸易税收政策:"国君不征收关税,国人牵牛乘马,贸易称便。欲贩象者贩,欲贩马者贩,欲贩金银者贩。"当时的国内贸易大多还比较原始,处于商品交换的阶段,货币大多使用较为原始的贝币。但兰甘亨大帝已经开始了统一度量衡,统一货币的进程,当时国内开始使用铅锡合金制成的"苦柏币",以及银制的"球币"等。素可泰城虽然地处内陆,但通过湄南河可以直达泰国湾,并且通过海上航路开展向东亚地区的贸易。当时的素可泰王国还控制了安达曼海沿岸的缅甸毛淡棉地区,也为王国开辟了向西的航线,方便素可泰与印度和阿拉伯地区开展贸易。

除此以外,素可泰还积极发展与中国的关系,以朝贡的方式开展贸易。朝贡虽然本意指的是藩属国对宗主国进贡财富、以表臣服的形式,但在东南亚的语境中,朝贡体系更像是一种贸易关系。从素可泰时期开始,一直延续到曼谷王朝,暹罗一直积极开展对中国的朝贡贸易。但对暹罗来说,这并不意味着主权的丧失，反而能带来丰厚的贸易利润。随出访使团前往中国的有大量货物，可以获得关税的减免；而且向中国朝廷进贡货品，一般也能得到更加丰厚的回礼。仅在1297—1323年间，素可泰王朝便7次遣使出访中国，为此后中泰之间的朝贡贸易打下了基础。

## 文化艺术

素可泰王国时期也是泰国历史上文化艺术迅速发展的时期，虽然距今已经年代久远，但仍有许多艺术精品流传至今。前文已经介绍过，泰国历史上最早的文字记录便是素可泰时期的兰甘亨石碑，这一石碑的发现为后世了解素可泰王国历史提供了重要材料。其实除了兰甘亨石碑外，素可泰王朝还有不少石碑碑文流传下来，但大部分都只作为史料进行研究，不具有文学意义。但兰甘亨石碑碑文的语言风格独具特点，多用短句，音调铿锵，文字描写流畅优美，具有一定的文学美感，因此也被认为是泰国历史上最早的文学作品。碑文中第一部分记载了兰甘亨国王登基前的经历，第二部分记载当时王国中生产生活的场景，尤其强调了国王修建寺庙、供奉佛骨、举行佛教仪式的场景，最后一部分则歌颂了兰甘亨国王的丰功伟绩。这篇碑文是最早采用泰语字母的作品，兰甘亨大帝将高棉文字母弯曲的笔画拉直，使之易于书写；将元音辅音上下排布的写法改为同排顺序书写，并且增添了四种声调符号。虽然现在的泰语字母与当时相比发生了巨大的变化，但仍然可以说兰甘亨碑文奠定了现代泰语的基础。兰甘亨石碑碑文中"田中有米，水中有鱼"的表述一直流传至今，用于描述泰国的自然物产丰富。

除了兰甘亨石碑之外，素可泰王国的第六位国王立泰王也有重要的文学作品传世。立泰王佛教素养深厚，他创作的《三界经》是泰国最早、最权威的佛教经典。这部作品描绘了古代佛教思想中以须弥山为中心的宇宙结构，描绘了众生所在的欲界、色界和无色界，教诲民众善恶有报的佛教基本义理。这部作品对后世影响深远，奠定了泰国人的信仰根基。

素可泰时期还有一部诗歌体裁的作品流传下来，名叫《帕銮格言》。该作品收录了158条格言，体现了当时泰人的道德观和价值观，其中内容大多教导人们要正直善良、孝敬父母、忠于君主等。除了以上三部作品之外，素可泰时期流传下来的文学作品还有《巴芒寺石碑》《娘诺玛》等，其中许多内容是口头传承，经由后人整理才逐渐成书的。

素可泰时期的文学作品中，尤其是《三界经》和兰甘亨石碑碑文中，体现了大量的佛教内容，说明该时期上座部佛教在泰国土地上的传播。在佛教传入以前，东南亚的各族人民大多信奉鬼神，这种原始信仰来自万物有灵的观念。他们广泛认为自然界中存在各种精灵，有善有恶，他们寄居在山林、田野、河流甚至村庄中，能够影响人类的生活。这种原始的鬼神信仰后来逐渐融入了佛教的因果轮回体系当中，展现了泰国佛教的包容性。其实佛教在泰国的传播，历史极其悠久，据学者考据，佛教传入泰国的时间不晚于公元3世纪。而印度教、婆罗门教的传入则相对较晚，要到公元4世纪之后。东南亚早期的霸主扶南王国及其后来的继承者真腊王国，都以大乘佛教和印度教为尊。在素可泰王朝以前，泰族人曾一度处于高棉真腊帝国的统治之下，因此也大多信仰大乘佛教和印度教。但从兰甘亨大帝开始，泰国逐渐开始有意从锡兰（斯里兰卡）引入上座部佛教，并且广为向民众传播，奠定了当代泰国佛教信仰的基础。

素可泰时期的国王选择上座部佛教作为国教，是有一定政治考量的。高棉真腊帝国所奉行的大乘佛教是一种强调等级的贵族文化，将王权神圣化，要求民众对其敬奉。但上座部佛教更加宣扬平等，倡导人人恪守佛法义理，皆能修成正果。这给予了泰族人脱离帝国统治的强大信念。兰甘亨大帝从锡兰请来三藏经，请洛坤的高僧担任僧王，并且大兴土木修建寺院佛堂。在他的倡导下，国内的王公贵族以及平民百姓，全都信奉上座部佛教。此后，立泰王写出《三界经》为泰国佛教奠定基础，并亲自舍身出家，开创国王出家的先例，为后人所效仿。可以说素可泰时期是上座部佛教在泰国土地上彻底生根发芽，并且发展壮大的重要时期。

在素可泰古城的遗迹中，仅 2.5 平方公里的范围内就分布着 193 处佛教遗迹，包括寺庙、佛塔、佛像、石碑等。当时的佛教建筑与泰北兰纳王国不同，大多带有锡兰建筑风格，而兰纳由于邻近缅甸，其佛教建筑大多带有蒲甘王朝的特色。素可泰时期的佛像艺术也得到了极大发展，形成了独特的风格，有学者总结道："眼似卵形或芒果形，眉似弓样，鼻呈钩状，嘴较小，下颏丰满，乳头隆起，僧衣较长，光轮较大，顶上的发髻呈莲花状。"现在的泰国国家博物馆曼谷馆中就存有一尊"行走佛"的塑像，便是来自素可泰时期的无价之宝。

| 第四章 |

# 1350—1767：阿瑜陀耶王国时期

## 一、阿瑜陀耶王国初期：蹒跚前行（1350—1488）

虽然素可泰经常被当作泰国历史的第一个朝代，也是泰人建立的早期政权中非常重要的一个，但实际上素可泰王国并非当时泰国的领土上唯一的统治政权，各地仍然分布着其他大大小小的政权。这些政权之间的关系比较复杂，有时被看作平等的对手，有时则是有等级关系的宗主国和附庸国，彼此间争斗不断。这些政权之间的关系十分紧密，时常通婚联姻，大多数时候会有某一个政权成为暹罗土地上的共主，其他地方王国或城邦则处于其附庸的位置。但表面的平静不会一直维持，权力的游戏也时时暗潮汹涌，俯首称臣的附庸国随时可能战胜宗主国而成为新的霸主。

因此虽然素可泰是名正言顺的暹罗统治者，但也随时面临着其他政权的挑战。尤其在兰甘亨大帝去世之后，素可泰王国的疆域大大缩小，只剩下北部地区的核心区域。暹罗中部地区则有其他政权脱离了柬埔寨吴哥王朝的统治逐渐兴起。比如当时在华富里府、阿瑜陀耶府一带，有一个强盛的罗斛国，而在素攀武里府一带则有一个素攀政权，都与素可泰王国并立。最初素可泰王国的势力较大，统领整个暹罗。但随后罗斛和素攀两股力量合并，结下了紧密的合作关系，成为称霸湄南河中下游的强国，最终战胜了素可泰王国，成为这片土地上的霸主，建立了阿瑜陀耶王国。

《明史·暹罗传》记载："暹罗，在占城西南，顺风十昼夜可至，即隋、唐赤土国。后分为罗斛、暹二国。暹土瘠不宜稼，罗斛地平衍，种多获，暹仰给焉。元时，暹常入贡。其后，罗斛强，并有暹地，遂称暹罗斛国。"这里的"暹"一般认为指的就是素可泰王国，"罗"则指罗斛国，我们现在常听到的"暹罗"这一名字，也是来自这段历史。

从史书记载中可以看出，当时素可泰王国由于土地贫瘠，需要依靠农业发达的罗斛国提供粮食。罗斛国终结了素可泰王国的统治地位，使其沦为附庸的地方政权,直到15世纪中期彻底纳入阿瑜陀耶王国的统治中。虽然丧失了王国政权,但素可泰王室的后人并没有完全销声匿迹,他们此后也是阿瑜陀耶王国中一股重要的政治力量,甚至在一百余年后又重新恢复先祖的荣耀。

素可泰势力的重新崛起是后文的故事,先按下不表。在阿瑜陀耶建国初期,舞台主要属于来自乌通和素攀的两股政治力量。这两大家族合力战胜了素可泰政权后,仍然面临着权力分配的问题,这导致阿瑜陀耶王国前六位国王在位的50余年内,每一次王位传承都成为一次明争暗斗的"权力的游戏"。

## 两大家族之争

战胜了素可泰的罗斛国由于旧都疫病流行,遂迁都至阿瑜陀耶城。泰国历史上习惯用首都的名字来命名王国,因此我们后世所说的阿瑜陀耶王朝便始于此。当时的国王拉玛铁菩提一世(Ramathibodi Ⅰ)原本来自乌通城,因此也常被称为"乌通王"[①]。他此前是罗斛国的国王,在开创阿瑜陀耶王朝后,成为王国的第一位国王。素攀政权一方虽然承认了乌通王的统治地位,但仍心怀野心。阿瑜陀耶王国成为暹罗霸主之后的最初阶段也成为罗斛和素攀两支政治力量纠缠对决的时期。

乌通王是阿瑜陀耶王国的创建者,他开创了王国的第一个王朝,被称为"乌通王朝"。乌通王早年的生平不详,但历史公认他是一个非常有能力的国王。他不仅将罗斛和素攀联合起来战胜了素可泰,还励精图治建造了辉煌的阿瑜陀耶城,成为王国的新首都。他派遣素攀家族的坤銮帕诺(KhunluangPhaNgua)统治素攀城,派遣自己的儿子统治罗斛国旧都华富里。

---

[①] 为了便于读者辨认记忆,后文中诸位国王的名字,笔者尽量选择简短易记的说法,比如拉玛铁菩提一世,后文将称其为"乌通王"。

在国内他充分学习高棉人的统治方式，建立了新的统治模式，将政府分为四个部，按照当今的政治概念来命名的话大致是：内政部、财务部、王室事务部和农业部，这一治理模式对后世产生了很大的影响。除了控制国内，他还通过战争快速地扩大了阿瑜陀耶王国的势力范围。1369年，他向逐渐衰落的真腊王国发起挑战，并且大获全胜。此次战争中吴哥城是否被攻陷，史书的说法不一，但乌通王室的确将自己的势力延伸到了柬埔寨境内。

乌通王立自己的儿子拉梅萱（Ramesuan）为继承人，统治乌通王室的大本营——华富里城。这个名字中的"萱"字来自印度教湿婆神的泰语名字"伊萱"（Isuan），常用于王位继承人的名字中。拉梅萱原本是一个头衔，但经常被用于王位继承人的名字中，因此阿瑜陀耶王国的历史中出现了多个名叫拉梅萱的王室成员，为避免混淆，特在此说明。

1369年，乌通王驾崩，拉梅萱继位。但仅仅一年后，此前被乌通王派遣统治素攀城的坤銮帕诺便起兵政变，将拉梅萱赶下王位，自己登基并更名为波隆摩罗阇提剌一世（Borommarachathirat I）。坤銮帕诺本是乌通王王后的哥哥，也是拉梅萱的舅舅，属于素攀政权一系。罗斛和素攀的联合主要通过联姻实现，原本是平等的两个政权，但乌通王成为了国家的首领，国王中的国王（King of kings），素攀政权一系只能位居次位，但也觊觎着王位。当拉梅萱即位后，坤銮帕诺立刻发动政变，迫使他将王位禅让给自己，成为阿瑜陀耶王国的第三位国王。念在甥舅之情，他并没有对拉梅萱赶尽杀绝，而是让他返回华富里继续担任城主。

坤銮帕诺在位18年，其间也多次扩展阿瑜陀耶王国的疆域，比如再次与素可泰王国和真腊王国开战，皆获得了胜利，巩固了阿瑜陀耶王国在这一区域的统治性地位。他于1388年驾崩，并传位给自己年仅15岁的幼子东兰王（Thong Lan）。这位15岁的国王继位仅仅7天后，此前隐忍了18年的拉梅萱，便立即从华富里杀到了阿瑜陀耶，不仅夺回了王位，而且下令处死东兰王。可以说是坤銮帕诺对拉梅萱的心慈手软导致了东兰王命运的悲剧。东兰王是阿瑜陀耶王国的第四位国王，在位时间最短，也是第一个被处死的国王。

拉梅萱夺回王位宣告了乌通家族的复归，阿瑜陀耶再次进入乌通王朝。但坤銮帕诺在位期间，通过联姻和王国内的各大家族建立联系，尤其在北方的素可泰势力范围内仍为素攀血脉保留了一定势力。拉梅萱第二次在位也只有6年，于1395年便驾崩，此后由其子罗摩罗阁（Ramrachathirat）继位，成为王国的第五位国王。

罗摩罗阁即位后，立即开展了和中国的外交往来，他于1397年派遣了一个外交使团前往中国交流访问，开启了阿瑜陀耶和明朝之间延续两百余年的朝贡贸易。罗摩罗阁1395年即位，让阿瑜陀耶王国重新回到乌通家族的统治中。

但历史总是惊人的相似，拉梅萱曾经上演的"乌通王子复仇记"剧本被素攀家族拿到，并且重新演绎，不过此次角色互换了。素攀家族坤銮帕诺的孙辈中有一人名叫昭那空膺（Chao Nakhon-in），后被尊称为"膺陀罗阁"（Intharacha），被处死的东兰王是他的叔叔。膺陀罗阁继承了家族的领地，担任素攀城主之位。而当拉梅萱之子罗摩罗阁继位后，他逐渐积蓄力量，最终发动政变夺回了王位，成为阿瑜陀耶王国的第六位国王，并彻底打压了乌通王室，让王位能够在素攀家族内部稳固地传承下去。

膺陀罗阁的母亲来自"前朝遗老"素可泰家族，因此他本人拥有素攀和素可泰两方面结合的血脉。在膺陀罗阁的统治下，素可泰与阿瑜陀耶王国的关系逐渐密切，素可泰家族的血脉通过这种方式在阿瑜陀耶王国的统治阶层继续延续。膺陀罗阁夺下王位后，做出了和他爷爷坤銮帕诺同样的选择，史书记载他并没有处死乌通王室的前国王罗摩罗阁，反而让他去统治巴塔库占城[1]，但也有人认为是把他监禁在城内了。

膺陀罗阁统治阿瑜陀耶15年，于1424年驾崩。他有三个儿子，大

---

[1] 泰国史书中出现的地名，位于素攀家族的势力范围内，具体在哪里仍众说纷纭。

儿子和二儿子为争夺王位，在一次激烈的象战中双双战死，三儿子萨帕亚（Samphraya）渔翁得利，成为大城王朝的第七位国王，登基后更名为波隆摩罗阁提刺二世（Borommarachathirat II）。他是一位能征善战的国王，不仅压制住了国内其他各大家族的势力，还向外扩张版图。他于1431年再次向东边的吴哥王朝出兵，此次战争大获全胜，直接攻破了吴哥都城，使吴哥成为阿瑜陀耶王国的属国。其实早在开国国王乌通王战胜吴哥之后，就已经派遣部分乌通家族的王室成员前往吴哥扩张势力。此次萨帕亚王征服吴哥，同时也打击了乌通家族在吴哥境内的势力。此后乌通家族再也没能坐上阿瑜陀耶的王座，此后的近200年内，阿瑜陀耶的国王都是来自素攀家族。两大家族在王国建立初期的权力争斗也就此落幕。

## 萨迪纳制度

1448年，萨帕亚王去世，他的儿子戴莱洛迦纳（Trailokkanat）继承王位，成为阿瑜陀耶王国第八位国王。戴莱洛迦纳王的母亲是素可泰王朝时期的国王昙摩罗阁二世的女儿，年仅7岁时，戴莱洛迦纳王便跟随母亲前往彭世洛城探亲，此后更是被任命为彭世洛城城主，彻底将素可泰从一个附属国变成了阿瑜陀耶的领地。父王去世后，他17岁便登上王位，在位时间长达40年，是阿瑜陀耶王朝在位时间最长的国王。此前他的爷爷膺陀罗阁让阿瑜陀耶的经济快速发展，成为地区的贸易中心，而他的父亲则在军事方面颇有作为。等到戴莱洛迦纳登基后，他将统治国的重点集中在了国内政治改革方面。

虽然阿瑜陀耶王朝时期的暹罗经济和政治已经有了相当程度发展，但仍然难以算作中央集权制度，王室的权力范围覆盖并不算很广，反而是地方政权各自为政，在当地具有巨大影响力。这些地方政权的城主大多为王室的子孙亲属等，中央王权以亲缘关系统领全国。但当国王驾崩后，各地的城主则经常蠢蠢欲动，争夺王位，造成动乱。

戴莱洛迦纳在位期间对政治体制进行了大刀阔斧的改革，取消了皇亲国戚和大臣直接管辖地方的制度，而以不同的身份和等级区分统治阶级的地位和权力，把国家的治理权力牢牢把握在中央。他通过建立"萨迪纳"制度，加强了对人力的控制，确立了封建领主制度和中央集权制度。

"萨迪纳"这个词是泰语的音译，"萨迪"指的是权力，"纳"指的是田地、土地。因此这个词的本义指的是"对土地的权力"。这一制度将人分为多个等级，不同身份、不同等级的人对土地也有不同的占有权和使用权。萨迪纳制度一直延续到曼谷王朝，大约在19世纪后半叶逐渐解体，在1932年君主立宪制革命之后才取消了王族之外的等级，但其影响力甚至绵延至今。

具体来说，萨迪纳制度中，国王是全国所有土地的拥有者，是独一无二的第一级别。法律明确规定："阿瑜陀耶土地俱属国王所有。臣民作为国王的奴仆而被授予土地，但是土地并不属于臣民。"这可谓"普天之下，莫非王土"，国王可以任命官员，分封爵位，然后通过土地控制全国各级封建主的势力，这大大加强了中央王权。

在国王以下的一级被统称为"昭"，分为"昭法"（国王的嫡子）、"帕翁昭"（国王的庶子或昭法的嫡子）和"蒙昭"（昭法的庶子或帕翁昭的嫡子）共三级。此后的曼谷王朝又增加了"蒙拉差翁"和"蒙銮"两级，代表王族身份。这些爵位虽然是世袭的，但每一代人都要降一级，直至最终重新变为平民。当然通过通婚等方式，这些王族有办法能够维持家族高贵身份，不至于沦落为百姓。根据不同的等级，他们能够获得不同面积的封地。戴莱洛迦纳王时期，副王（一般是国王的兄弟或亲戚）获封地10万莱[①]，王子封地2万莱，公主封地1500莱，庶出王子封地50—400莱。

在王族以下的一级是大小贵族和官吏，被称为"坤囊"。戴莱洛迦纳王时期，这一类人分为5个级别，包括昭披耶、披耶、帕、銮、坤。这些

---

① 1莱相当于2.4亩。

人相当于是当时的政府官员，戴莱洛迦纳王对此前混乱的行政制度进行了改革，将国家事务分为民政和军事两大块。创立内政部主理全国民政事务，军务部则处理全国军务，两部的负责人都获得最高的爵位"昭披耶"，政务大臣被称为"昭披耶却克里"，军务大臣被称为"昭披耶玛哈塞纳"，各领封地1万莱。此外，还在中央设立了财务、田务、宫务、城务四部，共同治理国家。而各地的官吏也大多能够获得400莱以上的封地。坤囊的职位是终身制的，但不能世袭。

以上两类人都属于封建主，以国王的名义占有土地，他们虽然人数不多，但他们占有的土地最多。身处贵族阶层，他们不需要亲自劳动，只需要将土地交由名下依附的平民来耕种，然后向其征收税赋和劳役，生产所得的一部分需要供奉给国王，依附民的劳动力也大多是用于国家劳役。当然，作为土地的管理者，他们自身也有权力占有一部分劳役和税收。有学者经调查认为，"每出100个农民从事国家劳役，封建主依法有权占用10—12个农民的劳动，这些农民就得一年为他劳动3个月。"可见这两类封建主阶级的人凭借国王的封赏获得了高于普通人的身份，不仅可以免除劳役，还可以通过名下的依附民获得财富。据统计，在阿瑜陀耶王朝时期，封地400莱以上的人有2000人左右，被认为属于封建主阶级，占全国人口的千分之一左右，而封地1000莱以上的约有200人，是王国中最有权势的人物。

在封建主阶级的对立面则是平民和奴隶阶级。这两类人同样也有"萨迪纳"即对土地的权利，但他们拥有的只是土地的使用权，必须通过劳动地租或实物地租来换取耕种的权利。或者简单来说，为了有地可种，他们必须依附于封建主阶级，要么为地主干活，要么交出一部分生产所得，才能继续保有土地。平民阶级被称为"派"，具体可以分为三大类。第一种叫作"派銮"，他们直接隶属于国王，但又由各地方官吏代管，因此每年不仅需要为国王服劳役六个月，还需要为地方官吏干活、进贡，剩余的时间内他们可以耕种自己的封地，一般有5—25莱的面积，但耕种所得仍有十分之一要上交国家，可以说生存条件相当苛刻。第二类叫作"派帅"，指平民中的手工业者，具有一定的手艺。他们同样隶属于国王，人数很少，他们的处境和派銮大致相同，只是他们不需要参加长时间的劳役，而是用手工业产品去顶替，比如火药、金属、木料、砖瓦、石灰、蜂蜜等。这一类平民凭手艺吃饭，相对来说活得滋润一些，但整体还是面临很大的生产进贡压力。最后一类叫作"派素姆"，他们是直接隶属于封建官吏贵族的私家农奴，也叫作"私民"，他们获得份地的情况和派銮相差不多，但向封建主进贡的义务相对要轻一些，因此经常有隶属国王的"派銮"逃走投奔各地官吏贵族主人去做派素姆。这三类"派"虽然被归为平民阶级，但实际上对他们的控制是比较严格的，许多学者认为他们的地位其实也应该算作奴隶。古代的暹罗地广人稀，自然资源丰富但是人力资源稀缺，因此对于人力的控制是十分严格的。这些"派"都需要进行严格的人口登记，除了僧侣、外国人等特殊身份的人，全国所有的平民都需要隶属于封建主，且不能随意迁徙，有义务听从封建主的差遣，接受主人的领导为国家服役或作战等。以此为代价，他们得到了属于自己的土地来进行耕种，养家糊口。因为封建统治之下赋税和劳役严重，时常有平民逃跑到深山老林中生活，从而脱离国家的管理。但没有主人的"派"是不受法律保护的，他们随时可能被抓捕，面临严厉的惩罚。法律虽然规定不能买卖"派"，但实际上他们时常被视为私产，当作筹码被交易。

而地位低于平民的最后一个级别，被称作"塔特"，一般被认为是奴隶。他们虽然隶属于封建主，没有人身自由，但和"派"一样，可以拥有自己的土地和财产，只是封地面积要更少，大约5莱左右。主人可以任意打骂、买卖奴隶，但不能处死他们。这些奴隶中大部分是由于债务卖身为奴，一般来说是可以赎身为平民的。因此整体来看，"派"和"塔特"之间的地位差别不算太大。他们甚至保有选择主人的权利，因此为了争取人力资源，各地的封建主需要给奴隶较好的待遇，不让他们过于劳累，以免附庸于自己的"派"不堪重负，逃到其他劳役较轻的贵族家中卖身为奴。

整体来说，萨迪纳制度对阿瑜陀耶封建王朝统治具有极其重要的作用，这一体制在暹罗的大地上其实早有雏形，但是戴莱洛迦纳王通过成文的法律和具体的行政体制改革将其固定下来，可以算作他的一大功绩。这一制度将全国的土地纳入王权的管辖之中，同时将所有的人力资源绑定于土地之上。土地与人是古代农业社会的重要资源，萨迪纳制度使用国家机器的力量，将这两项资源牢牢置于封建王朝的控制之中，为国家的政治和经济发展提供了巨大的动力。

萨迪纳制度也加强了王国的中央集权统治，阿瑜陀耶王朝早期乌通家族和素攀家族争斗不绝，很大一部分原因是豪门和贵族各自占地为王，囤积财富，积蓄力量，一旦有机会便从自己的大本营起兵发难，攻向王城。但萨迪纳制度将全国的土地纳入国王的管辖，统一分配，有权有势的贵族和官吏虽然有权获得大量的土地，但在国王的调配下，这些土地往往分散于全国各地，无法彼此相联系，难以形成集中的地方势力。而占地最多的王族和高级官吏大多居住于阿瑜陀耶王城，离他们的封地较远，难以实施实际的控制。同时，各级封建主的头衔和食田等级并非一成不变，贵族的头衔每一代降一级，官吏的职务也不世袭，当这些封建主的爵位降级或离开官职时，都要将自己占据的土地退还给国王，只保留一半或三分之一的萨迪纳等级，而在死后，还要将四分之一的土地和财产上缴国库。因此，各大家族或高级官吏很难持续发展自己的势力，王国的财富和权力被牢牢把控在国王手中。

萨迪纳制度对暹罗后世的发展有着至关重要的影响，直到19世纪下半叶封建的统治制度不再适应泰国社会经济发展的步伐，于是曼谷王朝的四世王和五世王对国家进行了大刀阔斧的改革，萨迪纳制度才逐渐消亡。这一制度在暹罗存在了上百年时间，足见其影响力之深远。尤其在阿瑜陀耶王朝早期，起到了集中权力和资源的作用，为王国提供了一种新的封建生产关系，为社会生产力的发展提供了动力，为王国带来数百年的繁荣。

## 二、阿瑜陀耶王国中期：内忧外患（1488—1628）

戴莱洛迦纳王在位 40 年，在他的统治之下王国治理有序，生产力得到发展，结束了早期家族争霸的局面，此后阿瑜陀耶王国进入了素攀王朝的稳定统治时期。但历史告诉我们，权力的争斗从不停歇，虽然没有了其他家族作为对手，但王子王孙们也时常为了登上王位，互相争斗互相伤害，素攀王朝内部在王位传承时也出现了长期混乱。

1488 年，戴莱洛迦纳王驾崩，他的儿子波隆摩罗阁提剌三世（Borommarachathirat III）继位，成为阿瑜陀耶王国第九位国王，但他在位不久就去世了，王位传给了他的弟弟、戴莱洛迦纳王的幼子——拉玛铁菩提二世（Ramathibodi II）。长兄在位时，拉玛铁菩提二世担任素可泰城主，1491 年他成为阿瑜陀耶王国的第十位国王。他在位期间，阿瑜陀耶王国大力发展外交和外贸，比如在 1491 年、1515 年和 1526 年三次派遣使团访问明朝开展朝贡贸易。而在 1511 年，阿瑜陀耶王国第一次与来自西方的商人和雇佣兵产生了接触，来自葡萄牙的阿方索·德·阿尔布克尔克是葡萄牙著名的海军将领，当时他控制了马六甲港口，于是派遣使者觐见拉玛铁菩提二世。最终双方签订了合作协议，阿瑜陀耶王国允许葡萄牙商人在阿瑜陀耶城和北大年开展贸易，并允许他们进入王国内居住。作为交换，葡萄牙雇佣军成为阿瑜陀耶征战四方的强大助力。

拉玛铁菩提二世极其重视军力发展，他撰写了一部兵书来制定行军作战的种种计划，还开创了泰国的徭役制度。这一制度要求任何 18 岁以上的男子都有义务被征召参加战争或是修建公共设施。在他的大力发展下，阿瑜陀耶的军队多次与兰纳王国开战，并于 1515 年将位于兰纳王国南部的南邦城纳入阿瑜陀耶的统治中。

拉玛铁菩提二世统治阿瑜陀耶王国的 38 年，被认为是泰国社会稳定、国力发展的一段时期，荷兰人范弗利特（Jeremias van Vliet）版本的《大城王朝纪年》记载：拉玛铁菩提二世是一位优秀的君主，在他的统治下，阿瑜陀耶王国达到了前所未有的繁荣和富强程度。拉玛铁菩提二世在位38年，1529年驾崩。史书记载，当时天空中出现了巨大的白色彗星，当地称之为"因陀罗之箭"。彗星经常被视为不祥的征兆，拉玛铁菩提二世的驾崩也被认为和此次天空异象有着千丝万缕的联系。

现在人们对拉玛铁菩提二世这位贤明君主的印象可能主要来源于泰国著名的文学作品《昆昌与昆平》，这原本是泰国的民间故事，后被写为长诗，流传至今已经成为反映泰国古代文化和生活习俗的文学名著。泰国有人说，即便到了世界末日，只要有一部《昆昌与昆平》就能够保留下全部的泰国文化。相传故事的主角之一昆平是拉玛铁菩提二世派去征战兰纳的大将军，而他离家后妻子婉通被昆昌施计骗走，婉通以为丈夫已死便改嫁给昆昌。最后这个"三角恋"故事以悲剧结尾，拉玛铁菩提二世以花心为由处死了婉通。虽然在后人的眼光中，认为《昆昌与昆平》这部作品中存在性别不平等的问题，但其仍被认为是泰国文学的传世经典，而拉玛铁菩提二世作为其中重要人物，也可以算得上是名留千古。

## 王位之争

拉玛铁菩提二世的子嗣中共有三人登上了阿瑜陀耶的王位，分别是阿滴耶旺（Athittayawong），猜拉差提剌（Chairachathirat）和帕天拉差（PhraThianracha）。这期间的故事涉及王位争夺、谋权篡位，甚至还有妃子毒杀国王的故事上演。整个故事精彩程度不输《甄嬛传》，于是泰国电影人也从史书的夹缝中获得灵感，发挥想象力，斥巨资拍摄了关于这段历史的电影《素丽遥泰》（也有译为《暹罗王后》）。这个电影的版本还原了许多历史细节，但出于一些民族主义的情感诉求，必然也有一些脱离了实际的艺术塑造手法。都说历史由胜利者书写，这段王位继承内乱时期的历史材料很多也未能在史书纪年中保存下来，但是通过一些野史传闻的材料，包括电影的叙述，或许我们能够对当时的情况有一些基本的了解。

拉玛铁菩提二世在"因陀罗之箭"事件后驾崩，大王子阿滴耶旺登上王位，改名为波隆摩罗阇提剌四世，也有另一个名字叫作诺普唐坤（Nophutthangkun）。他本是皇后生的长子，理所应当成为大城王朝第11位国王。可惜波阿滴耶旺王在位时间不长，各个版本的朋沙瓦旦（Phongsawadan）——也就是泰国编年体史书——的说法不一，大约为4—5年，此后泰国官方经过研究确认其在位时间为四年。当时西方商人逐渐开始与阿瑜陀耶王国开展贸易，带来财富的同时也带来了致命的天花病毒。这一病毒席卷泰国，阿滴耶旺王也未能幸免。

《素丽遥泰》中的阿滴耶旺王被刻画为一个骄奢淫逸的国王，为了心爱的妃子把王位传给了年幼的儿子，导致此后阿瑜陀耶王国群龙无首。但实际上荷兰人范弗利特版本的《大城王朝纪年》记载，他其实是一个能力很强且十分公正的国王，在位期间一直与位于老挝的澜沧王国和缅甸的勃固王国多线作战。

但阿滴耶旺王传位于年仅5岁的拉塔王子（Ratsadathirat），或许并不是一个合适的选择，因为在战事吃紧的关头，一个年幼的国王难以带领阿瑜陀耶王国走向胜利。拉塔王子登基后成为阿瑜陀耶王国的第十二位国王，但仅仅5个月后，就被他的兄弟猜拉差提剌赶下了王位。关于猜拉差提剌的身份，阿瑜陀耶王朝的各版纪年史书说法不一。在桑齐迪亚翁（Sangitiyavansa）版本的纪年史书中记载，猜拉差提剌是拉玛铁菩提二世的外甥，因此是阿滴耶旺王的表兄弟。但泰国著名的史学家，被誉为"泰国历史学之父"的丹隆拉查努帕亲王（Prince DamrongRajanubhab）则认为，他与阿滴耶旺王同是拉玛铁菩提二世的儿子，但他的母亲是一个妃子，不是皇后。猜拉差提剌登上王位后，毫不留情地将前任国王、自己五岁的侄子处死。

此后猜拉差提剌国王作为第十三位国王统治阿瑜陀耶王国，其间他与周边国家开展了长期的战争,与北方的兰纳王国、东方的柬埔寨王国和澜沧王国、西方的缅甸勃固王国不断开展大大小小的战争。在这期间,他从葡萄牙人手中引进了西方的枪支火药技术,开启了东南亚战争的新时期。由于与西方的友好接触,猜拉差提剌国王被认为对基督教的态度较为友好。允许他们在阿瑜陀耶王国建设了一个教堂。甚至在葡萄牙人的记载中,说1544年时国王也转为信奉天主教。但这一说法没有任何其他证据可以证明,难以采信。

长期的战争也破坏了阿瑜陀耶王国的对外贸易,对华的进贡贸易陷入停滞,葡萄牙人控制了马六甲海峡后也逐渐开始重视和缅甸港口的贸易,阿瑜陀耶王国的贸易地位被削弱。对此,猜拉差提剌国王也提出了自己的应对策略,他下令在湄南河入海口处挖凿运河。湄南河原本的河道曲折狭长,沿河行船花费的时间较长,猜拉差提剌国王下令建设的新运河提供了更加直接的航道,也改变了湄南河的流向。但他可能没有想到,这条新运河一直延续,孕育了当今泰国的经济文化中心——曼谷。

猜拉差提剌国王在位共13年,于1546年驾崩。他的死在各版本史书中也有不同记载。在潘占努玛(Panchantanumat)版编年史中记载,国王在清迈作战后,于返程途中驾崩。但更多人则相信葡萄牙商人的记录:猜拉差提剌国王的王后并没有给他生下子嗣,而后宫一位叫席素达婵(Sisudachan)的妃子则为他诞下两子。这位妃子私下有一名情夫名叫沃拉旺沙(Khunworawongsa),是负责看管佛堂的贵族子弟。相传这两人都有乌通血脉,因此下毒杀害了猜拉差提剌国王,从而终结了阿瑜陀耶王国的素攀王朝统治。猜拉差提剌国王去世后,席素达婵年仅11岁的大儿子育法王子(Yotfa),也叫盖法王子(Kaeofa),理所当然继承了王位,成为阿瑜陀耶王国的第十四位国王。而席素达婵成了太后,获得了更高的地位,并且代替年幼的国王治理朝纲。

育法国王年纪尚小,无心理政,编年史记载他喜欢骑马打猎,乘象打仗,经常练习射箭。但可能是因为他登上王位的过程有些蹊跷,各版本的编年史都记载了他在位时的一些异象，比如他乘骑的大象象牙断成三截、半夜哭泣其声如人，仿佛预兆着这位年轻的国王不幸的命运。席素达婵一心想把她的情人沃拉旺沙推上王位，想出种种方式为他树立威信，并且镇压了王国中的反对势力，最终以国王年幼无法治理国家为由，将王位交给了沃拉旺沙。虽然编年史中清楚地记载，沃拉旺沙已经完成了登基加冕的仪式，但泰国历史学家对他身份的合法性仍然有所怀疑，在排序时也没有将他算为阿瑜陀耶王国的第十五位国王，而且至今称呼他时用的头衔也大多是"坤"（Khun）——贵族官吏的最低一级。但无论如何，沃拉旺沙登基后风头正盛，在席素达婵不知情的情况下直接下令处死了育法国王。育法国王在位仅仅两年多，驾崩时年仅13岁，而席素达婵和猜拉差提剌国王的第二个儿子席信王子（Sisin）因为年纪还小，侥幸逃生。

当沃拉旺沙初登王位时，虽然朝中有人反对，但基本都被手握大权的席素达婵镇压。这时唯一对他们还有威胁的就是拉玛铁菩提二世的第三个儿子，也是阿滴耶旺王（第十一位国王）和猜拉差提剌（第十三位国王）的弟弟——天拉差亲王。当猜拉差提剌国王被毒死驾崩之后，天拉差亲王很快就嗅到了危险气息，决定出家为僧。泰国文化中一直有这样的传统，认为僧人是出世之人，和世俗的争斗再无关联，因此经常在泰国的影史作品或是社会新闻中，看到有人利用出家的途径来躲避危险、洗刷罪恶，甚至逃避法律的惩罚。佛教的神圣特性保护了天拉差亲王，使他没有被沃拉旺沙和席素达婵这一对篡位者所害。

朝中对于篡位国王也十分不满，以来自素可泰家族的坤匹仁托拉贴（KhunPhirenthorathep）为首的几名高官贵族，联合起来决定推翻沃拉旺沙和席素达婵的统治。潘占努玛（Panchantanumat）版编年史中记载他和几位同谋者一起找到了已经出家为僧的天拉差亲王，报告了他们的计划。天拉差亲王本人或许对权力并不太热衷，也可能是担忧叛乱计划风险太大，故他们最终决定把命运交给上天决定。他们采取了泰国古老的占卜方式，用两根蜡烛分别代表沃拉旺沙王和天亲王的运势，同时点燃后看哪一根燃烧的时间更久。结果天亲王的蜡烛燃烧得更快，眼看就要灭了，也就代表计划难以成功。坤匹仁托拉贴恼怒地吐掉了口中嚼的槟榔渣，结果正好打灭了另一根蜡烛，所有人都很高兴，认为这是天意。此时又有一位神秘的老僧进入佛堂，说他们的愿望一定会成真，然后又谜一般消失了。编年史中记载的这样一段神奇故事，和秦朝末年陈胜、吴广起义时"鱼腹藏书，野狐夜嚎"的故事或许有异曲同工之妙，说明天拉差亲王登上王位是上天的选择。

此后趁着沃拉旺沙和席素达婵乘船去捕捉大象时，坤匹仁托拉贴和同僚带领士兵发动了政变，将两人处死，而席素达婵的幼子席信王子（Sisin）则再次死里逃生，没有被处死，而是被送入寺院中看管。政变行动大获成功，众人将天拉差亲王从寺庙中请出，登上了王座，成为阿瑜陀耶王国的第十五位国王。天拉差亲王即位后更名为摩诃·查克腊帕王（MahaChakkraphat），出于感激，他将坤匹仁托拉贴册封为彭世洛城的城主，还给了他一个接近王室地位的头衔摩诃·昙摩罗阇（MahaThammaracha），并且将自己的女儿萨瓦迪腊提达公主（Sawatdiratchathida）许配给他为妻。

虽然席素达婵的幼子席信王子长大到20岁时，试图联合一些贵族发动政变夺回王位，但这次阴谋被摩诃·查克腊帕王挫败，宣告了这一段王位争夺史的落幕。从1529年第十位国王拉玛铁菩提二世去世开始，一直到1548年第十五位国王摩诃·查克腊帕王登基，仅仅20年的时间中，发生了一次又一次的权力争夺和血腥阴谋，不仅动摇了王室的统治力，更是给外敌以可乘之机。当这一段王国内部的动乱落下帷幕时，阿瑜陀耶王国真正的危机才刚刚开始。

## 泰缅战争大幕开启

在许多泰国的文学或影视作品中，缅甸都被当作泰国的假想敌，史诗电影中经常刻画古代泰国军队与缅甸大军对垒的场景，而泰拳电影也经常是以缅甸拳手当作主角最终对战的大 Boss。这种植根于泰国文化之中的对立情感，大致是源自阿瑜陀耶王国时期，泰缅两国长达数百年的战事争端。虽然泰国常常传颂古代英雄人物击溃缅甸大军的故事，比如纳瑞萱（Naresuan）大帝、邦拉占勇士（Bang Rajun）、郑信大帝等，都是泰国抗击缅甸的著名人物。但整体看来，阿瑜陀耶王国时期的泰国面对邻国缅甸，经常是弱势的一方，还被缅甸大军两次攻破首都，最终导致王国的灭亡。这段历史虽然已经过去百年，但对于泰国人来说仍是难以忘记的屈辱。

古代的东南亚由于地广人稀，各大政权的边界始终在变化流动。随着新老政权更替，西方力量介入等种种原因，中南半岛上的各个古代国家之间也始终发生着大大小小的冲突。阿瑜陀耶王国取代素可泰成为古代暹罗的统治力量之后，也在不断向周边扩展势力范围。

向东方，阿瑜陀耶面对的是扶南帝国的后继者——真腊王国。1369年，开国国王乌通王或拉玛铁菩提一世便派兵攻打真腊王国的首都，并且大获全胜，此后虽然高棉人开展了反抗，不承认阿瑜陀耶的宗主国地位，但 1388 年和 1431 年两次对吴哥的征讨，使高棉人迁都至金边，并最终使吴哥王国成为阿瑜陀耶的属国。

向南方，阿瑜陀耶王国也不断向马来半岛扩展领土，占领了洛坤，并且继续南进，意图控制马六甲。马六甲海峡是沟通印度洋和太平洋最重要的航线，控制了马六甲就能在风起云涌的海上贸易时代占据优势地位。但阿瑜陀耶王国前后四次征讨都未能成功，最终马六甲被葡萄牙人于 1511 年纳为殖民地。

向北方，阿瑜陀耶面对的是暹罗的旧主素可泰王国，并于 1438 年彻底攻克。而另一个独立的泰人政权——兰纳泰，则成了阿瑜陀耶试图征服的对象。兰纳泰位于如今的清迈，是泰国北部的重镇，也是泰人建立的早期政权，其建立时间比素可泰王国更早。但由于地理位置深入内陆，地形多为山地森林，因此始终没有完全融入位于湄南河中下游的素可泰、阿瑜陀耶等中央政权，是泰国古代历史中存续时间极长，但又相对较为独立发展的一个政权。因此直到如今，清迈当地的方言、服饰、艺术和饮食都与泰国中部有着一定的差异。阿瑜陀耶王国一直试图将兰纳泰纳入统治，但同时缅甸的东吁王朝也在不断扩展势力范围，意图吞并兰纳泰。因此两国对这个夹在中间的政权开展了旷日持久的争夺，清迈政权则摇摆不定，时而归顺阿瑜陀耶，时而臣服于缅甸王国，因此暹罗和缅甸之间结下了梁子，可以说兰纳泰的摇摆是导致泰缅两国直接爆发大战的因素之一。

阿瑜陀耶王国的西部和西北部与缅甸交界，王国的势力在向西扩张时触及了缅甸王国的利益，两国间的摩擦不断。当时的缅甸东吁王朝国力强盛，频频东进，导致了阿瑜陀耶城在1569年第一次沦陷。泰国史书记载，在两国开战的第一阶段，发生了3次重要的战争。第一次被称为"素丽遥泰陨落之战"（1548年），第二次被称为"白象战争"（1563年），第三次被称为"阿瑜陀耶破城之战"（1568年）。这三次战争期间，暹罗内部也面临着王位更迭的诸多问题，可谓内忧外患同时爆发。

## 素丽遥泰陨落之战（1548年）

"素丽遥泰陨落之战"大致开始于1548—1549年，正如前文所述，阿瑜陀耶王国在拉玛铁菩提二世驾崩后陷入了王位之争，王位频频易主，统治陷入了混乱。当时的缅甸国王莽瑞体认为应趁此良机攻下阿瑜陀耶，因此借两国在边境孟人领地的冲突为由，率兵30万直取阿瑜陀耶王都。此时，毒死猜拉差国王篡位的沃拉旺沙和席素达婵刚刚被处死，天拉差亲王即位改名为"摩诃·查克腊帕王"也刚刚一年，他的王后名叫素丽遥泰，是泰国历史上著名的巾帼英雄。当时缅甸大军兵临城下，国王为做表率亲率一支队伍迎击缅军，素丽遥泰忠心报国，女扮男装化妆成副王模样，随同国王一同骑乘大象杀入战场。战场之上，国王的战象失控，被敌人追击，素丽遥泰英勇上前搏斗，结果不幸战死。她坠下象背，头盔脱落，敌人看到她的长发才知道是女扮男装的勇士。此后素丽遥泰成为泰国的民族英雄，一直传颂至今，国王为纪念她的勇敢，将其骨灰收纳于湄南河河畔的一座寺庙中，至今仍在供人参拜。她的英勇事迹也被拍成了电影《素丽遥泰》，在泰国上映时引发了观影热潮，创下5亿泰铢的票房纪录，连续十余年排在泰国电影票房排行榜第一位。电影的结尾，阿瑜陀耶王国的军队受到王后的感召，英勇作战逼退了缅军。历史记载，当时缅军围城4个多月，泰军则利用王城四面环水的特性作为屏障，消耗缅军的粮草。眼看雨季即将来临，缅甸大军不得不撤军，阿瑜陀耶王国在此次战争中以惨重的代价保住了王城的完整。

缅甸大军的撤军路线经过暹罗北部地区，计划从达府（Tak）撤回缅甸。摩诃·查克腊帕王得知消息派兵乘胜追击，和泰国北部的军队在甘烹碧府两面夹击。但缅甸莽瑞体王战术得当，将阿瑜陀耶两支军队的将领全部俘虏。从阿瑜陀耶追击的将领是国王的长子拉梅萱王子，而从北部堵截的军队将领则是此前协助国王登基的坤匹仁托拉贴，此时他已经被封为摩诃·昙摩罗阇，他同时也是国王的女婿。这两员大将被俘，使国王不得不与缅王求和，他保证不再追击缅甸军队，并献上两头大象，最终换回了王子和女婿。

## 白象战争（1563年）

缅甸吞并阿瑜陀耶的第一次尝试以失败告终，铩羽而归的缅王莽瑞体不久后驾崩，缅甸也陷入了分裂的危机中。然而新王莽应龙成功统一了缅甸，东吁王朝再次兴盛，并且于1557年将兰纳泰也划入了缅甸王国的麾下，这使得缅甸的军事力量比此前更胜一筹。莽应龙国王在上一次战争中曾经随军攻打阿瑜陀耶城，已经了解了当地的环境和王国统治的弱点，因此他率大军于1563年再启战端，这一次他信心满满，志在必得。

而在阿瑜陀耶这一边，国王摩诃·查克腊帕在第一次战败后也一直在防范缅甸的再次进攻。在备战过程中，他十分幸运地捕获了7只白象，他也因此被后世称为"白象王"。白象在泰国文化中具有十分神圣的意义,在曼谷王朝时期,暹罗的国旗就一度以白象作为中心的图案。相传只有在君主圣明、国家昌盛之时,白象才会现身,因此泰国历代国王都非常重视有关白象的消息,凡是捕获了白象都要进贡给国王,作为国宝来饲养。当时摩诃·查克腊帕一次捕获7只白象,本是前所未有的大好消息,但事与愿违,这些白象反而给了缅王莽应龙开战的借口。缅王来信蛮横地索要两头白象,使国王陷入了两难之中:答应这一要求相当于是向缅甸进贡,意味着向缅甸俯首称臣;若不答应则给了缅甸开战的理由,可能对国家不利。朝中大臣对此争执不下,一方主战,一方主和。最终太子拉梅萱的意见说动了国王,认为阿瑜陀耶不能低头受辱,否则此后缅甸还可能会找其他的借口开战。虽然缅军强大,但此前素丽遥泰时期缅军就未能攻下王都,阿瑜陀耶吸取抗敌经验,也不是没有一战之力。于是摩诃·查克腊帕写信给缅王拒绝了进贡白象的要求,缅王以此为借口派出大军征讨,"白象战争"彻底爆发。

1563年,缅王莽应龙率大军攻打阿瑜陀耶。缅甸此前已经控制了北方的兰纳泰王国,因此缅军的进攻方向从西边改为北边,一方面可以由清迈负责粮草辎重的补给,另一方面也避免北方诸城救援阿瑜陀耶,造成缅军腹背受敌。缅军一路南下,攻下了北方诸城,包括坤匹仁托拉贴(即摩诃·昙摩罗阇)所治理的彭世洛城,一步步向首都进军。摩诃·查克腊帕王虽然积极备战,但未曾想到北方沦陷得如此之快,他派太子支援彭世洛,但为时已晚。暹罗军队撤向都城,损失惨重,而且缅甸大军已经杀到阿瑜陀耶,兵临城下,暹罗方面只好再次采取固守孤城的战术。但这一回莽应龙早有准备,攻城装备一应俱全,阿瑜陀耶被攻破看来只是时间问题。

更令暹罗方面丧气的是,来围攻都城的军队中有一支竟是来自彭世洛的队伍,而国王的女婿摩诃·昙摩罗阇则亲自领队。此前他是"白象王"登上王位的最大功臣,因此获得了素可泰王族的封号,娶到了国王的女儿,成为彭世洛城的城主。在素丽遥泰陨落之战中,他不幸被俘,国王为了救他，还特意向败走的缅军献上大象。但此时看到摩诃·昙摩罗阇的变节背叛，国王也就不难理解为何北方诸城轻易沦陷。史书没有记录这次背叛的原因，或许"白象王"自己也不能理解，为何当初的亲密盟友转身就变成了对手。

1564年年初，白象战争以阿瑜陀耶惨败告终。但由于缅甸国内有变，缅王急于班师回朝，最终并没有攻破阿瑜陀耶城，而是达成了苛刻的议和条件：缅王莽应龙要求暹王奉上四头白象作为战利品，并将太子拉梅萱以及另外两名主战派大臣送至缅甸为人质，此外还要求暹罗年年向缅甸进贡，战败的阿瑜陀耶只得答应以上条件。另外，缅甸的史书还记载，"白象王"本人也被掳去缅甸，再次出家为僧。由于国王和太子都去缅甸成为人质，"白象王"的幼子马欣王（Mahinthrathirat）登上了王座，成为阿瑜陀耶王国的第十六位国王。

## 阿瑜陀耶破城之战（1568年）

1564—1568年，阿瑜陀耶的王座虽然归属于马欣王，但实际上选择与缅甸合作的彭世洛城主摩诃·昙摩罗阇才是王国的实际掌权者，他作为缅甸的耳目，不论下达了什么命令，王位上的马欣王都要照做。虽然泰国史书不愿意承认，但实际上，当时的阿瑜陀耶已经处于缅甸的控制之中了。

对此，马欣王并不满意，计划联合老挝澜沧王国，一起反抗缅甸的统治。阿瑜陀耶和澜沧王国都曾遭受过缅甸人的攻击，"白象王"曾计划将自己最小的女儿也是马欣王的妹妹贴哥萨蒂（ThepKasattri）公主嫁给老挝澜沧王国的塞塔提腊（Setthathirath）国王，但摩诃·昙摩罗阇不认可这一想法，认为将招致缅甸方面的怒火，因此将公主劫走献给了缅王。这一事件导致阿瑜陀耶王室和彭世洛城之间势如水火。马欣王暗自联合澜沧王国的塞塔提腊国王定下计策围攻彭世洛，但缅甸军队迅速赶来救援，这次围攻未能改变阿瑜陀耶的弱势地位。

1568年，"白象王"摩诃·查克腊帕王由于拉梅萱太子去世向缅王提出请求回国服丧，但当他回到阿瑜陀耶后，马欣王立即恭敬地将王位还给了父亲，希望他能够带领阿瑜陀耶反抗摩诃·昙摩罗阇，摆脱缅甸的统治。这场斗争其实是岳父与儿子对抗女婿的战争，史书记载，他们的第一步棋是先将女儿薇素格萨（Wisutkasat）[①]从女婿手中接走。"白象王"与马欣王趁摩诃·昙摩罗阇携长子纳瑞萱王子赴缅甸觐见缅王时，率军前往彭世洛将其妻子（实际上也就是"白象王"与素丽遥泰的女儿）和幼子，接回了阿瑜陀耶，希望能形成制衡。

但这一招激怒了摩诃·昙摩罗阇，缅甸再次于1568年大兵压境，开始了对阿瑜陀耶的第三次围剿，这一次战役被称为"阿瑜陀耶破城之战"。围城整整持续了九个月，其间"白象王"不幸去世，马欣王再次登基。但他在战争期间数次做出昏庸的决定，先是中了缅甸王的离间计，认为自己麾下的大将披耶蓝摩是招致战事的祸端，将其拱手交出献给缅王，大大削减了自己的力量；之后他又轻信缅王派来的奸细披耶查克里，让他负责城防，但实际上这名奸细此前在白象战争后就作为人质归顺了缅甸，最后里应外合帮助缅军攻下阿瑜陀耶城。

1569年，阿瑜陀耶城第一次沦陷，阿瑜陀耶王国也失去了独立主权，沦为了缅甸的属国。获胜的缅王莽应龙在阿瑜陀耶城中居住了数月一直到雨季结束，他任命摩诃·昙摩罗阇为阿瑜陀耶的新王，替缅甸管理这片新的领地。在离开阿瑜陀耶时，他搜刮了全城的财物，将平民百姓全都充当为奴隶，只留下一万人看护城池。马欣王和全部的王室成员、宫廷大臣都被押送至缅甸，但马欣王在路上就不幸离世了。

至此，缅甸和暹罗的第一次大战以阿瑜陀耶的沦陷而告终。泰国历史学家认为，从外部视角来看，的确是缅甸战胜了阿瑜陀耶，但是如果从内部去看的话，这场悲剧的起因有很大一部分是来自王城阿瑜陀耶和北方彭

---

[①] 即白象王和素丽遥泰的女儿萨瓦迪腊提达公主，嫁给摩诃·昙摩罗阇后获得新的封号叫薇素格萨。

世洛势力之间的内部权力争夺。彭世洛城主摩诃·昙摩罗阇此前帮助"白象王"挫败乌通王族的复辟阴谋，登上王位，而他本人是带有素可泰王室血统的，他的父亲是素可泰王国帕銮王朝王室的后人。为了奖赏他的功劳，"白象王"特意将摩诃·昙摩罗阇的封号赐予他，这个封号源自素可泰王朝统治暹罗的时期。前文曾经讲述过，素可泰王国帕銮王朝是统治暹罗大地两百余年的政权，虽然他们叱咤风云，挥斥方遒的岁月已经结束，但王者之心仍未熄灭。素可泰家族以彭世洛为中心，在阿瑜陀耶王朝的统治下以地方政权的形式存在了数十年，直到1438年阿瑜陀耶王子戴莱洛迦纳①出任彭世洛城主后，才标志着素可泰作为王国的灭亡。但即便如此，素可泰的王室也并未销声匿迹，而是不断通过联姻等手段保持着政治影响力，一直盼望重新掌握暹罗。在面临外敌时，阿瑜陀耶王室选择应战，而摩诃·昙摩罗阇代表素可泰政权则选择了与外敌结盟，最终登上了阿瑜陀耶的王座，开启了阿瑜陀耶王国的第三个王朝——素可泰王朝②。

或许在读者眼中看来，摩诃·昙摩罗阇是一个勾结外敌、出卖祖国的叛徒，但实际上当时的暹罗社会中本就不具有强烈的民族主义情感，各个城邦、政权以松散的方式连接着。当初白象王登基时，将当时的坤匹仁托拉贴册封为摩诃·昙摩罗阇，并命其掌管彭世洛，就已经赋予了他仅次于国王的地位。对于摩诃·昙摩罗阇来说，彭世洛是才他的领土，对阿瑜陀耶则未必有多么强烈的归属情感。他通过向缅甸俯首称臣，获得了对阿瑜陀耶的控制权，无疑是一个划算的策略，是利益最大化的方案。但无论如何，他的背叛导致了阿瑜陀耶沦为缅甸的属国整整15年。有泰国历史专家曾

---

① 此后成为阿瑜陀耶王国的第八位国王。

② 这里所说的素可泰王朝并非兰甘亨大帝带领下第一个统治全暹罗领域的王朝。在阿瑜陀耶王国建成后，素可泰王朝的遗老遗少仍在王国中具有一定影响力，虽然此前一直由素攀和乌通两方势力轮流占据王位，但素可泰一直通过联姻等方式保存实力。而摩诃·昙摩罗阇登上王位则代表阿瑜陀耶的素攀王朝和乌通王朝结束，素可泰势力再度掌权，成为王国的第三个王朝。只不过此时的王国已经定都阿瑜陀耶，素可泰城不再是王国的中心了。

经表示，如果不是有两个好儿子帮他打败了缅甸人，摩诃·昙摩罗阇或许要遗臭万年了。

在"阿瑜陀耶破城之战"后，"白象王"一脉的王室成员被尽数掳往缅甸，最终大多客死他乡或是年迈力衰，摩诃·昙摩罗阇在王国内部已经没有了对手，而当他的子孙登基后，前一代的王国内部恩怨已经了结，阿瑜陀耶王国开始了对缅甸的反击。摩诃·昙摩罗阇的两名王子，也就是日后的纳瑞萱大帝和厄伽陀沙律（Ekathotsarot）王，一步一步率领暹罗脱离了缅甸的统治。

## 纳瑞萱大帝：带领国家重获独立

纳瑞萱（Naresuan）大帝是阿瑜陀耶王朝的第 18 位国王，他是摩诃·昙摩罗阇与薇素格萨的长子，1555 年出生于彭世洛。他有一个弟弟名叫厄伽陀沙律（Ekathotsarot），兄弟俩肤色相异，哥哥被称为"黑王子"，弟弟被称为"白王子"。他还有一个姐姐叫作素攀甘拉雅（Suphankanlaya），这兄妹三人都在暹罗与缅甸的斗争中做出了伟大的牺牲。纳瑞萱的父亲来自素可泰政权，而母亲来自素攀家族，两方面的结合使他能够团结阿瑜陀耶的全部力量，将王国从臣属缅甸的屈辱中解救出来。

童年时的纳瑞萱生活在彭世洛。9 岁时，阿瑜陀耶在白象战争中战败，纳瑞萱和弟弟被送至缅甸首都汉达瓦底（Hanthawaddy）为人质，直到 15 岁才返回阿瑜陀耶。在缅甸的经历，让他清晰地看到阿瑜陀耶的孱弱，大量泰人在战败后被抓到缅甸作为俘虏，他们聚居在王都一隅，生活条件极差，还要随时面对缅人的鄙视和仇视。即便贵为王子，纳瑞萱也时常被缅甸贵族轻视、挑衅，这让他立下志愿，定要带领阿瑜陀耶脱离缅甸的统治。

原本纳瑞萱在缅王莽应龙的看管下是没有机会返回阿瑜陀耶的，但摩诃·昙摩罗阇答应将自己的女儿，即纳瑞萱的姐姐，素攀甘拉雅嫁给缅王为妃，纳瑞萱才得到机会回到故乡，图谋大业。相传素攀甘拉雅嫁到缅甸后一直保持着对阿瑜陀耶的忠诚和热爱，不愿改变自己的衣着服饰和生活方式，并且得到了缅王的尊重。其实历史上关于素攀甘拉雅的记载非常少，阿瑜陀耶和缅甸为数不多的记录中，也常常出现矛盾的地方。但泰国民间常常将其视作为了民族大义牺牲个人幸福的代表性人物，认为她继承了母亲素丽遥泰的品质，是民族英雄。泰国政府1998年在彭世洛府为她建立了纪念碑，还有专门的小说、传记、电影被制作出来，纪念这位纳瑞萱大帝的王姐。

由于姐姐的努力，纳瑞萱得以于1571年回到暹罗大地，并且被父亲任命为副王，镇守彭世洛，当时他年仅16岁。回到暹罗后的纳瑞萱痛心地看到自己童年时的家园，只剩下了战争之后的破败景象，阿瑜陀耶王城被攻破后，全国的劳动力和财富被大量掠夺至缅甸，辛苦积攒了两百余年的财富和繁荣几乎在战争中被毁坏殆尽。此时的阿瑜陀耶王国缺乏人力物力，重建工作进展缓慢，缅甸军队也长期驻守在阿瑜陀耶城中，防止出现叛乱。更雪上加霜的是，东面的高棉人也开始乘人之危，频频派军队攻击暹罗，希望夺回此前失去的领土。

纳瑞萱对王国的衰败感到无比痛心，但痛定思痛，他决定带领暹罗人民重新振兴阿瑜陀耶王国。从1571年至1584年，纳瑞萱镇守彭世洛14年，在此期间，他培养治国人才，笼络反对缅甸的力量，开展军事训练，并且为人民重建信心，逐渐积蓄力量反抗缅军，重获独立。在此期间，柬埔寨高棉人的军队5次进犯阿瑜陀耶，华富里城还发生了叛变内乱。为了铲除这些内忧外患，纳瑞萱名正言顺地扩大军力，修建城防，而没有使缅甸方面起疑。

1581年，缅王莽应龙驾崩，他的儿子莽应里（Nanda Bayin）继承了王位。为了检验各附庸国的忠心，他命令各国首领前往缅甸觐见新王，纳瑞萱代替父王摩诃·昙摩罗阇前往。此次回到缅甸，他一方面是为了打消缅甸新王的疑心，另一方面也是为了观察都城的城防。此次的觐见中，唯独大傣

（TaiYai）①的首领拒绝前来，代表不再承认对缅甸的附庸。莽应里一怒之下下令发兵攻打孟康城（Mueangkang）②，他派出了三支军队，分别由新任的缅甸副王、东吁的王子以及阿瑜陀耶的王子为元帅。来自阿瑜陀耶的王子自然就是纳瑞萱，在战斗开始时，另外两支部队都遭受了惨重打击，而纳瑞萱则展现出了高超的作战水平，带领军队轻松破城。这次的胜利让阿瑜陀耶王国内部的军事将领们看到了纳瑞萱在军事方面的天才，心甘情愿跟随他作战，但同时也让缅王莽应里对他有所提防。

缅王莽应里虽然野心勃勃，英勇好战，但却缺乏其父的权威和治理能力，缅甸国内的诸多贵族对他并不信任。1584年，他的叔父从阿瓦城（也称因瓦 Inwa）发动叛变。莽应里再次下令让周边的附属国都出兵协助镇压。纳瑞萱接到命令后再次出兵缅甸，但这次他似乎预料到了缅王对他已经不信任，他并没有全力出兵，而是慢速行军，驻扎在汉达瓦底城外一处叫作"孟克朗"（MueangKraeng）的地方。对此史书的记载并不统一，有些版本记载，纳瑞萱计划趁缅甸大军出征阿瓦偷袭汉达瓦底城，即便无法破城也至少能够营救出被困在缅甸的大量泰人俘虏。但泰国的编年史书则记载，纳瑞萱仍是忠心于缅王的，于是按照莽应里的命令驻扎在此地，但莽应里已经设下计谋想要除掉纳瑞萱，以绝后患。他命令两名僧人帕玛哈吉（PhraMahaKiat）和帕玛哈拉玛（PhraMaha Ram）带兵去迎接，等纳瑞萱的军队向汉达瓦底行军时从后方夹击，配合都城中的军队一起抓捕纳瑞萱。这两位僧人得到命令后，将消息禀报给帕玛哈提堪崇（PhraMaha Thera Khanchong），三人商议后认为不应助纣为虐，于是连夜觐见纳瑞萱，将缅王的计谋告知于他。纳瑞萱国王听后内心愤慨，他安顿好了三位僧人以及家眷返回阿瑜陀耶居住，之后他向部下宣布："汉达瓦底的国王先对我们不仁，我们已经没有其他办法，阿瑜陀耶和汉达瓦底之间的友谊不复存

---

① 缅甸称其为掸族。
② 该城名由泰语音译，具体位置不详，据记载是当时大傣族人国家的首府。

在！"这标志着阿瑜陀耶沦为缅甸的附庸国15年后，终于重新宣布了独立。而且非常值得一提的是，此时的纳瑞萱不过是阿瑜陀耶的副王和王位继承人，他的父亲摩诃·昙摩罗阁对他的决定并不知情。可见当时纳瑞萱的名声和能力已经得到了国内大部分人的认可，甚至超出了他的父王。

莽应里当时已经解决了阿瓦的叛乱，在得知纳瑞萱宣布独立的消息后，他迅速率军赶回了汉达瓦底。纳瑞萱认为现在不宜与缅军直接冲突，于是下令迅速撤兵，并沿路营救此前被俘虏至缅甸的泰人家庭，带他们回到家乡，据记载他一共解救了一万多个泰人家庭。当然莽应里也没有轻易放过纳瑞萱，他派出自己的儿子、副王明基苏瓦（MingyiSwa）率军一路追击。但纳瑞萱带领的军队表现出了极强的作战能力，留下了好几段传说，比如在撒东河（Sittoung River）边，纳瑞萱隔着河面开枪，奇迹般地击毙了缅军的大将，被传为佳话。缅军失去主将后军心大乱，只能任由暹罗人的军队回到了阿瑜陀耶。

此后，莽应里又于1584年、1586年多次从各附属国（比如北方的兰纳）征召军队，征讨阿瑜陀耶，都被纳瑞萱击败。1586年11月，莽应里亲率25万大军出征，于次年正月包围了阿瑜陀耶城，但围城5个月之后，缅军还是由于粮草供应不及、瘟疫和雨季的来临，最终不得不撤军，此后三年再也没有对阿瑜陀耶动武。这次远征的失败，再次确认了阿瑜陀耶的独立地位。而此前脱离阿瑜陀耶统治的柬埔寨吴哥王国也再次被纳瑞萱降伏，成为附庸国。可见，王国在纳瑞萱的带领下，逐渐恢复了往日的荣光。

虽然纳瑞萱在当时只是阿瑜陀耶的副王，但他的威名已经响彻四方。1590年，摩诃·昙摩罗阁驾崩后，纳瑞萱顺理成章地登上王位。同时他任命弟弟厄伽陀沙律为副王，这两兄弟年纪相差仅5岁，而且此前一直并肩作战，互为依靠。因此厄伽陀沙律的地位甚至高于副王，被认为是阿瑜陀耶的"另一位国王"。

在纳瑞萱登基的同年，缅王莽应里开始了对阿瑜陀耶的第二轮进攻。此次他再次派出了自己的儿子、副王明基苏瓦，率领20万军队来犯，但结果是惨败给暹罗军队。两年后,缅甸副王重整旗鼓,再度出征阿瑜陀耶,结果在半路就遇到了出城迎击的纳瑞萱大帝。这两人已经多次对垒,仿佛是宿命的对手。他们进行了暹罗和缅甸战争史上最著名的一次战斗。1592年的1月18日,两军主帅纳瑞萱国王和缅甸王储明基苏瓦的军队狭路相逢,潘占努玛和范弗利特等多版编年史都记载了这一场精彩的战斗。纳瑞萱国王一方的军队人数较少,但在战前的占卜预示他们将大获全胜,于是他们军心大振、主动寻找敌方主将的踪迹。史书记载,纳瑞萱大帝命令各路神明出现在他的伞盖之下,并大声质问为何不让他看到敌人的踪迹。话音刚落,遮蔽视线的浓雾便散开了,他们立即发现了缅甸副王所乘的大象。纳瑞萱国王乘着大象率先开始冲锋,缅军士兵集体向纳瑞萱大帝开枪,可他却仿佛有神明护体,没有一枪命中。缅甸王储也不甘示弱,冲出大部队,两军主帅率先开始了"象战对决"。纳瑞萱大帝的坐骑体型较小,最初在面对缅甸王储的大象坐骑时十分害怕,拼命摇头,想要逃跑。纳瑞萱大帝努力控制住大象,对它说道:"你若是放弃了我,就相当于放弃了你自己和最终的胜利!你再也不会获得任何荣誉,再也没有任何人愿意骑你,你自己想想吧。现在你承担着两条命,你可以为我带来胜利。想想可怜的人民吧,我们如果逃离了战场,那是何等的失败!但如果我们坚持下去,用我们的勇敢、我们的躯体去战斗,胜利一定属于我们,到时候我们两个会一起获得荣誉!"听了纳瑞萱大帝的话,他身下的战象获得了巨大的鼓舞,疯了一般地冲向缅甸王储的坐骑,拼命用象牙刺、用脚踩踏对手。缅甸战象败下阵来,缅甸王储也惊恐万分,纳瑞萱大帝趁机将对手"斩于象下"。[1]

与此同时,阿瑜陀耶的副王厄伽陀沙律也获得了胜利,暹罗的军队大获全胜。此战之后,暹罗和缅甸之间的关系彻底改变,此后的100余年内,缅军都没再敢进犯阿瑜陀耶,暹罗不再是受到侵略的一方,纳瑞萱大帝在

---

[1] 此段记录源自范弗利特版本的纪年史,但他本人并未参与战斗,大致是道听途说的内容。但他的版本内容十分精彩有趣,特在此呈现给读者。

位期间还 5 次向缅甸出兵，占领了不少领土，彻底翻转了双方的地位。在震慑缅甸的同时，纳瑞萱大帝继续向周边开疆拓土，将兰纳、澜沧以及柬埔寨的部分领土也纳入了王国的版图，阿瑜陀耶王国拥有了自建国以来最大的国土面积。

虽然纳瑞萱大帝一生戎马，几乎一直都在南征北战，但他的功绩并不仅限于战场上，对王国的治理也颇有成效。他经常亲自到民间视察人民的疾苦，解决各种问题。在他的治理下，王国社会稳定，人民遵纪守法，路不拾遗。此外，纳瑞萱国王为了避免地方势力与周边他国结盟，背叛阿瑜陀耶，他决心再次通过萨迪纳制度向中央集中权力。他将全国的诸多城镇分为三级：驻守一级城市彭世洛和洛坤的管理者原本是王族成员（昭），现在替换成大臣（坤囊），封爵"昭披耶"级，封地 10000 莱；二级城市包括宋加洛、素可泰、甘烹碧、碧武里等，管理者封爵"披耶"级，封地 10000 莱；三级城市包括披猜、披集北榄坡、尖竹汶等 7 个城市，管理者同样封爵"披耶"级，但封地只有 5000 莱。这一举措相比此前，降低了都城之外各个城市的等级和各地的自治程度，以防出现叛乱。在纳瑞萱大帝时期，阿瑜陀耶逐渐恢复了与外国的商贸往来。此前沦为附属国时，大量的对外贸易都被缅甸控制，而在纳瑞萱大帝宣告阿瑜陀耶独立后的第二年，暹罗和明朝的贸易就再度开始。为了促进与中国的友谊，大帝还提出与明朝进行军事合作，彼时日本丰臣秀吉带领军队入侵朝鲜半岛，纳瑞萱提出派遣暹罗海军帮助明朝和朝鲜军队与日本作战，但最终明朝万历皇帝并未同意这一建议。与此同时，荷兰人也于 1601 年首次来到暹罗的土地上，打破了此前葡萄牙人的欧洲贸易垄断地位，也开启了此后阿瑜陀耶王国与西方列强的交易和斗争。

1605 年，纳瑞萱大帝驾崩于征讨缅甸的途中，他在位 15 年，享年 50 岁。这位戎马一生的国王没有子嗣，因此由弟弟"白王子"厄伽陀沙律继承王位。纳瑞萱带领暹罗从缅甸的统治中重新获得了独立地位，让阿瑜陀耶王国重新找回了往日的辉煌。他被认为是泰国历史上最伟大的国王之一，并且获得了"大帝"的称号,被后人铭记至今。

## 后纳瑞萱时期:外国势力涌入阿瑜陀耶

纳瑞萱大帝在位的十余年中,早先素攀王朝时期任命的贵族大臣大多流亡缅甸,客死他乡,为数不多剩下在王国内的也逐渐被纳瑞萱的亲信所取代,因此国内的政权达到了相对稳固的状态。当纳瑞萱大帝驾崩后,他的弟弟厄伽陀沙律继承了王位,成为阿瑜陀耶的第19位国王。由于纳瑞萱大帝能征善战,此时周边各国大多对阿瑜陀耶俯首称臣,老对手缅甸也不敢再来进犯,因此绵延百年的战火终于熄灭,王国进入了平稳的发展时期。在这一时期,王室更加注重权力向中央集中,对此前的萨迪纳制度进行了改革。按照戴莱洛迦纳王时期的规定,都城之外的各地贵族、大臣可以拥有自己的属民,名叫"派素姆",意思是私民,但厄伽陀沙律王将此类属民几乎全部划归至王室统治下,成为"派銮"。归属各地首领或贵族的私民人数大大减少,这加强了中央对全国的人力和土地控制。

由于结束了与周边国家长达百年的刀兵交锋,王国迎来了经济方面的快速发展,久违的和平也使得阿瑜陀耶王国的人口得到大幅增长。当时在昭披耶河流域的人口密度大增,并且有多个新的城市被建设起来,其中就包括了如今泰国的首都——曼谷。这一区域由于接近昭披耶河的入海口,船只来往便利,贸易迅速发展,重要性也与日俱增。可见暹罗的政治经济中心,经历了逐渐从北方向南方、从陆路到水路转移的过程。暹罗此前长期的贸易伙伴,包括中国、日本、印度等,而西方商人也在这一时期来到这一片热土,希望从中攫取一份利益。大约15世纪末,拉玛铁菩提二世的军队中已经有了葡萄牙雇佣军,此后双方还签订了协议,允许葡萄牙人来暹罗居住,并且开展贸易,葡萄牙人则向国王提供军事援助。16世纪末西班牙殖民者也来到暹罗;纳瑞萱国王时期,荷兰商船抵达了泰国南部的北大年,此后还受邀进入皇宫接受款待。厄伽陀沙律王继位后,于1608

年下令，准许荷兰人进入阿瑜陀耶建设贸易中心，并于翌年派遣使团访问荷兰，这是暹罗第一次遣使出访欧洲。荷兰也成为继葡萄牙和西班牙之后，又一个在阿瑜陀耶王国开展贸易的西方国家。

这些西方国家的殖民者来到东南亚的土地上，都是看中了当地的财富和物产资源。当面对利益方面的冲突时，最初的礼节和友好也逐渐崩塌。西方殖民者为了争夺利益，不仅在彼此之间挑起战端，还不断压迫暹罗和东南亚各国，最终导致东南亚各国主权的沦丧。不过纳瑞萱大帝和厄伽陀沙律王在位的时期，西方殖民者才刚刚进入阿瑜陀耶不久，还未露出真面目。在这一时期，首先给阿瑜陀耶王国造成麻烦的是来自日本的武士。

## 日本武士叛乱

厄伽陀沙律王在位时间不长，登基仅5年后就于1610年不幸驾崩。厄伽陀沙律王有两名继承人，大王子名叫素达（Suthat），小王子名叫席绍瓦帕（Sisaowaphak）。年幼时，席绍瓦帕就因病致一只眼睛失明，厄伽陀沙律王也一直比较看重素达王子，将其任命为副王，拥有继承王位的权力。但成为副王仅仅4个月后，素达王子便进宫拜见国王，向父亲提出想要给自己所居住的前宫增加士兵，从而开展训练，保卫王城。厄伽陀沙律王手下有一名近臣，名叫昭功威（Jockcrommewaye）[①]，他身居高位，手下还有数百名日本武士为其效力。相传他有野心想要登上王位，于是怂恿厄伽陀沙律王，认为素达王子这是在积攒力量，图谋不轨。国王听后大怒，指责素达王子要发兵篡夺王位。此时的素达王子内心十分复杂，或是出于恐惧，或是为了自证清白，他回宫后服下了毒药，自杀身亡。厄伽陀沙律王追悔莫及，也只能下令将素达王子风光大葬。1610年厄伽陀沙律王去世，

---

[①] 当时一名外国人 Peter Floris 的文件中记载了 Jockcrommewaye 这一名字，此处沿用这一译法。

朝中贵族和僧侣将二王子席绍瓦帕推举上了王位，成为了阿瑜陀耶王国的第 20 位国王。

席绍瓦帕被认为是一个能力不强的国王，并不关心政事。他在位仅 1 年零 2 个月，就被赶下了王位。当时厄伽陀沙律王还有另外一个儿子，名叫颂昙（Songtham），他是妾妃所诞，长期在庙中修行，并没有被认为有资格继承王位。他精通佛法，吸引了众多追随者，其中有一名宫廷大臣被他认为义子。这名义子带领一众追随者闯入宫殿，将席绍瓦帕赶下王位，并用檀香木杖①处死，然后邀请颂昙王还俗登基，成为阿瑜陀耶的第 21 位国王，号"膺陀罗阇二世"。

阿瑜陀耶王朝在此前的数百年中，已经有许多次王位争夺，但此次席绍瓦帕王和颂昙王之间的斗争却比较特殊。此前大多是不同家族不同势力继承人之间拼斗，而此次两位王子都来自素可泰一方，而且是首次发生在同父亲兄弟之间的争斗。由此可见，王国内部的权力集中和平稳状态已经显现出动荡不安的因素。

这一时期的阿瑜陀耶重视发展对外贸易，成为重要的贸易中心，各国商人纷纷来此开展贸易活动，大大加强了王国与外界的交流。但外来者不仅带来了财富和繁荣，也带来了冲突与战争。此前诬告素达王子，逼其自尽的宫廷大臣昭功威，就与日本人往来密切，他手下聚集了数百名日本武士为他效力。当厄伽陀沙律王驾崩时，他曾一度带领日本武士叛乱，与席绍瓦帕王争夺王位。他满心以为有日本人的支持，就一定能够趁王室虚弱，坐上王位。但他低估了阿瑜陀耶百姓的忠心，百姓纷纷站出来效忠王室正统。而席绍瓦帕王向来与荷兰商人亲近，一直为他们提供便利的经商条件，于是他又获得了荷兰人的支持。两方面因素相加，阿瑜陀耶国王挫败了昭功威领导的日本武士叛乱阴谋。而昭功威本人也被处死，不过相传他死后，

---

① 檀香木杖刑是泰国阿瑜陀耶王朝以来法律中规定的专门针对王室成员的行刑方式。

他手下280名日本武士冲入宫中为主人报仇，他们绑架了国王，要挟他处死反对昭功威的大臣。但最终结果如何，没有看到正式的记录。

而颂昙王登基后，日本武士也发动过一次反叛。当时，日本武士认为管理外国人事务的大臣处事不公，决定直接要挟国王。据记载有大约500名日本人冲入皇家广场，计划绑架出宫听僧侣讲经的颂昙王。当时来讲经的僧人共有8名，无路可逃的国王只得假扮成僧侣混入其中，逃出广场。之后王家卫队赶到，日本武士且战且退，最后坐船逃出阿瑜陀耶。但也有当时外国人的记载说，日本武士280余人将颂昙王抓获为人质，提出了许多利益要求。此后虽然他们不敌王国的军队，乘船逃离了阿瑜陀耶，但他们的要挟取得了一定成效，这一事件后日本武士的团体仍继续存在，并没有受到惩处。

这两次日本武士的叛乱，在阿瑜陀耶的纪年史书中语焉不详，或许是王室以此为耻，不愿详细记载。从民间的记载或其他外国商人的记叙中可以看出，数百名日本武士便能够在王宫中横行霸道，当时阿瑜陀耶的军事力量并不算太强。在淳朴善良的民众眼中，国王的地位至高无上，但外来者看到王室时并没有这样的滤镜。当他们通过武力将国王拉下神坛时，阿瑜陀耶王国也就逐步沦为列强攫取利益的竞技场。

## 三、阿瑜陀耶王国末期：再次沦陷（1629—1765）

阿瑜陀耶在15至16世纪遭遇了内忧外患。国内经历了多次王位的争夺，拉玛铁菩提二世驾崩后，数代国王都通过政变登上王位。猜拉差提剌国王时期更是发生了王后红杏出墙，与情夫毒杀国王，篡夺王位的戏剧化事件。一系列的宫廷斗争大大削弱了原本掌权的素攀家族势力。与此同时，王国又与缅甸汉达瓦底政权多次开战，虽然"白象王"摩诃·查克腊帕和素丽遥泰带领暹罗人民苦苦抵抗，但仍不免被攻破都城，沦为缅甸属国长达 15 年。这一系列内外灾祸彻底终结了素攀政权对王国的控制,自摩诃·昙摩罗阇登基起,阿瑜陀耶王国进入了素可泰王朝时期。此后纳瑞萱大帝带领阿瑜陀耶脱离缅甸的控制,王国迎来了实力鼎盛的阶段,周边各国无人敢于来犯,王国疆域也得到扩张。此后在位的厄伽陀沙律王以及他的两个儿子——席绍瓦帕王与颂昙王,都见证了阿瑜陀耶相对和平稳定的时期。阿瑜陀耶利用得来不易的和平局面大力发展贸易,重新成为东南亚地区的贸易重镇。这期间越来越多的西方商人和士兵也来到暹罗的土地上,希望通过贸易获取利益。他们带来了先进的技术和资金,一方面促进阿瑜陀耶的发展和进步,但同时也带来了利益的冲突和彼此间的争斗。在纷乱的局面下,阿瑜陀耶走入了王国的末期。

## 王朝再度更迭

颂昙王在位 17 年期间大体维持了王国的和平,只与缅甸发生了几次小规模的冲突对抗,双方互有得失。颂昙王注重与西方国家开展贸易,除了早期已经进入阿瑜陀耶的葡萄牙、西班牙和荷兰商人以外,他在位期间还迎来了英国和丹麦的商人。其中英国东印度公司的船只于 1612 年抵达北大年,并且建立商馆与阿瑜陀耶开展贸易;丹麦人 1621 年也来到了马来半岛西岸。

1628 年 12 月,颂昙王驾崩,年仅 36 岁。他登基时年纪较小,倚重国内的王公贵族,因此宫廷大臣逐渐对阿瑜陀耶的政治局面产生了重要的影响力。颂昙王在位时钦定了他的弟弟为副王,照理应当是王位的继承人。但在驾崩前,他听从宠臣的劝说,颁布遗诏,改为指定他的儿子为继承人,但他的遗诏未能公之于众,因此大臣逐渐分成了两派,分别支持不同的继任者。

王位争夺者中,一方是副王帕席信(phraSrisin),他是颂昙王的弟弟,获得了宫中许多大臣支持。另一方则是颂昙王的两个儿子,大王子名叫策陀（Chetthathirat），当时年仅15岁，小儿子名叫阿滴耶旺（Athittayawong），当时10岁。他们年纪尚小，之所以参与争夺王位主要是由于背后有颂昙王的亲信大臣支持。

支持策陀王子登基的大臣中为首的一位是奥亚席沃拉翁（OkyaSiworawong），其中"奥亚"（Okya）是他的爵位，相当于"披耶"级别，仅次于"昭披耶"。他是颂昙王的表哥，从小便被带入王宫任职。但他从小顽皮成性，多次被罚，最严重的一次曾经被用铁链捆绑四肢关进暗室长达5个月，最后由颂昙王的母亲求情才将其释放。这次的惩罚使他心怀不满，他和其他数名贵族共同计划刺杀国王，但他手下的一名奴仆走漏了消息，导致他再次被关进暗牢。当他18岁时，阿瑜陀耶与高棉人开战，他请求出征赎罪。虽然最后阿瑜陀耶未能取胜，但他表现良好，再次获得了国王的信任。可惜此后他又与他人妻子有染，被判终身监禁。不过3年后，国王发善心又将他释放，并且命他负责王宫的安全。可以说他年轻时劣迹斑斑，犯下各种罪行，但或许是因为国王佛心慈悲，也可能是由于两人有血缘关系，他最后总能得到宽恕。据史书记载，他是颂昙王的亲信，也是国王唯一信任的人。但在国王驾崩之前，他就已经有了篡位的野心。当时国王病重，他便已经带领4000人的军队包围了王宫，并且有10000人的军队在都城中待命。他极力反对副王帕席信继承大统，而劝说颂昙王立下遗诏，将王位传给年幼的王子。一旦王子继位，面对复杂政局无法胜任时必然会向他求助，这为他此后掌控国政大权做好了铺垫。

另一位支持王子即位的大臣是日本人山田长政（Yamada Nagamasa），泰国人习惯将其称为奥亚社那披穆（OkyaSenaphimu）。他是一名日本武士，于1612年前往阿瑜陀耶，并崭露头角，成为首领。当时日本国内政局变动，许多失去土地的浪人和依附于封建主的武士也移居至暹罗，并且在此组成了日本志愿团，平时作为王室警卫，战时则协同作战。他们和其他侨民一同居住在阿瑜陀耶城外的"日本人町"①中，山田长政便是这些人的首领。虽然此前日本武士曾经作乱，但他凭借在贸易方面的成就依然得到了颂昙王的信任，主管阿瑜陀耶与日本之间商贸的相关事务，也是一位"奥亚"等级的大臣。他手下有数百名日本武士，具有相当的实力。他之所以支持王子继位，主要是出于对颂昙王遗诏的尊重。他认为王子继承父亲的王位是符合惯例的，也是颂昙王的意愿。

由于以上两人的支持，大王子策陀成功继承了王位，成为阿瑜陀耶第22位国王。而他的叔叔帕席信不服这一结果，在策陀登基仅8天后，他便一怒之下离开都城，去碧武里府招兵买马，积攒力量打算叛变。策陀王得知后，下令由奥亚席沃拉翁和山田长政率领士兵前去抓捕。帕席信的人马败下阵来，他自己也被抓住处死。泰国的纪年史中只有简单的记载，但外国人范弗利特的纪年史中，则记载了更详细的版本。这一版本中说，策陀王并未下令处死他的叔叔，而是将他关在地牢之中，打算饿死他。但帕席信的一名亲信想方设法，用一具死尸将落难的副王换出了地牢。看管的狱卒发现了死尸，认为帕席信已经死了，便禀告了策陀王。逃出生天的帕席信休养生息一阵以后又恢复了元气。当地的僧人散播消息，宣传说他死而复生，是天选之子，吸引了许多百姓前来投奔。但最终，他的人马仍不敌王庭的军队，他也被处以死刑。这次叔侄之间的王位争夺至此画下了句号。

这次斗争的最大得利者其实是席沃拉翁，策陀王登基后任命他为军部大臣，掌管王国的军务，并且晋升为昭披耶哥拉洪苏利亚翁②。他在国王的支持下将支持副王帕席信的大臣几乎全部清洗，为自己掌权铺平道路。此后国王几乎被架空，席沃拉翁在朝中的势力则越来越大，成为"挟天子以令诸侯"的一代权臣。此时的他如果想代替策陀王坐上王位，估计也不是难事，但他仍顾忌朝中对王室忠诚的势力，暂时没有做出实质性的谋逆

---

① 当时日本人聚居于都城郊外，他们居住的地方被称为"日本人町"。
② 为避免混淆，下文依然沿用"席沃拉翁"的称呼。

举动。

但不久之后，席沃拉翁认为时机已到，决定夺权。阿瑜陀耶纪年史中记载了他篡权谋逆的事件。彼时，席沃拉翁的母亲去世，他为母亲举行了盛大的葬礼，朝中大小官员都来参加仪式，甚至许多人直接过夜守灵。这件事传到策陀王耳中，引起了他极大不安，认为席沃拉翁已经在和朝中官员密谋篡位了。他立即下令让手下兵卒整队，叫人请席沃拉翁入宫朝见，理由是邀请他看武士进行泰拳比赛。但这个计划被席沃拉翁看穿，他当即向身边的大小官员们喊话："当初颂昙王去世时，我若是计划篡位，又有谁能阻挡呢？"大臣们连声附和，"敢和您作对的人早就不复存在了。"席沃拉翁继续说："我当初为了不破坏王室传统，按照先王遗志将王位传给策陀王，但他现在却不念我的好，只听小人谗言，反而要来伤害我们这些忠心报国的臣子。"大臣们再次表示赞同。这时席沃拉翁看到人群中仍有部分官员犹豫不定，并没有向他表示忠心，当即下令将几人监禁起来，其余大臣心惊胆战不敢再有人反对。席沃拉翁见状，抛出了一个重要的问题："现在国王认为你们都在此与我商议叛乱，你们都是真心来助我的，是否愿意和我一同发动政变？"大臣们全体同意，将他们的状况比作大海中的一艘帆船，遭遇风暴后如果什么都不做必定是全船人葬身波涛之中，大家愿意一同跟随首领，同生共死。席沃拉翁最后说道："既然国王认为我们在计划叛变，那我们只好从命！"于是他带领大约100只船、5000余人一同前往王宫。当天席沃拉翁全身黑衣，骑黑马，威风凛凛，手下人马众多，几乎不受阻拦便进入了王宫。策陀王早就得到消息，仓皇逃走了，但仍是被叛军在树林中抓住，最终被以王室传统杖刑处死，在位仅1年零8个月。

策陀王驾崩后，席沃拉翁本可以亲自坐上王位，但他行事谨慎，认为朝中还有许多官员忠于王室血脉，或者暂未表明立场。于是他与手下商议后，将策陀王的弟弟即颂昙王的幼子阿滴耶旺扶上王位。此时的阿滴耶旺年仅10岁，便成为阿瑜陀耶王朝的第23位国王。但明显，他只是席沃拉翁的一个傀儡而已。

按照范弗利特的记载，新国王几乎没有任何权力，朝中一切都由席沃拉翁做主。大臣们纷纷上奏，说国家必须有能人来领导，请席沃拉翁取而代之，登上王位。在这一局面下，席沃拉翁终于认为他已经完全控制了局面，他将登上王位仅仅38天的阿滴耶旺王处死，自己成为阿瑜陀耶王国的第24位国王，号巴沙通王（SomdetPhra Chao Prasat Thong）。这一年是1629年。

"巴沙通"在泰语中的意思是"黄金宫殿"，这也是后人称呼这位国王最常用的称呼，而在登上王位前的"奥亚席沃拉翁""昭披耶苏利亚翁"等称呼都较少被人提起了。他的登基意味着此前统治阿瑜陀耶的素可泰王朝就此终结，而巴沙通王朝则拉开了大幕。素可泰王朝自摩诃·昙摩罗阁起，至阿滴耶旺王终，共经历8位国王。这一时期的阿瑜陀耶从缅甸手下重获独立，逐渐开疆辟土，发展贸易，使王国更加强盛，人口迅速增多。这期间阿瑜陀耶王国的权力更加集中，都城之外的疆域不再由王室成员单独管理，而是交给大臣贵族治理。不过这也导致了权臣的产生，最终导致了王朝的覆灭。

## 巴沙通王朝开启

巴沙通王开启了阿瑜陀耶的第四个王朝——巴沙通王朝。之所以认为他开启了新的王朝，主要是因为他并非素可泰王室的直系血脉，而是颂昙王的姨表哥，出身于朝臣之家。其实有一部分泰国学者认为，巴沙通王其实是厄伽陀沙律王的私生子，也就是颂昙王的同父异母兄弟，但由于出身不好，无权继承王位，但巴沙通王一直是以大臣而非王子的身份出入皇宫，这种说法缺乏证据，未被采信。

1629年巴沙通王登基后，展现出了较强的治国能力和杀伐果决的政治态度。由于他是篡位登基，朝中仍有旧的王族势力心怀不满，于是他几乎将所有政治对手一一清洗，此前与他志同道合的日本人山田长政也没能幸免。山田长政本人对颂昙王有着十足的忠心，因此坚持按照颂昙王遗诏，立策陀王为新王。当巴沙通试图自立为王时，他提出了强烈反对。但策陀王和阿滴耶旺王先后被处死，山田长政发现，颂昙王的子嗣已经几乎被清洗殆尽。无奈之下，他只得接受巴沙通的一纸调令，去王国南部的马来半岛上统领洛坤城。此后他在镇压北大年叛乱时受伤，因为涂上了带毒的药膏而不治身亡。当时有外国人记载，这次暗杀的背后主使便是巴沙通。山田长政死后，巴沙通王为了避免日本武士再次祸乱宫廷，直接将都城郊外的日本人町烧毁，驱逐了全部日本商人和武士。这一事件令当时的日本政府十分不满，导致暹罗和日本的政治和贸易关系陷入停滞。山田长政在泰国或许声名不显，但在日本却是十分有名，后人多次将他的故事改编为小说或电影。

在清扫国内政敌的同时，巴沙通王也十分注重海外贸易。他发现暹罗湾和马来半岛的港口城市能够带来丰富的经济资源，因此加强了对南方疆域的控制，从而发展航运以及海洋贸易。当时与阿瑜陀耶贸易往来最为密切的要属荷兰商人，他们在东南亚的荷兰东印度公司（V.O.C.）在这一时期活动频繁。尤其因为日本断绝了与阿瑜陀耶的贸易往来，荷兰人便充当起了中间商，从中赚取差价。其实葡萄牙人早就对荷兰人与阿瑜陀耶之间的亲密关系产生了不满，他们更早来到暹罗开展商贸合作，如今却逐渐沦为旁观者，于是葡萄牙和阿瑜陀耶的关系日渐紧张，葡萄牙更是于1628年攻击了阿瑜陀耶的商船，企图封锁港口，但未能成功。而在巴沙通王登基后，阿瑜陀耶越来越倾向于荷兰人，1645年干脆签订协议授予荷兰人一年的独家兽皮出口权，从而换取他们的舰队支持、压制南部北大年地区的独立意图。

巴沙通国王在位时，正值东南亚贸易时代最辉煌的时期，东西方商人的航路在这里交汇，无数商船乘着季风从西方、中东、印度、中国、日本等巨大的贸易市场出发，汇集到这个关键的"十字路口"，交易各种商品后各自航向下一个目的地。东南亚当地的物产也得到了全球市场的青睐，尤其是胡椒、香料等作物，成为欧洲人餐桌上必不可少的调味品，引发了学者所称的对"香料的疯狂消费"。与此同时，还有许多经济作物、林产品都成为重要的出口货物，比如蔗糖、鹿皮、檀香木、苏木、樟脑等。通过出口这些货物，大量的黄金白银也从西方流入东南亚，促进了当地的城镇化和贸易体系发展。巴沙通王在位的这一段时期，正是看到了国际贸易的巨大利益，因而极力促进南部各港口的发展，使阿瑜陀耶也进入了繁荣的贸易时代，为国家持续带来收益。

巴沙通王于1656年驾崩，在位共27年。虽然他是一个篡位者，但仍留下了不少功绩供后人铭记。他在位期间征服了柬埔寨的高棉人国家，为了彰显他的赫赫战功，他建设了吉蔑式的佛塔。其中便包括柴瓦塔那兰寺（Wat Chaiwatthanaram），这座寺庙被敬献给巴沙通王的母亲，因此也得名为"贵妃寺"。这座寺庙坐落在阿瑜陀耶城的昭披耶河畔，至今仍保存完好，是当地最著名的旅游景点之一。除此以外，巴沙通在位时手下一位贵族为他撰写了长诗，叙述其在位期间的重要事件。这部长诗是后人了解当时历史的重要材料，目前留存的版本有398段，共1000多句，收藏于泰国国家图书馆中。该诗作中说道，巴沙通王本是一位菩萨，受因陀罗神的邀请下界统治阿瑜陀耶王国，当他拯救了人间后，会在未来成佛。这可以看作巴沙通王篡位登基后，为自己统治的合法性所做的一种宣传。

## 再争王位

巴沙通王1656年驾崩后，阿瑜陀耶的王座又开始施展魔力，诱惑着继承者们前赴后继开始争夺。巴沙通王驾崩前便已经决定了继位者，他将王位和象征着君主力量的胜利之剑（PhraSaeng Khan Chaiyasi）传给了他的儿子昭法猜（Chaofa Chai），三天后便去世了。昭法猜王理所当然地登上了王位，成为阿瑜陀耶的第25位国王，也是巴沙通王朝的第二位国王。

昭法猜出生时，巴沙通王还是朝中的军务大臣，原本是与王位无缘的。

但巴沙通的篡位,将他也推上了王位继承人的位置上。这对于昭法猜来说未必是一件幸事,因为在他登基后,仍有许多人对王位虎视眈眈。巴沙通王的另一个儿子那莱(Narai)王子便派人出宫与巴沙通王的弟弟——他们的王叔室利素昙摩罗阁(Srisuthammaracha)密谋,计划争夺王位。事发当晚,那莱王子带着自己的妹妹偷偷逃出王宫与王叔会合,而军队则杀进王宫,抓住了昭法猜王,并将其处死。这位短命的国王在位仅仅9个月,不知面临死亡时,他是否会责怪父亲巴沙通王把他置于这样一个危险的王座之上。

再说室利素昙摩罗阁,阿瑜陀耶纪年史书中有记录,他身为巴沙通王的弟弟却行为乖张,心术不正,并未被立为副王,仅仅被授予昭披耶爵位,居住于王宫之外。而当巴沙通王驾崩时,朝中大臣主要分为两派:一派是保守派主要支持国王谕旨钦定的昭法猜继承王位;另一派则是支持那莱王子,包括在朝中任职的许多外国贵族,至于室利素昙摩罗阁本身其实没有太强的实力。他之所以能够坐上王位,主要是由于那莱王子战胜了昭法猜之后,觉得朝中大臣人心不齐,大量保守派的贵族大臣并不支持自己,而室利素昙摩罗阁虽然身为王叔,但本身能力不强,容易控制,因此朝中大臣和那莱王子出于种种原因,都推举这位王叔坐上了王位,成为阿瑜陀耶的第26位国王。但德不配位的人做到这阿瑜陀耶的王座之上,只能是害了自己。室利素昙摩罗阁在王位上仅仅坐了2个月20天便被推翻,没能躲过被处死的命运。

根据荷兰人的记载,在处死昭法猜王仅仅十几日之后,那莱王子和室利素昙摩罗阁之间的合作关系就面临破裂。当时室利素昙摩罗阁的亲信大臣奥亚却克里(OkyaChakri)决定清洗朝中的保守派大臣,但却有意无意打压了支持那莱王子的贵族,其中一位大臣的弟弟被没收家产并处死。不仅如此,这位奥亚却克里虽然年事已高,但雄心不改,野心勃勃地希望能够从室利素昙摩罗阁手中夺取王位,而那莱王子就是他与王位之间最大的障碍。这引发了两派之间的决战。

不过阿瑜陀耶自己的纪年史中则记载了另一个原因:室利素昙摩罗阁

登基后，对那莱王子的妹妹动了心，希望迎娶她为王后。但这位公主并不愿意嫁给自己的叔叔，从王宫中逃出来禀告了那莱王子。那莱王子十分愤怒，说道："原本以为父王去世后，这位叔父就像我们的父亲一样，能够保护王室成员。但如今他怎么能如此行事？"于是他在手下大臣的支持下，决定和自己的叔父开战。

当时那莱王子乘坐战象带领军队向王宫进发，途中不断有大臣的势力加入他的队伍中，其中还包括40名日本武士。两方的军队狭路相逢，激烈交火，在战斗过程中，室利素昙摩罗阁手臂中弹，而那莱王的左脚也受了伤。最后的结果还是那莱王子的军队获胜，他占领了王宫后，将室利素昙摩罗阁王处死，自己登上了王位，成为阿瑜陀耶王国的第27位国王。他为阿瑜陀耶带来了最后的辉煌，被后世尊称为"大帝"，与兰甘亨、纳瑞萱大帝齐名。

## 那莱大帝的功绩

那莱王1656年登基，1688年驾崩，在位共32年，是阿瑜陀耶王朝的第27位国王。他是巴沙通王的儿子，母亲则是素可泰王朝时期颂昙王的女儿，因此可以说他本人是兼具两个朝代的王室血脉。当他出生时，有一名王室成员没看清楚，误以为这位小王子有四只手臂。巴沙通王听说以后，认为这或许是神谕，因为印度教三大主神之一的毗湿奴就有四只手臂。在泰国，人们更喜欢将毗湿奴叫作"那莱"（Narayana），意思是"在水中活动的人"，意指他躺在千头神蛇盘踞的身体上，漂游于无边无际的乳海中的形象。因此，巴沙通王便将毗湿奴的名字——那莱，送给了这位王子。毗湿奴在印度教中是主"住"（护持）的神明，相比于主"生"的梵天和主"灭"的湿婆，更有王者之气。那莱王得此名，也没有辜负父亲的期待，成为一代明君。

那莱王在位期间是阿瑜陀耶王朝最为富足和辉煌的时期，在他的统治下，阿瑜陀耶与外国交往密切，经济快速发展，社会稳定，文化繁荣，因此在他驾崩后，泰国后人将他尊为"大帝"。虽然那莱王并没有向纳瑞萱大帝一样，带领军队驰骋沙场，奋勇杀敌，将泰国带出屈辱。但当时的阿瑜陀耶处于一个暗流涌动、危机四起的局面，据泰国著名的历史学家丹隆亲王解释，如果当时的国王没有足够能力，阿瑜陀耶可能会遭到极其严重的打击。

即位后不久，那莱王就面临着内部和外部的战争事端。首先是在朝堂之中仍有动荡，当时的阿瑜陀耶在巴沙通王驾崩后的短短一年内已经经历了两次王位更迭。那莱王最初登基时，朝中的贵族阶层仍然四分五裂，没有人知道年仅25岁的那莱王能否坐稳这王座。很快，他的两个同父异母的兄弟便在各自的贵族阶层支持下发动了政变，但被那莱王成功镇压。这两位王子以及参与叛乱的大臣均被抓捕并处以刑罚。这一事件使得那莱王对朝中原有的贵族阶层产生了强烈的不信任感，他逐渐开始与外国商人、使节越走越近，并且尝试从中培植自己的亲信，从而创造一股新的力量，来抗衡旧的贵族阶层。

而在王国外部，阿瑜陀耶在1662—1664年和老对手缅甸再次爆发了战争。当时中国清朝军队南下追击逃窜至缅甸的南明永历帝朱由榔。当时缅甸出现内乱，面对强大的清军，他们暂时无法抵抗，只得听从清军将领吴三桂的要求，将永历帝交出。而当时暹罗北部的清迈兰纳王国是缅甸的属国，他们担心清军会一路从缅甸打到兰纳，因此向那莱王请求军事援助。那莱王顺理成章地出兵将兰纳王国纳入阿瑜陀耶的统治。但此后清军并未与缅甸开战，稳固了局面的缅王开始在国内对南部的孟人展开清剿，因为他们此前拒绝出兵助阵共同抵抗清朝军队。在此情况下，大量孟人难民沿着边境进入阿瑜陀耶，而那莱王则欣然接受了他们。可以说清军的大兵压境使得缅甸军队处处受制，而那莱王则趁机在王国南北两方都获得收益。缅甸咽不下这口气，派军队侵入阿瑜陀耶南部地区，但最终败下阵来。那莱王见状，认为如今的阿瑜陀耶已经不是当年唯唯诺诺的缅甸附属国，而缅甸也正处于虚弱的时期。于是1663年年底，他率领三路军队攻入缅甸。关于战争的结果，暹缅双方的记载有所出入，但可以确定的一点是，暹罗人的军队占到了优势，在缅甸境内攻城略地，最后由于粮草不足才撤回国内。这一战让缅甸人吃了苦头，此后近100年时间内，双方再也没有爆发过大规模的冲突。

王国内外的战事争端渐渐平复下来，那莱王也将治国重心从军事转向社会文化发展方面。他于1665—1666年期间，在华富里建造了一座新王宫。此举主要是为了远离王朝内部贵族阶层的争端以及王国外部西方殖民者的威胁，从而确保统治的稳固。由于这一时期阿瑜陀耶与西方国家的交往迅速发展，这座华富里行宫同时具有暹罗和欧洲两种建筑风格的特色，是当时重要的历史文化遗迹。那莱王登基前曾向多位高僧学习佛法，因此对佛教的发展十分重视。他在华富里修缮了帕席拉塔纳玛哈泰寺（Wat PhrasiRattanaMahathat），现在仍是当地最重要的旅游景点之一。此外他还在出征清迈后从当地带回了一尊佛像，这尊佛像被称为"帕辛佛像"（PhraPhutthaSihing），据说公元157年制作于斯里兰卡，此后辗转来到暹罗，据称带有神力，被各路君王所争夺。这尊佛像现存于泰国国家博物馆曼谷馆，其重要性仅次于玉佛寺中供奉的玉佛。此外，那莱王在王国各地都兴建寺庙，虽然法国传教士多次要求他带领民众改宗信仰天主教，但他都顶住压力，维护了佛教的尊严。

那莱王在位时期也是文学发展的重要时期，他在宫廷中培养了一批专职的宫廷诗人，其中一位名叫诗葩（Si Prat），也被译作"西巴拉"。他被认为是阿瑜陀耶时期最传奇的诗人，传说中他创作了一部经典诗作《悲歌》，用以叙说他被贬至泰国南部时对爱人的想念。相传诗葩因其才华横溢，被那莱王的妃子嫉妒诬告，被贬至南部的洛坤府。在当地又得罪了洛坤城主，被下令处死。他死前留下一篇诗句，有学者译法如下：

这块土地，

可以见证，

我有良好的师教，

百中挑一，

我若有错你杀我，

我心甘情愿；

我若无辜你害我，

此剑将让你偿命。

后来，那莱王怀念诗葩才华，命其返回王宫。结果发现他已经被洛坤城主处死，那莱王大怒，说道："连我都没有处死他，别人凭什么将其处死！"于是令大臣用杀死诗葩的剑，杀死洛坤城主，使得诗葩临死的诅咒诗应验了。以上这些故事的真伪已经难辨，诗葩究竟是真实存在还是出于杜撰也有待考证。

国王本人热爱文学诗歌，他命人创作了暹罗历史上的第一本教科书，名叫《津达玛尼》（Chindamanee），也被译为《如意珠》，用于教授正确的泰语语法。这些作品证明那莱王时期，泰国社会富足安定，文学艺术得到了极大发展。

除此以外，那莱王最重要的功绩，集中在外交和商贸领域。暹罗与中国、日本、印度等国家的贸易往来历史久远，可以追溯到泰人建国之前。但西方人是在阿瑜陀耶王朝时期才来到了暹罗的土地上，自从王国的第10位国王拉玛铁菩提二世起，葡萄牙人便在王室的军队中服役，此后在纳瑞萱大帝在位时期，荷兰人也开始在阿瑜陀耶培养自己的势力。经过长期的经略，外国人在暹罗的土地上渐渐站稳了脚跟。而那莱王在位时期，不论是贸易还是军事方面，阿瑜陀耶对外国人都采取了极为开放的态度，不仅允许他们来此开展贸易，更是允许外国人入朝为官，以此来平衡朝中原本的贵族阶层势力。在那莱王的时代，阿瑜陀耶进入了与外国尤其是西方人往来最为密切的时期。当时居住在阿瑜陀耶的外国人留下了大量的记录文件，是后人研究泰国历史的珍贵材料。

当时在阿瑜陀耶的贸易中占最主要地位的要属荷兰人,他们不仅促使暹罗和葡萄牙商人之间关系恶化,同时也设置种种障碍将英国商人逼走。英国人1612年抵达阿瑜陀耶,1626年便关闭商馆停止了和暹罗的贸易,这使得荷兰人几乎处于垄断地位。那莱王继位后采取了多方平衡的手段,逐渐恢复和英国人的贸易,更是与法国人之间建立了紧密的外交和商贸联系,使得阿瑜陀耶处于一种多元化的外贸体系当中,不至于被某一方的西方殖民者所完全控制。与外国的密切贸易往来也迅速刺激了阿瑜陀耶王国本身的财富增长,此时的暹罗比此前任何时期都要富裕繁荣,这也是那莱王被后人所崇敬的原因之一。

法国人是在那莱王时代首次来到暹罗的土地上。1662年8月22日,巴黎外方传教会(the Society of Foreign Missions of Paris)的主教德拉莫特(Pierre Lambert de La Motte)抵达阿瑜陀耶,而主教陆方济(FranoisPallu)则于1664年抵达。他们原本计划前往中国,但由于中缅之间的战事,不得不停留在暹罗,自此拉开了两国交往的序幕。那莱王对他们非常欢迎,不仅两次主动召见,还同意他们在阿瑜陀耶建立教堂,开设神学院。此后阿瑜陀耶成为法国在远东传教的中心,他们计划在此建立商站,打通从印尼群岛到印度和马达加斯加的路线,便于此后在越南、中国和日本建立据点。法国国王路易十四对此非常满意,他于1670年向那莱王致以国书,表示友好。1673年,陆方济主教携路易十四的国书受到了那莱王最高规格的外交礼仪接待,震动朝野。当时觐见国王的王宫正门,连本国人都很少有资格可以通过,此次却首次向外国人开放了;当所有大臣跪拜行礼时,法国使者却可以坐姿鞠躬行礼。这些都说明那莱王有加强和法国交往的意愿,从而对抗本地的荷兰人垄断阿瑜陀耶对外贸易的图谋。1672—1678年法国和荷兰在欧洲本土爆发了战争,路易十四国王带领法国大获全胜,这更加坚定了那莱王与法国人合作的信心。

但他还是十分重视法国人的影响,为他们在阿瑜陀耶开展贸易和传教活动提供了较大的便利,并且于1680年第一次派遣使团访问法国,只可惜船只在途中失事，未能抵达。于是 1684 年，那莱王再次派遣使团访问法国，受到了路易十四国王的热情接待。翌年，法国使臣肖蒙骑士（Alexandre de Chaumont）带领的法国使团回访阿瑜陀耶，同样受到了那莱王的欢迎。此次他们前来，主要的任务是希望促成两国建交。但双方的谈判是以那莱王皈依天主教为前提的。法国使团带着路易十四国王的命令前来，希望能够劝那莱王皈依天主教，这样他们便可以深入宫廷，控制阿瑜陀耶整个王国。但那莱王深知佛教乃立国之本，并没有接受，表示"不想换掉已在当地扎根 2229 年的宗教（佛教）"。肖蒙骑士坚持这一要求，但那莱王给出了精彩的反驳："既然这个真正的上帝创造了天与地，创造了我们看到的宇宙万物，并赋予其不同的本性与喜好，那么如果他愿意的话，本可以给予人类相似的身体与灵魂，使人类对他所认为最好的宗教有着共同的信仰，按照同一规则创造所有的民族……难道大家不认为真正的上帝非常愿意受到不同礼仪和形式的崇拜吗？难道他的这一批造物们不都是以各自独特的方式赞扬他的荣耀吗？" 至此双方的谈判陷入僵局，虽然那莱王急需法国人来对抗在东南亚横行霸道的荷兰人，但他仍然保留了佛教的尊严。

## 华尔康与法国殖民者

在双方谈判僵持期间，有一名希腊人康斯坦丁·华尔康（ConstancePhaulkon）走入了事件的中心。华尔康最初是在 1670 年时随英国商船来到阿瑜陀耶，于英国东印度公司任职。他原本就精通多种语言，来到当地后迅速学会了泰语。1680 年，他被推荐进入朝中担任翻译官，自此开始了自己的权力之路。他很有语言天赋且颇具政治手腕，短短几年内便深得财政大臣和那莱王本人的喜爱，封爵昭披耶，全权负责阿瑜陀耶的外交和财政事务。那莱王晚年对华尔康非常信任，阿瑜陀耶宫廷许多事务都经由他手处理。此前他与英国在阿瑜陀耶的商馆发生矛盾，法国人对他又极力拉拢，于是他竭力帮助法国在暹罗建立势力范围。

当1685年法暹双方的谈判陷入僵局时，华尔康从中斡旋，提醒法方使团，即便未能达成令阿瑜陀耶改宗信奉天主教的最初目标，双方的合作仍然能够让法国在远东获得极大的经济利益和宗教影响力。他于当年12月10日促成了两项协议的签署，第一份协议规定法国在暹罗有天主教传教的绝对自由，赋予神学院学生与佛教僧侣同等的免除赋役权利，规定当地天主教徒可以在礼拜日和宗教节日停止工作，并且天主教徒的诉讼将由特别官员单独审理。而第二份协议与贸易相关，豁免了法国一切进口税，并且在部分地区获得贸易垄断权。这两项条约中法国占尽好处，肖蒙骑士代表法国政府欣然签字，但阿瑜陀耶一方签字的却并非那莱王本人，而是华尔康。这导致法国方面都对这两个协议存有怀疑态度，认为华尔康有可能未经那莱王批准便签署了协议。法方历史文献记录了当时使团成员的观点，"这些宗教和贸易协定肯定无效，因为条件如此苛刻以至于根本不可能实现。"这说明这些协议很有可能是华尔康欺上瞒下的杰作。

无论如何，法国使团带着以上协议返回了欧洲。华尔康还写了一封密信，委托使团中的塔查尔（GuyTachard）神父交给路易十四国王。在信中他提出了暗中帮助法国将宗教和贸易影响力扩展至阿瑜陀耶的方案，其中第一点他希望法国派遣60—70名学识渊博、擅长文武治国的人物前往阿瑜陀耶，华尔康将通过自己的影响力，将他们逐渐扶持至宫廷中的重要位置上，从而实现对国家政务的完全控制。第二点，华尔康建议法国派兵占据并且加强南部宋卡地区的要塞。他的这两点计划其实已经展现了他的狼子野心，当时由于阿瑜陀耶国内已经展现出了较强的对外国人的反感，1686年在望加锡地区就曾爆发穆斯林叛乱，而许多佛教信徒也参与其中，表示对天主教传播的不满。这些动荡可以说就是针对华尔康和他背后法国势力的，这使他的位置岌岌可危。此时他已经意识到，那莱王已经年迈，依靠他的宠幸自己无法走得更远，于是他极力主张引入法国军力来保护自己的利益。

路易十四国王接受了华尔康的驻军建议，而且更进一步，希望直接管辖暹罗湾的曼谷港以及安达曼海一侧的墨吉（Mergui）。他派出使团的同时也派出了 1400 人的军队和 6 艘军舰，于 1687 年抵达湄南河河口。他们抵达后先与华尔康联络，转达了法国国王以及罗马教皇对他的赞赏，为他封爵授地，还送上大量礼物。华尔康感恩戴德，不顾阿瑜陀耶的利益，一心为殖民者服务。

当时法国军队得到了国王的明确指示，如果谈判不成，则应直接进军曼谷。此时的法国人已经不再遮掩，将自己殖民者的本质暴露无遗。那莱王召开紧急御前会议，商讨对策，最后在华尔康的极力劝说之下，他同意了法国人驻军曼谷和墨吉的请求。法国军官谢·德法热斯（MashalDesfarges）担任驻暹法军的总司令兼曼谷行政长官；另有军官带领 120 名法国士兵进驻墨吉。与此同时，国王近卫军和贵族大臣的卫士队伍中也安插了许多法国军官，可以说阿瑜陀耶的武装力量已经几乎被法国人控制了。那莱王此前曾与多方势力周旋，保得王国安宁，但在晚年由于错信华尔康，导致引狼入室。用法国人制衡荷兰人和英国人的做法，本身便是以毒攻毒，一旦出了差错便可能导致丧权辱国。

1687 年法军进驻阿瑜陀耶的事件严重伤害了暹罗人民的民族情感，国内产生了严重的排外情绪，这种情绪从民间到宫廷中都蔓延开来，以至于矛头不仅针对华尔康以及他背后的法国军队，连错信华尔康的那莱王本人也被牵连进来。这导致了 1688 年帕碧罗阁领导的宫廷政变。

## 1688 年驱逐法国殖民者

1687 年，法国军队进驻曼谷和墨吉两大港口，当地的军事和行政长官都换成了法国人。与此同时，国内亲法派的华尔康势力越来越大，凭借法国人的支持已经有逐渐超过本土贵族阶层的势头。当时的阿瑜陀耶宫廷内外都岌岌可危，眼看就要完全沦为法国人在远东的殖民地，丧失独立自主的地位。

而在此民族存亡的关键时刻，那莱王于1688年病情加重，于是下一任国王的人选便成为决定王国未来命运的关键。当时有资格继承王位的人共分为三方势力，每一方都设法争夺王位从而控制国家未来的走向。

第一方是国王的两个弟弟，亚派耶脱（Aphaiyatod）王子和诺伊（Noy）王子，他们都是巴沙通国王的儿子，与那莱王同父异母。早在那莱王继位之初，宫中就曾有兄弟篡位的戏码上演，这两名王子虽然没有参与，但那莱王对他们并不信任，因此从未将副王的位置授予他们任何一人。而且这两位王子自己也不够争气，亚派耶脱（Aphaiyatod）王子还有一个名字叫"跛脚王子"，因为他从小身体残疾，而且他性格顽劣暴躁，毫无君王之气。而诺伊（Noy）王子倒是风度翩翩，但曾经因与国王的一名嫔妃有染闹出丑闻而受罚，也不在那莱王的考虑范围内。这两位王子背后的支持势力不强，因此并不被看好成为王国的继承人。

第二方支持的是国王的养子——比（Piy）王子。据外国传教士记载，那莱王只有一女，没有王子。而这位比王子的来历非常模糊，历史中并没有清晰的记载。有人说他是那莱王的亲生儿子，早年被送出王宫躲避政治斗争，长大后才接回宫中；也有史书中记载比王子是一名大臣的儿子，被那莱王认为义子。无论他的出身如何，这位比王子非常讨那莱王的欢心，可以在国王脚边服侍他睡觉，向外传达国王的命令。由于他身形极其矮小，那莱王总是称他为"小矮子"。这位"矮子"王子背后的势力正是华尔康以及外国贵族们，而且还改宗信奉了基督教，更是被华尔康视为继承王位的不二人选，一方面可以实现法国人通过宗教控制阿瑜陀耶王室的目标，另一方面比王子政治能力不强，可以当作傀儡。

最后，第三方争夺王位的继承人名叫索拉萨（Sorasak），据记载他是那莱王在征讨清迈王国后迎娶兰纳公主为妃，与她生下的孩子。但这位清迈公主身怀六甲时便被那莱王赐给了象队统帅帕碧罗阁（Phetracha），因此索拉萨出生后便认这位将军为父。帕碧罗阁的身份并不简单，他是那莱王乳娘的儿子，两人从小一起长大，而且他的妹妹也嫁给那莱王为嫔妃之首，更是让他也成为王室成员。此后他成为那莱王手下带领亲王派臣子制衡华尔康的主要人选。索拉萨长大成人后，那莱王承认了他的王子身份，但却没有赐他王室成员应有的爵位。在争夺王位的过程中，索拉萨得到了义父帕碧罗阁的支持，朝中也有不少本土大臣暗中支持他，因此当时他的势力与外国人支持的比王子不相上下。

1688年春天，那莱王病情加重，三方势力都意识到这可能是关乎王国未来走向的最后决战了，各自暗中摩拳擦掌。当时那莱王在华富里建造了新王宫，并且长期在此居住，华尔康支持的比王子也在此服侍。帕碧罗阁先是假传圣旨，邀请国王的两位弟弟从都城来到华富里商讨王位继承之事。这两位王子刚刚抵达就被抓捕起来，并以杖刑处死。之后帕碧罗阁又带领军队闯入王宫，抓捕比王子。比王子无路可逃，只得大喊向那莱王求救，但被当场处死。他没有被按王室礼仪处死，说明帕碧罗阁并不承认他是那莱王的亲生儿子。但那莱王听到了义子的惨叫，挣扎着起床问："谁在对小矮子做什么？"但再也没能听到回答。

此时华尔康一派却显得有些后知后觉，有传教士记载，华尔康早就意识到帕碧罗阁要发动政变，但他轻率地认为对方起码要用一个月到六周的时间来召集人马，而他凭借法国军队的支持可以轻松获胜。谁知帕碧罗阁得到了多方势力支持，受外国官员排挤的大臣、受天主教影响的僧侣，以及广大信仰佛教的民众，都纷纷支持他驱赶外国势力。当华尔康赶到华富里的王宫时，已经为时过晚，他的队伍被帕碧罗阁击溃，他自己也被抓捕处死。

至此，三派争夺王位的势力只剩下一派，索拉萨王子成为唯一的继承人人选，王国内部的局面已经平稳下来。但法国人仍不甘心，试图保有曼谷和墨吉的根据地。法军统帅德法热斯决定在曼谷对岸的吞武里与阿瑜陀耶军队开战。帕碧罗阁见状命令军队包围吞武里，并且堵截前来增援的法国舰队。整整两个月的保卫战之后，法军弹尽粮绝，只能主动求和。双方于1688年9月30日签署了停战协议，标志着阿瑜陀耶此次反抗西方殖民者运动的胜利。协议规定阿瑜陀耶释放法国人质,而法军归还此前占据的港口,全部撤出暹罗。帕碧罗阁宣布,不许法国人再来到阿瑜陀耶,此后15年,法国人再也未能踏足这片土地。

在两军对垒期间,那莱王于7月11日驾崩。索拉萨王子虽然是继承人,但他将王位献给了义父帕碧罗阁,自己则担任副王。帕碧罗阁登基后成为阿瑜陀耶的第28位国王。他不是王室血统,因此他的登基标志巴沙通王朝的终结。自他起,阿瑜陀耶进入了最后一个王朝——班普銮王朝(Ban PhluLuang)。"班"在泰语中的意思是村庄,班普銮其实是素攀武里一个村庄的名字,这里是帕碧罗阁出生的地方。以这个名字命名阿瑜陀耶的最后一个朝代,多少也带有一些潦草的意味,或许也暗示着这个曾经辉煌一时的王国即将走向惨淡的末路。

## 班普銮王朝

帕碧罗阁于1688年7月登基成为阿瑜陀耶的国王。其实当年5月份,那莱王还在世时,他便已经控制了王国的政权,但仍然耐心等待那莱王病重归天后才自登王位。虽然可以说他是出于家国大义发动政变,避免国家沦为法国殖民者的领地,但史书中始终记载他是一名篡位者。这也导致他的王位并不算稳固,他在位期间,国内爆发了多次政变。

比如那莱王的弟弟亚派耶脱王子被处死后,他手下一名名叫"昙天"(Thamtian)的官员逃脱了惩罚,他逃到了农村地区,假扮亚派耶脱王子招揽兵马杀回王宫。亚派耶脱王子生前除了被称为"跛脚王子"以外,还有一个绰号叫"痣王子",因为脸上长了一颗醒目的痣。平民百姓并没有见过王子,只听说过这个名字。于是昙天在脸上贴上一颗痣假扮王子,说自己功德无量,不会轻易死去,果真吸引了一众平民与他共同起事。当时参与此次政变的人数极多,一路凭借锄头镰刀等农具杀到了都城阿瑜陀耶。但毕竟这些平民都没有受过专业训练,面对王室的军队而败下阵来。但这次起义被史书记载下来，是阿瑜陀耶王朝中非常罕见的一次平民起义。这在一定程度上说明，当时的底层百姓对那莱王的正统血脉十分忠诚，同时他们在这贸易大潮中并没有获得太多的生活条件改善，大量的财富都被王公贵族或是外国商人赚走，因此他们才会铤而走险。除了此次"昙天政变"，帕碧罗阁在位期间呵叻府也发生了两次政变，但都在副王索拉萨的支持下解除了危机。

王国内部的危机虽然解除了，但外部仍充满风险。帕碧罗阁内心明白，法国人虽然刚刚吃了亏，但如果他们再从本土增派军舰火炮过来，阿瑜陀耶估计难以抵挡。于是他继位后再次与荷兰人签订了贸易合约，希望修复与荷兰人的关系，从而打消法国攻打阿瑜陀耶的意图。而且，王国每年有大量的原材料、林产品出口，能够为国家带来收益；同时，西方商人带来的金银、印度棉布、中国丝绸等，也使得阿瑜陀耶内部的交易市场分外活跃。如果彻底闭关锁国，必然会带来极大的损失。因此在权衡多方利弊之后，帕碧罗阁谨慎地与荷兰东印度公司开展合作。但无论如何，此前法国人的事件使得阿瑜陀耶难以再度信任西方人，双方的合作困难重重，彼此失望。自此阿瑜陀耶开始了"自我封闭"的时期。

这一时期阿瑜陀耶的海外贸易伙伴主要是中国和日本的商人。其实自那莱王起，阿瑜陀耶与中国的贸易便慢慢频繁起来。由于清朝政府取消了海禁政策，大量的华人商人涌入东南亚开展贸易，许多华人在这一时期进入阿瑜陀耶的土地落地生根，形成了一次华人移居暹罗的高潮。据不同学者估计，到17世纪末仅仅在都城阿瑜陀耶居住的华人便有3000—4000人。他们形成了自己的聚居区，并且将中华文明的许多元素带入暹罗，更是对当地社会文化产生了重要影响。

帕碧罗阁在位15年，这是阿瑜陀耶王朝较为动荡的一段时期，但这些来自内部外部的威胁都被一一化除了。1703年，帕碧罗阁驾崩，虽然他与那莱王的妹妹诞有王子，但他还是将王位传给了副王索拉萨。索拉萨当年和帕碧罗阁一同发动政变，处死了所有竞争对手。虽然索拉萨的身世未经确认，但大部分人都认为他是那莱王的私生子，因此他在一定程度上是有继承权的。相传1688年的政变中，这位索拉萨才是真正的核心力量，但由于他从小由帕碧罗阁抚养，为了表示尊重便请义父先登王位。帕碧罗阁在位期间，他也是朝中势力最大的人，因此他接替王位并未受到太大的挑战。

索拉萨登基后号"讪佩八世王"[1]，但更为知名的是他的另一个名字"帕昭瑟"，意思是"虎王"。这个名字初听霸气威风，但实际上百姓这样叫他是因为他"凶恶如虎"。泰国多个版本的纪年史记录了他的恶劣行径，包括终日饮酒、奸淫幼女等。他残暴成性，如有人胆敢不顺从他，就很可能被他用剑刺死或者活活踢死。这位"虎王"在泰拳方面颇有造诣，年幼时便开始修炼功夫，时常与人打斗。但作为君主，这种武艺被用于欺压大臣和平民，实在是令人愤慨。由于"虎王"不得人心，朝中大臣以及民间百姓对帕碧罗阁的亲生儿子——昭帕宽（PhraKhwan）寄予厚望。这位昭帕宽是那莱王妹妹与帕碧罗阁所生，身上携带了前朝明君的血脉，因此备受尊敬。这引起了"虎王"的不满，于是设下计谋暗中将他处死，从而确保自己王位的稳固。

"虎王"和昭帕宽的故事在其他版本的记载中可能稍有出入，有人认为在帕碧罗阁驾崩前，"虎王"作为副王就处死了昭帕宽，以确保自己能够登上王位；也有人说是"虎王"登基后，昭帕宽暗中酝酿叛变，才招致杀身之祸。

"虎王"帕昭瑟是阿瑜陀耶王国的第29位国王，在位仅仅5年便去世了。接替他登基的是他的儿子，讪佩九世——太萨王（Thaisa）。太萨这个名字原本是王宫中一座小型宫殿的俗称，这座宫殿由那莱大帝所建，位于王宫中的水池中央，四面环水，是平日王室休闲娱乐的去处。这座宫

---

[1] 讪佩一世至四世分别是摩诃·昙摩罗阁、纳瑞萱大帝、厄伽陀沙律王、席绍瓦帕王，此后颂昙王未再沿用这一尊号，直到巴沙通王、昭法猜王以及室利素昙摩罗阁三位国王分别号讪佩五世、六世和七世。

殿原名班庸拉塔纳宫（BanyongRattanat），由于其地理位置，被百姓称为"太萨"宫，意思是"池边"的宫殿。汕佩九世登基后酷爱钓鱼，于是干脆住在这座偏殿中。百姓因此称呼他为"池边的国王"——太萨王。由于钓鱼的爱好，他还得到了比如"钓鱼王"之类的其他绰号。

太萨王登基后将他的弟弟帕昭鹏（PhrachaoPhon）立为副王。两人比赛一般地在阿瑜陀耶城新建或修缮佛塔，现今遗留的古迪道寺（Wat Kudi Dao）和玛哈永寺（Wat Maheyong），都是在这一时期得到了重新修缮。

太萨王在位期间，王国逐渐从帕碧罗阁时期的自我封闭中走出来，外交和贸易往来逐渐频繁。太萨王四次遣使出访中国，和清朝政府之间进行了多次朝贡贸易，扩大了双方的经贸交易规模。1710年，柬埔寨产生了动荡，国内一部分势力希望向越南阮氏臣服，吸引了越南军队来攻打柬埔寨。太萨王出兵挫败了敌方的计划，确保柬埔寨仍然是阿瑜陀耶王国的属国。

太萨王在位共22年，在他病重临终时，决定将王位传给自己的儿子——帕昭阿派（PhrachaoApai），这让太萨王的弟弟帕昭鹏十分不满，此前他长期担任副王，按理应该是第一顺位的继承人。因此阿瑜陀耶王朝又一次见证了叔侄争夺王位的场面，而且此次战争是阿瑜陀耶王国建立以来最大规模的一次内战，导致大量平民死去，甚至王宫都在战斗中遭到了损毁。战斗的结果是叔叔获胜，太萨王的儿子帕昭阿派连同他的支持者都被处死。

帕昭鹏1732年登基，被称为"波隆摩谷王"（Borommakot），成为阿瑜陀耶王朝的第31位国王。他登基后立即对帮助自己坐上王位的臣民论功行赏，许多贵族获得了爵位和职位的提升。为此，他将原本朝堂中的财务、田务、宫务、城务四部扩充为十二部，一方面是为了奖赏功勋大臣，另一方面也是为了分散权力。但这一举措使得国内的平民力量分散为多个部分，导致此后在面对外敌时，难以调动作战力量，加速了王国的覆灭。

波隆摩谷王在位的26年，是阿瑜陀耶王国最后的和平时期。王国在文学、艺术、宗教等方面都展现出欣欣向荣的面貌，映照着帝国日落前的最后余晖。波隆摩谷本人就是一位诗人，他创作了多部传世的克龙体诗歌作品。波隆摩谷王子嗣颇多，不同版本的史书记载他共有19到24名子女，而在《阿瑜陀耶口述史》（Ayutthaya Testimonies）①中，更是提及波隆摩谷王有108位子女。这些子女中不乏才华横溢者，比如长子探玛提贝（Thammathibet）王子，不仅被波隆摩谷王钦定为副王，同时也是一位流芳百世的著名诗人。他擅长多种格律严谨的诗体，尤其擅长创作嘎体（Gab）诗歌，还开创了"嘎体巡舟曲"这一新的诗歌体裁。但或许是自古才子多风流，他和父王的多位妃子有染，最后被杖击致死。除了探玛提贝王子以外，还有多名王子公主由于各种原因被波隆摩谷王处死。这也使得阿瑜陀耶王室内部产生了混乱和动荡。

## 王国的末日

波隆摩谷王处死了探玛提贝王子之后，主要的继承人人选还有两位王子。二王子名叫"厄伽陀"（Ekkathat），在泰语中的意思是"独眼"。因为他从小患有麻风病，民间则常称他为"麻风王子"。阿瑜陀耶纪年史中写道，波隆摩谷王认为这位厄伽陀王子"愚笨懒惰，缺乏智慧，若立他为副王，国家将遭受灾祸"。于是，国王将他赶走，命他出家不要碍事。

三王子大名叫"武通贲"（Uthumphon)，但人民更喜欢称他为德（Duea）王子。在泰语中，"德"这个字意思是无花果。当三王子的母亲怀他时，有人向波隆摩谷王敬献宝物，是无花果结出的花朵。在佛教文化中，"无花果树里寻花"，这句话的意思是寻找不存在的东西，无花果之花则是极其罕见的珍宝。波隆摩谷王大喜，认为腹中的胎儿定是世间难得的人才。

当波隆摩谷王病重时，他决定略过二儿子厄伽陀王子，直接将副王的职位交给了武通贲王子。但实际上这两位继承人都不适合做国王：二王子

---

① 此书是在阿瑜陀耶王国灭亡后，对迁居缅甸的泰人战俘的采访整理文本。其中内容并非官方记载，带有一定野史性质。

能力不足，但野心勃勃；三王子聪慧伶俐，但无心治国。当时厄伽陀对国王的决定十分愤慨，他认为自己是哥哥，理应继承王位；而武通贲也有同样的想法，认为应该由兄长继位。但在波隆摩谷王的强烈坚持下，两位王子只能按照父王的旨意去办。

1758年，波隆摩谷王驾崩，三王子继位成为阿瑜陀耶的第32位国王，号"武通贲王"。但与此同时，并不甘心的厄伽陀则早就做好准备，脱离了僧籍，在另一座宫殿的王座上宣布登基。武通贲王本就无心称王，见状就将王位拱手让给了兄长，自己则入寺修行，在位时间仅仅10天。

厄伽陀继位后，成为阿瑜陀耶王朝的第33位国王，也是最后一位国王。当时朝中的贵族和大臣对厄伽陀王皆有不满，其中一些人悄悄商议除掉厄伽陀，然后邀请武通贲重新登基。但武通贲对此并没有兴趣，他向兄长禀告了这些人发动政变的意图，并且帮他们求情。最终这些忠诚于他的大臣免于死罪，但大多都被监禁或流放。从这一事件可以看出，武通贲王是一位少有的能够抵抗王座魔力的继承人，并没有为了王位与亲人反目成仇、刀兵相见，反而是风轻云淡，出家修行。如果他能担起重任，励精图治，或许阿瑜陀耶王国最终的结局会有所不同。但历史不能重写，他的散淡在某种程度上导致了王国最终的破灭，史书对他的评价同样不高，将他戏称为"寻庙王"（KhunLuang Ha Wat）。

就在阿瑜陀耶王国内部乱作一团时，老对手缅甸国内发生了王朝的更迭。1752年，缅甸的孟族人起义，导致了东吁王朝的覆灭。此后，一位新王雍笈牙（Alaungpaya）带领缅族人再次奋起驱赶了孟族人，建立起了贡榜王朝（Konbaung Dynasty）。他率领大军横扫缅甸诸邦，于1756年基本统一了整个缅甸。趁其军威正盛，雍笈牙将矛头指向与缅甸已经相安无事近百年的邻国阿瑜陀耶。1760年，缅甸借口清扫暹罗境内的孟人，派出水陆两批大军，从西边开始侵略阿瑜陀耶。此时的新王厄伽陀对此却毫无防备，暹罗人的军队节节败退，很快缅甸大军便长驱直入，包围了阿瑜陀耶城。

面对缅甸大军，阿瑜陀耶朝廷之内的大臣以及民间的百姓纷纷请求武通贲王从寺庙返回朝堂,指挥军队保家卫国。厄伽陀王也深感自己无力抗敌,只得邀请弟弟出山治国。大敌当前,武通贲王无奈离开寺庙,重新整治朝堂。他先将朝中为非作歹的朝臣治罪,然后着手募集兵力,准备粮草,修建防御工事。在双方枪炮互射的战场之中,他骑着战象指挥部队英勇作战。可以说在此次战斗中,他负责了从前线到后勤的种种事务。皇天不负有心人,缅甸大军在包围阿瑜陀耶城数月后突然撤军。缅甸的《琉璃宫史》中记载,由于大帝雍笈牙身体不适不得不撤军,也有其他学者认为缅王是被炮火所伤,最终在返回缅甸的途中便猝死了。缅甸侵略阿瑜陀耶也暂时停止。

王城之围终于解除,全国上下所有人都感到欣喜。只有一个人对此并不高兴,那便是厄伽陀王。在此次战争中,弟弟武通贲表现出了优秀的治国、治军能力,而自己则毫无表现。这不得不让人回想起当初波隆摩谷王的决定,认为三王子才是真正应该坐上王位的人。这些想法始终困扰着厄伽陀王。

再说武通贲王,他带领军队获得了胜利,自己也获得了极大威望,或许是取代兄长坐上王位的好时机,但他是绝不愿与兄长反目的。一天他接到国王的征召,前来觐见。进门后,他看到厄伽陀王把宝剑脱下倚在腿边,很快便明白,兄长已经不欢迎自己,甚至起了杀心。于是他再一次辞别俗世,皈依佛门。

然而好景不长,仅仅5年过后,雍笈牙的儿子辛标信(Hsinbyushin)为了继承父亲的遗志,再次向阿瑜陀耶发兵。当时缅甸的军队拥有100头大象、两万名步兵,10个骑兵营带着1000匹战马,于1764年年底出征。此次缅甸军队并没有从西边出击,而是先占领了北部的清迈,以及老挝的琅勃拉邦,然后继续向阿瑜陀耶进军。

缅军所向披靡,行军速度极快,以至于接近兵临城下时,厄伽陀王才匆忙布置军队迎战。结果自然是一场惨败,大量士兵和大象、火炮都被缅军掳走。除了布置军队以外,厄伽陀王只能寄希望于佛祖保佑。他在位期间便热衷于佛法，大力修缮寺庙，从不缺席讲经。此时面对强大的敌人，他不想如何抗击，唯一的想法是提前将都城之外寺庙中居住的僧人全部接进城内，而他的弟弟武通贲也在此列。听闻武通贲回归，各路大臣以及平民百姓纷纷跪请他再次出山，拯救王国于水火。他作为僧人，沿路接受布施时，都有大量百姓写信呈递给他，恳请他再登王位。但此次他未再动心还俗。

厄伽陀王没有了弟弟的帮助，只能祈求雨季赶快降临，希望洪水能赶走缅军。但此次缅甸军队早有准备，他们占领了城外高地，征集当地船只，在洪水之中仍然持续攻城。面对围攻，阿瑜陀耶军队曾经组织了一次大规模的出击，兵分六路出兵作战，但仍然被缅军击败。军队主将战死沙场，守城军队急忙关闭城门。留下许多兵将无法返回都城，只得率军尝试突围。其中有一支由披耶达信统领的部队杀出重围，来到了王国的东南沿海地区。在当地华人的支持下，保存实力，等待有朝一日能够复国。

缅甸军队对阿瑜陀耶围攻不下之时，不愿莽撞行事，决定在周边村庄搜刮粮食、抓丁。这激起了当地民众的不满，虽然国家的领导人无力抗敌，但是人民自行组织武装，与缅军展开了殊死搏斗。在这期间有一段佳话流传至今，便是邦拉占（Bang Rachan）勇士的传说。邦拉占是个位于阿瑜陀耶城北方信武里府的小村庄，周边地区的多名武士汇集到这里，与缅军打游击战。据说邦拉占是一个易守难攻的村庄，当地的村民和武士多次在战斗中痛击缅军，名声远扬，吸引了越来越多的仁人义士前来投奔，最终形成了一支千人以上的武装力量，其中有 11 名武士作为领袖。他们与缅军展开了七场大战，虽然付出了惨重代价，但都获得了胜利。最终缅军不得不从阿瑜陀耶城周边调来大炮，修筑工事，攻下了这一座小村庄。面对强敌，邦拉占向阿瑜陀耶王城求助，但国王也是泥菩萨过江，无暇顾及这边的惨状。邦拉占 11 名领袖之一乃通勉（Nai Thong Min）在愤懑之中，痛饮一番，骑着白色水牛冲入敌阵当中奋勇杀敌，最终死在战场上，这一幕成为泰国后世家喻户晓的传奇。在这一事件后，邦拉占勇士的领袖们逐个战死，最终这一村庄也被缅军彻底歼灭。虽然没能击败缅军,但据传说这一个小小的村庄将缅军牵制了整整五个月,为阿瑜陀耶的守备减轻了压力。这段故事被记录在史册中、故事中和文学作品中,也愈发具有传奇色彩。我们现在所看到的版本中究竟有多少成分是真实的,已经难以判断。但可以确定的是,这一段历史在后世成为凝聚泰国人民族精神的一段佳话。

说回阿瑜陀耶城方面,缅军将这座都城围困了整整14个月。城中弹尽粮绝,王国官方抵抗缅军的努力宣告失败。1767年的4月7日,阿瑜陀耶城沦陷,这一天正值暹罗人传统的新年——宋干节。一个本该欢乐祥和的日子,阿瑜陀耶城变成了一片火海。

王国的最后一任国王——厄伽陀王,在缅军攻破都城之后慌忙逃窜出城,有人说他在路上仓皇躲藏,艰难困苦,最终去世,当地村民将其埋葬。也有人说缅军发现了他的踪迹,当时他已经饿了十天,刚刚被带回军营便去世了。无论如何,这位末代国王的下场可称凄惨。而武通贲王作为出家僧侣,被缅军俘虏而带到缅甸阿瓦城。缅王要求他还俗,与其他阿瑜陀耶王室成员居住于阿瓦城城郊。他于1796年于当地去世,再也未能回到故乡。

自此,延续了417年的阿瑜陀耶王朝落下了帷幕。无数次的王位争夺和外敌侵略,让这个曾经辉煌强盛的古国变成了一片残垣断壁。缅军破城后,在城中大肆奴役百姓,搜刮财产,长达十天。长时间以来,泰国人将其视为国家历史上的耻辱。教科书中曾经这样描述:"这些贪婪罪恶的胜利者,将一切都摧毁了。佛寺庙宇,连同缅甸人自己的信仰,都一起被摧毁了。镶金的美丽佛像被大火熔炼,或被截割成碎片带走。"因此泰国人对缅甸人愤恨至今。但此后,泰国也有历史学家发出了不同的声音,从西方人的记录和一些考古发现中得出结论,认为当时缅甸人的确搜刮财产,但离开阿瑜陀耶时并没有摧毁整座城市。这座古城之所以变成废墟,主要是因为围城期间大量权贵将无法带走的财宝在城中掩埋起来。当缅军走后,当地人为了挖掘这些财宝抢红了眼,破坏了宏伟的宫殿,烧毁了美丽的庙宇。

但不论如何,阿瑜陀耶这一座凝结了数代暹罗人智慧的伟大城市,已经化为废墟，成为泰国历史中璀璨而又令人遗恨的一颗明珠。

## 四、阿瑜陀耶王国的外交与文化发展

### 王国统治的进步

回顾整个阿瑜陀耶王国发展历程，从兴起到衰落共延续了417年，这期间历经乌通、素攀、素可泰、巴沙通和班普銮5个朝代33位国王，是迄今为止泰国历史上延续时间最长的王朝。最初阿瑜陀耶的兴起，得益于其得天独厚的地理环境，此地土地肥沃，物产丰富，生产稻米，同时又是河流交汇地区，交通便利，为王国提供了良好的经济和贸易条件。而且阿瑜陀耶最初建国时，西部的缅甸蒲甘王朝、北方的素可泰王国以及东部的吴哥王朝都逐渐走向衰落，为阿瑜陀耶的兴起提供了良好外部条件。

在此后四个多世纪的统治中，古代暹罗以阿瑜陀耶城为中心，控制范围不断变换。疆域最辽阔时，将北方的兰纳王国、东部的柬埔寨王国、南部的马来半岛，乃至西部缅甸的部分领地全部纳为臣属附庸，但势力最弱时，也曾经沦为缅甸王国的附属国，丧失独立地位长达15年之久。可以说这400余年，阿瑜陀耶王国是在连年战争以及战争间的喘息中度过的。而近邻缅甸便是暹罗最大的对手。据史书记载，阿瑜陀耶王朝时期，暹罗与缅甸曾经爆发了24次大大小小的战争，双方互有胜负，但整体来说缅甸人还是占据了优势，其中最大的两次军事行动都导致了阿瑜陀耶王城的陷落。第一次是白象王至纳瑞萱大帝时期，从缅甸进军，王城陷落到最后重新复国，前后经历53年；第二次则是1760年缅甸贡榜王朝国王雍笈牙来袭，最终于1767年导致阿瑜陀耶灭国，四百余年的古都最后在大火中成为一片瓦砾。

虽然常年处于战火的洗礼中，但阿瑜陀耶王朝时期仍算得上是泰国历史上封建政治统治进步的重要时期。早先的素可泰王国时期，国家从原始社会逐渐演变成了封建社会，有了成文的法律条文，并且社会中已经出现了明显的阶级分化。但大体来说，当时的阶级分化仍不明显，普通百姓想要向国王诉苦也可以直接"敲钟鸣冤"。而阿瑜陀耶王国的统治则逐渐强化了封建统治，尤其是通过法律的形式将"萨迪纳"制度固定下来，更加确认了原有的封建关系。萨迪纳制度的基石是关于土地归属的划分，泰国历史上国王都被称为"帕昭片丁"（Phra ChaoPhaenDin），意思是"土地之主"。这充分说明了，暹罗的所有土地都归属于国王，任何对土地的交易和买卖都是非法的。萨迪纳制度规定，国王直接占有一部分土地，其余土地则按照各自的身份和等级分封给全国的大小领主。这些封建主同样直接占有一部分土地，然后将大部分土地分封给自己手下的官员和头领。按照戴莱洛迦纳王时期的法律规定，地位最高者可以封地10万莱，而经过层层分封之后，最低者只有5—10莱。虽然这一制度中，看似所有人都获得了"对土地的权利"——这也是泰语中"萨迪纳"的本意，但实际上封建主和农奴对土地拥有的是不同权利。封建主只占有土地，分封土地，并不亲自劳作，依靠农奴阶层的税负和劳役积累财富，而为数众多的平民和奴隶需要在土地上辛勤劳作，在上交税负后勉力维持生计。萨迪纳制度不仅是管控全国土地的制度，同时也将身为劳动者的农奴捆绑在土地上，他们必须依附于某一个封建领主才能获得生产资料，否则便将沦落为奴隶。因此萨迪纳制度对于统治者来说是一个较为有效的统治制度，同时将土地和人力牢牢把控在中央权力之下。

在萨迪纳制度之下，国家的权力结构以及官职爵位的等级划分也更加细致。阿瑜陀耶王国建立初期，全国各地城邦以王城为中心被分为三个等级。阿瑜陀耶城周边的数个城市，包括华富里、素攀武里等，是王国的核心势力范围，主要任命王子或其他皇亲国戚前去统治；再向外一圈的城市，属于被王国控制的城市，承认王国的宗主权，但仍由当地家族统治；最后是王国势力范围最边缘的城邦，他们以附庸的形式向阿瑜陀耶臣服，但仍保有原本的统治者。随着阿瑜陀耶势力的发展，许多附庸国也被纳入了王国的统治之下，比如素可泰王国便是最明显的例子。此后中央王权的影响范围逐渐扩大，可以直接管控的领土面积也越来越大。为避免贵族或大臣拥兵自重，国王可以将手下大臣的封地分散于全国多处，从而使其力量无法凝聚，王国也逐渐形成了中央集权的趋势。

在宫廷内部，阿瑜陀耶王朝创设政务、宫务、财务和田务四个部，打理内政事务。此后，在15世纪中后期，又将以上四部降级，合并为内政部，同时另设军政部，从而达成了军政与民政的分离。两部皆有"昭披耶"等级的内政大臣和军政大臣主理相关事务，其下还有披耶、帕、銮、坤四个级别的官吏。这一制度使王国的内部统治更加规范，职责更加清晰。地方封建领主需要接受中央行政大臣的管辖，使得王国的权力进一步向中央集中。

除了以上政治体制改革，逐渐完善的兵役制度、佛教与王权的紧密结合，都促使阿瑜陀耶王国的统治逐渐稳固。

## 王位传承的魔咒

纵观阿瑜陀耶王国400余年的历史，出现最频繁的事件便是王位的争夺。王国初期时，主要是乌通和素攀两大家族的争夺，王位在这两个家族中轮流传承。王国的前6位国王中，两大家族各占3席，其间共发生了3次政变，最终素攀家族获胜。但此后素攀家族内部又爆发争夺，王国第7位国王——萨帕亚王的两位兄长鹬蚌相争，双双战死。此后从第11王阿滴耶旺王到第15王摩诃·查克腊帕王，中间又经历了3次王位之争。缅甸大军趁乱进攻阿瑜陀耶，最终攻陷王城。阿瑜陀耶丧失了独立主权，素攀王朝也就此落幕，素可泰家族借机掌权。此后历经多年屈辱，王国终于在纳瑞萱大帝治下重获独立。但战事平稳后，王位争夺再度开启，甚至愈演愈烈。从第20王席绍瓦帕王被处死开始，再到21王颂昙王死后，其兄弟与他的两个儿子争夺王位，最后是巴沙通先后处死策陀王和阿滴耶旺王，自己篡位登基。素可泰王朝的每次王位更迭都伴随着血雨腥风，最终葬送了战后的大好局面，将王国拱手让人。但巴沙通王朝的国王们也未能吸取教训，巴沙通王死后，传位于王子昭法猜，9个月后便被自己的叔叔推翻统治。但王叔在位也不过3个月，便又被巴沙通王的另一个儿子那莱王处死。那莱王治下的阿瑜陀耶重现繁荣，但由于晚年病重时外国大臣华尔康祸乱朝纲，使得王位陷入了多方的争夺。最终第28王帕碧罗阁分别处死了那莱王的兄弟和儿子，篡位登基，开创了班普銮王朝，也是阿瑜陀耶最后的王朝。1703年帕碧罗阁驾崩后，阿瑜陀耶再次出现叔侄之间，兄弟之间的两次王位争夺。最后王国在一片混乱中，败给再度袭来的缅甸大军，葬送了阿瑜陀耶最后的荣光。

阿瑜陀耶王朝400余年的历史，33位国王，竟然发生了十余次争夺王位的斗争，其中有10位国王是在宫廷政变中被处死的。另有许多计划争夺王位的王子、王叔、贵族大臣，被挫败了计划后，未能登上王位便送掉了性命。可以说几乎每一次王位的更迭都暗潮汹涌，面临着动荡，一不小心便会落得个身首异处的悲惨结局。

这种王位继承的混乱不能单纯归结于人性的贪婪，诸多因素都导致了这一现象。首先，阿瑜陀耶王国内部缺少关于王位继承的法律规定。从无数惨案中都可以看出，对于王位的争夺不仅仅发生在王子之间，经常有国王的兄弟也会加入对王位的竞逐。其实从素可泰王朝开始，古代暹罗便没有明确的规定，究竟采用"兄终弟及"还是"子承父业"的继承办法，主要依靠国王任命继承人。但继承人能否服众，能否顺利继位都带有不确定因素，尤其当老国王行将就木、年老力衰时，他的任命是否能够压制其他野心勃勃的竞争者，是要被打上问号的。因此，在没有法律明文或传承惯例规定时，单凭国王的任命并不足够确保王位顺利传承，还需要被任命的继承者也足够强大。第二，暹罗土地上的国王虽然具有"帕昭片丁""土地之主"的地位，但其本身并不具有脱凡入圣的超然地位。虽然历代国王都积极修行佛法、修建庙宇，甚至通过文学作品宣扬自己为菩萨转世，但上座部佛教众生平等自渡的理念决定了国王本身的神圣性并不明显。这一点与古代高棉的"神王"传统，以及印度教和大乘佛教中的阶级观念都有区别。因此在阿瑜陀耶时期，王位变成了可以被争夺的对象，群雄逐鹿成为常态。强有力的君主自然可以稳坐王位，但如果国王或其继承人本身软弱，那就有可能被更有领导力的其他王位候选人所推翻。第三，萨迪纳制度不仅是土地分封制度，还是一种人力管理制度。当土地被分封给贵族时，农民与奴隶阶级也被捆绑在土地上一同交予封建主管理。虽然部分农奴直接归属于国王，被称作"派銮"，但其数量不及归属于各地领主的"派素姆"，再加上数量极大的奴隶阶级，全国人口中有大部分是直接归属于各地封建主管理的。这些人平日里向上提供税赋，战时则拿起武器成为士兵。虽然法律中规定，一旦爆发战争，全国的农奴都应为国王而战，但在王国内部的王位争夺中，各地贵族领主对他们有更加直接的指挥权。阿瑜陀耶王朝中后期不断试图改革这一制度弊病，比如将贵族的封地分散至全国各地，再比如将军民政务分开管理等，但这种分散的权力结构形成了一种对抗性的力量，不断抵抗中央集权的趋势。到了王朝后期，地方领主的权力逐渐缩减，他们的势力逐渐向中央汇集，形成了具有极大权势的贵族大臣阶层。比如巴沙通王、帕碧罗阁王都是权臣的代表，权贵大臣阶层的兴起使得国王的宝座日益丧失稳定，最终也导致了王朝的不断更迭。

## 阿瑜陀耶与中国的交往

阿瑜陀耶王朝的发展过程中，除了王国内部的政治体制得到发展，同时在对外交往方面也更加频繁，当时中国是阿瑜陀耶王国最重要的外交外贸伙伴之一。阿瑜陀耶王国建成于1350年，而中国明朝建立于1368年。虽然这两个朝代开始的时间相近，但明朝时的中国已经是一个成熟的封建帝国，而阿瑜陀耶是泰人建立的第二个统一王国，初步发展出封建社会的结构，在社会生产、对外贸易、政治体制等方面都不够成熟。因此，阿瑜陀耶王国希望得到明朝政府在政治经济等多方面的支持。而明朝建立之初，也需要向周边国家彰显实力，建立威信。在这样的双向需求中，阿瑜陀耶和明朝政府最密切的交往方式便是"朝贡"贸易。

朝贡贸易始于中国的元代，也就是暹罗的素可泰王朝时期。这一制度同时满足了双方的需求。中国的明清政府长期具有儒家重农轻商的思想，本身作为自给自足的经济体，无须对外开展贸易，但藩邦外国若是俯首称臣前来朝贡，则必定要恩赏有加，以彰显"天朝上邦"的气度。而阿瑜陀耶王国建国之初所建立的政权面临着内部地方势力的反叛以及邻国的威胁，亟须明朝政府的支持。此外，泰人也看到了朝贡行为的商业特性，由于明朝初期实行海禁政策，禁止民间海上贸易，朝贡便成为阿瑜陀耶王国重要的创收途径。每次前往中国朝贡的阿瑜陀耶使臣，总能获得高于朝贡品价值的赏赐，同时朝贡船只抵达中国海岸时，船上货物还可以获得税务减免的优待。许多货物在当地价格不高，但在中国却可以卖上数倍的价钱。于是阿瑜陀耶王国乐此不疲地向中国派遣贡船，船只上装载着犀角、象牙、苏木、胡椒、大米等当地物产，从而换回大量的丝绸、瓷器等奢侈品，供应给王国中的王公贵族。尽管明朝政府强调"入贡既频，繁劳太甚"，要求"三年一贡"，但阿瑜陀耶王国仍然频繁遣使来朝，从三年一贡，变成一年三贡。据《明实录》和《明史》的记载，明朝存续的276年内，阿瑜陀耶来中国朝贡高达110次，而明朝出使暹罗19次。

此后，随着17世纪清朝政权入主中原大地，阿瑜陀耶王朝的朝贡对象也自然转向了清朝政权。但清朝初年同样采取了海禁的政策。1652年，暹罗首次向中国的新王朝朝贡，并且请求通商，成为清朝时期第一个获准来华贸易的朝贡国。但清朝政府采取了一系列措施希望恢复"朝贡"的政治意义，限制商贸行为，比如康熙帝时期规定暹罗三年一朝贡，每次贡船数量为三艘，船员不超100人，除贡期外不准贸易，而且对船只和压舱货物收税。但那莱王时期，仍有种种方法尽量扩大朝贡贸易的体量，比如当朝贡船只从阿瑜陀耶出发抵达广州港后，部分人员需要携带贡品水陆兼程进京朝见，一般往返需要6—8个月时间。而这段时间内，留在广州的剩余人员便会提出要求返回阿瑜陀耶修缮船只。他们往返于海上时必须携带一定重量的货物，从而确保船只不会因为风浪而倾翻。8个月的时间足够这些船只数次往返于阿瑜陀耶和广州，此后更是形成了一次朝贡、四次航行、装载四批压舱货物的做法。每艘船只每次都能运送数百吨的货物，这为阿瑜陀耶提供了极大的利润收入。阿瑜陀耶的那莱大帝在这一时期与清廷之间多次书信往来，促成了这一局面。

到了18世纪上半叶，阿瑜陀耶和中国的贸易形式再次发生了改变。当时中国国内稻米产量不足导致全国米价大涨，东南省份时常出现饥荒。康熙皇帝听闻暹罗盛产大米，价格低廉，便要求阿瑜陀耶商人在朝贡之外运送稻米来中国贩卖。当时国内的米价在每石1—1.8两白银左右，而阿瑜陀耶运送来的大米只卖每石5钱，而且免税。此后数十年内，清廷从阿瑜陀耶收购了大量稻米，至雍正帝和乾隆帝时期虽有政策方面的波动，但稻米贸易仍是两国外贸往来的重要内容。至1754年，乾隆帝还出台政策，鼓励中国商人赴阿瑜陀耶购买大米，运送米量达到一定重量者还能封官晋爵，授顶戴花翎。

常年的朝贡贸易和大米贸易使两国之间的人员往来更加频繁，尤其从中国东南沿海省份迁居至阿瑜陀耶的人数大幅上升，并且在泰国形成了华人社区。在明、清两朝，中国官方长期实行海禁政策，除了官方贸易之外，禁止私人进行海上贸易，而移民海外也是非法行为。尤其在清朝初期，为了切断东南沿海省份反清势力和台湾郑氏的联系，海禁政策愈发严厉，违者可能会被"处斩枭示，全家充军"。但严格的海禁政策难以阻挡利益的诱惑，仍然有私人商贾通过种种渠道，私下开展对外贸易。康熙皇帝曾感慨地说"向虽严海禁，其私自贸易者，何尝断绝"。17世纪，西方殖民者在东南亚进行殖民开发，形成了世界性的贸易网络，这大大激发了东南亚当地经济水平的提升，同时也提供了大量的谋生致富机会。这使得中国东南沿海的商人和百姓可以冒着重重风险，前往东南亚开展贸易，甚至移民。

明朝隆庆年间，在资本主义和商品经济萌芽的背景下，曾在一段时间开放海禁。而此后随着清朝攻下台湾，中国和阿瑜陀耶开展大米贸易，也使得私人出海贸易合法化。每次海禁政策的放开都会是导致中国大量商人和生活贫困的农民移居海外，形成华人移民东南亚的高潮。而阿瑜陀耶是这次移民大潮中华人社会发展最快的地区，据估计，17世纪初，暹罗的华侨人数不足3000名，但至18世纪末19世纪初，也就是阿瑜陀耶王朝覆灭后不久，当地华侨人数可能多达数十万。

暹罗自古地广人稀，而阿瑜陀耶时期又赶上连年战事，因此当地对劳动力的需求较大。每次战争过后，最重要的战利品就是当地的劳动力，因此都要千方百计将俘虏驱赶回国内。而华人的到来恰恰满足了当地对于劳动力的需求，因此阿瑜陀耶王国始终对华人移民持有欢迎的态度。而且阿瑜陀耶虽然受到了西方殖民者的影响，但始终未被其完全控制，因此在十七、十八世纪东南亚其他地区时有发生的西方殖民者屠杀华人事件，在阿瑜陀耶从未出现过。这都使得阿瑜陀耶成为一个华人移民的好选择。

另一方面，阿瑜陀耶时期的萨迪纳制度，使得平民和土地被紧紧捆绑在一起，平民不能随意迁徙，也不能去外地经商。而华人来到阿瑜陀耶后，不受名下土地的限制，可以随意来往，辗转各处做生意，成为阿瑜陀耶第一批自由民，形成了华人商人阶层。他们不仅在民间从事贸易，还在阿瑜陀耶与中国、日本以及东南亚其他邻国的贸易中发挥了重要作用。当时在阿瑜陀耶的华人中，大部分都以经商为生。来自同一地域的华人大多聚集居住，形成了当地的华人社区，他们保留了在中国的生活习惯和文化风俗，以同乡会、宗亲会、行业工会等形式组织在一起，将中华文化传播至暹罗大地上。

他们的语言文化、生活习俗、宗教信仰都在当地形成了巨大影响力，一直延续至今。比如在语言方面，泰语与中国南方傣语、壮语本就同源，许多涉及原始自然环境、农业生产的词汇在千百年前产生，之后随着人口的迁移产生了一些音韵上的变化，但仔细辨别还是能够听出其中的相似之处。比如泰语和壮语中，风、雨、星星、吃饭、兄弟这一类比较古老的词汇发音都是类似的。而阿瑜陀耶王朝时期，移民至此的华人主要带来的是生活方面的词汇和用语，而且这一阶段的移民高潮主要源自中国东南省份，因此当地的潮州、客家、闽南方言也被传入泰语体系中。尤其在饮食方面，由于中华饮食文化博大精深，各种技法和菜式极大丰富了原本的泰人烹饪文化，因此有许多词汇直接借用汉语或汉语方言，比如白菜、豆腐、饺子、面条、粿条、粽子等。相信掌握了中国南方省份方言的人去到泰国餐厅，一定能找到许多熟悉的乡音。除此之外，移民至阿瑜陀耶的华人仍然习惯聚居一地，形成一定规模的社会组织，为中国当地宗教信仰的传播奠定了基础。华人移民将中国国内所信奉的大乘佛教、道教、祖先信仰、土地神信仰等都保留下来，在暹罗落地生根。而每到中国传统节日时，华人也会组织大规模的庆祝活动，以抒发思乡之情。时至今日，泰国社会中也非常重视中国的传统节日，比如 2021 年的中国农历新年第一次被列为泰国全国性的法定假日。

综上所述，中泰两国关系友好是有其历史根源的，而阿瑜陀耶时期是两国交往开始加深的时期。不仅通过贸易和外交建立了官方层面的互利共赢局面，更是通过华人移民在两国之间建立了血脉相亲、文化同源的彼此认可。因此 "中泰一家亲" 并不是凭空出现的口号，而是经过数百年的文化交融形成的、难以割裂的紧密关系。

## 阿瑜陀耶的社会文化与文学艺术

阿瑜陀耶时期的暹罗虽然两次被缅甸人攻破都城，其间大大小小战争和冲突更是连年爆发，但整体来说仍是社会文化快速发展的时期，而王室则在其中起到了较大的推动作用。后人在对该时期的社会文化进行整理和回顾时，发现存留下来的大多是王室主持修建的王宫、寺庙，宫廷中创作的诗词歌赋、编年史书等，而民间流行的故事、传说或是其他文化财富都随着时间的流逝，消散在历史的夹缝中了。

自素可泰兰甘亨大帝起，暹罗以上座部佛教为官方的宗教信仰，一直传承下来，发展十分迅速。在阿瑜陀耶王国时期，几乎已经达到村村都建佛寺、九成民众信仰佛教的规模。国王成为佛教最大的倡导者，他们不仅兴建寺庙，还亲自剃度出家，从锡兰引入佛教经典等。此时的寺庙发挥了教育中心的作用，僧人不仅是修行者还是教师。宣扬佛教成为一种自上而下的教育手段，以此来传授知识、倡导行善，建立道德规范。同时上座部佛教的教义也要求民众接受苦难，相信来世的福报，在一定程度上能够削弱民众的抵抗或反叛意识，成为统治者控制民众的一种手段。因此暹罗古代的历史中，极少有民间武装起义。

阿瑜陀耶王朝时期，全国上下以修建佛寺作为积攒功德的最佳方式，因此全国上下寺庙数量迅速增长。而国王修建的寺庙必然是最为华丽、宏伟的建筑，比如拉玛铁菩提二世便曾在阿瑜陀耶都城修建了帕希讪寺（WatPhra SiSanphet），并在庙中修建两座佛塔，用于存放其父戴莱洛迦纳王和其兄波隆摩罗阇提剌三世的骨灰，开启了佛塔存放国王骨灰的佛教丧葬先例。当他自己驾崩后，后人也按照前两座佛塔的样式修建了第三座，用于存放他的骨灰。这三座佛塔至今仍保存完好，伫立在阿瑜陀耶古城遗迹之中。除此之外，今天在阿瑜陀耶古城保存完好的寺庙主要还有以下几座：

1. 帕兰寺（Wat Phra Ram），于1369年由王国的第二任国王拉梅萱修建，用于纪念阿瑜陀耶的开国国王拉玛铁菩提一世（乌通王）。此后由戴莱洛迦纳王于15世纪重新修缮。

2. 玛哈泰寺（WatMahathat），由王国第三任国王波隆摩罗阇提剌一世开始修建，此后由乌通家族的拉梅萱国王修建完成。庙中有一处菩提树根环抱佛头的奇景，受到游客追捧。

3. 拉差布拉那寺（Wat Ratchaburana）紧邻玛哈泰寺，1424年由第七任国王波隆摩罗阇提剌二世（萨帕亚王）兴建，用于纪念他两位死于争夺王位的兄长。

4. 瓦塔那兰寺（Wat Chaiwatthanaram），这座寺庙坐落在阿瑜陀耶城的昭披耶河畔，由巴沙通王修建，敬献给他的母亲，因此也得名为"贵妃寺"。寺庙至今仍保存完好，是当地最著名的旅游景点之一。

5. 崖差蒙空寺（Wat Yai Chai Mongkhon），这座寺庙原本是开国国王拉玛铁菩提一世（乌通王）所建，当他建都阿瑜陀耶后，将这里视为皇家寺庙。此后1593年，纳瑞萱大帝在战胜缅甸大军后，在此重新扩建主塔，并将寺庙重新命名，其泰语含义为"吉祥胜利大寺"。这座寺庙与当地许多其他寺庙遗址不同，至今仍有僧侣居住，并且受到民众的热情供奉。

阿瑜陀耶时期的王宫大多与皇家寺庙修建在一起，早期较为简陋，但随着国力渐盛，王宫也被修建得更加宏伟辉煌。王宫遗址共分为三部分，包括国王本人驻跸的王宫、王储或副王居住的前宫遗迹、王室贵族居住的后宫。除此以外，那莱王还在华富里建造了一座行宫，由于当时法国人大量来到暹罗，带来了欧洲的建筑风格，这座王宫被建设为在暹罗风格之上添加了许多欧式风格。

阿瑜陀耶王朝的佛寺数量众多，根据现存的遗址统计，共有大小佛寺400余座。除此之外，王宫的面积也覆盖极大。佛寺与王宫占去了都城三分之二的面积，剩下的三分之一为王公贵族的住宅以及商业区，至于平民百姓则大多居住在城外。由此可见，当时的暹罗社会中有着较为明显的阶级分隔。到了王朝后期，国王一心向佛，不知民间疾苦，比如厄伽陀和武通贲两位末代国王，在面临外敌时并没有太多的抵抗办法，只能向佛祖寻求帮助，最终也未能带领阿瑜陀耶逃过亡国的厄运。阿瑜陀耶城中前人数百年的基业被毁于战火之中，实在令人惋惜。

虽然佛寺、宫殿等物质文化遗迹在战火和岁月中大量损毁，但阿瑜陀耶王国仍然留存下来众多精神文明遗产。尤其是阿瑜陀耶王朝时期的文学得到了极大的发展和进步。此前的素可泰王朝时期，文学主要以口头形式流传，能够经久传世的文学作品大多经由后人整理，或是以石碑碑文的形式存在，可以说流传下来的作品数量只是凤毛麟角。但阿瑜陀耶王朝时期，宫廷和民间文学相互映衬，不断发展，留下了许多宝贵的艺术财富。

古代暹罗的文学体裁以诗歌为主。在民间传播时诗歌朗朗上口，便于口头传播，而在宫廷仪式中诗歌富有形式的美感，能够体现王室和宗教的神圣性。在阿瑜陀耶王朝早期，便诞生了许多在宗教和王室仪式中使用的诗歌体裁作品，比如《饮誓水诗》（LilitOngkarnChaengnam），便是王公大臣向国王表示效忠的仪式上所诵唱的诗句，诗歌内容反映了佛教的世界观和对国王的忠诚等。而《庸那伽之败》（也有译为《阮国之败》，Lilit YuanPhai），则是歌颂了阿瑜陀耶王朝建立初期战胜北方庸那伽势力（亦即后世兰纳王国的前身）的丰功伟绩。

除了歌颂王权统治之外，佛教元素也是阿瑜陀耶早期文学中极其重要的元素，比如《大世词》取材于佛本生故事，讲述佛陀转世最后一世的故事。这部作品同样以诗歌体裁写成，经常在寺庙中唱诵，许多信徒通过诵读或者聆听《大世词》来积累功德。此后在厄伽陀沙律王时期，由于《大世词》从巴利语翻译而来，相对艰深难懂，于是国王下令重新创作了《大世赋》，增加了原文的篇幅，也相对易懂，易于传播。

虽然早期的宫廷文学主要注重仪式性和实用性，但此后也受民间文学的影响，逐渐开始注重内容和趣味性。比如《帕罗赋》（LilitPhra Lo）便是一部由宫廷诗人在民间传说的基础上加工润色而成的经典文学诗作，讲述了北部地区名叫帕罗的国王与敌国两名公主帕泙和帕虸之间的爱情故事，被誉为古代暹罗的《罗密欧与朱丽叶》。《帕罗赋》和《饮誓水诗》《庸那伽之败》一样，都采用里立律(Lilit)诗体，并且被誉为"立律体诗歌之冠"，被后世不断传颂，多次整理改编。

到阿瑜陀耶王朝中后期，诗歌创作更加兴盛，产生了多种不同的诗体，除了立律体之外，还包括克龙（Klowg）体、莱（Lai）体、嘎（Gab）体、禅（Chan）体等。尤其在那莱大帝时期，文学创作达到了顶峰，出现了暹罗历史中第一本教科书《津达玛尼》（Chindamanee），也被译为《如意珠》，还有阿瑜陀耶历史中最重要的宫廷诗人——诗葩( Si Prat )创作的《悲歌》等。

在阿瑜陀耶王国最后的时期，文学创作也迎来了最后的辉煌。比如第 31 位国王波隆摩谷王本人就是一位诗人，他的长子探玛提贝（Thammathibet）也被称为"贡王子"（Chao Fa Kung），也凭借《摇船曲》《帕玛莱堪銮》《南陀巴南属堪銮》等作品，成为流芳百世的诗人。

阿瑜陀耶王朝时期的文学作品除了诗歌以外，还逐渐发展出戏剧的呈现方式，用以呈现民间口头传播的故事，成为一种宫廷内外均喜闻乐见的艺术形式。现今被视为泰国传统艺术代表形式的孔剧（Khon），最初便诞生于阿瑜陀耶时期。这种艺术形式结合了音乐、舞蹈和诗歌，演员戴着面具跟随音乐起舞、表演，而台下则有专人负责配乐和演唱。孔剧要求较高的创作水平和舞台制作，因此大多在宫廷之中上演，而民间更流行的主要是腊空（Lakhon）形式的戏剧，主要由村民自行组织，在村社庆祝活动中表演。其内容主要来自民间传说或者佛本生故事，通俗易懂，娱乐性强，贴近普通人的生活，其中带有插科打诨的喜剧元素，因此通常受到平民百姓的欢迎。根据学者的整理，阿瑜陀耶时期流传下来的舞剧剧本有 15 部，包括《拉玛坚》《金海螺》《加拉凯》《卡维》等。

除了佛教文化、宫廷建筑、文学戏剧之外，阿瑜陀耶王朝为后世留下的文化财富还有许多，比如绘画、雕塑、瓷器、手工艺制作等。相比存续时间较短的素可泰王朝而言，阿瑜陀耶王朝是古代暹罗历史中辉煌璀璨的一页，不仅在当时成为东南亚地区实力较强的封建国家之一，而且还对当代泰国产生了深远而又不可磨灭的文化影响。

| 第五章 |

# 吞武里王朝

## 一、吞武里王朝的兴起

吞武里王朝是泰国第三个王朝,也是历史上存在时间最短的一个王朝,只经历了郑信大帝(Somdet Phra Chao Taksin Maharat)一位国王的统治,历时15年。虽然存续时间十分短暂,但吞武里王朝仍可以和素可泰、阿瑜陀耶和曼谷王朝并列,成为泰国历史中一个独立的王朝,主要是因为其特殊性和重要性。

首先,吞武里王朝建立的背景是阿瑜陀耶城被攻破、暹罗大地被缅甸政权所控制的黑暗时期。这是阿瑜陀耶都城第二次被缅甸人攻陷,但与第一次丧失独立主权十余年的结果不同,仅仅在不到9个月的时间内,泰人的军队便重整旗鼓,将缅军赶走,建立了新王朝。虽然重夺政权是由于缅军将重兵投入了与清朝军队的战争之中,但无论如何,重新夺回主权对暹罗来说具有极其重要的意义。

其次,此次建立的新王朝与此前的阿瑜陀耶王朝在各个方面都有显著差别。带领军队驱逐缅军的领袖并非阿瑜陀耶末代王室的后人,而是此前封爵"披耶"的华人将军——郑信,由于他主管达府(Tak)的军政事宜,因此也被称为"披耶达信"(PhrayaTaksin)。他的出身与此前的阿瑜陀耶王室没有血脉亲缘关系,作为一个华人后裔登上了暹罗的王座,这不能不说是一段特殊的传奇经历。

最后,郑信大帝称王后并没有继续在阿瑜陀耶进行统治,而是迁都至吞武里,这也是他的统治单独成为一个王朝的直接原因。因为暹罗历史上的所有王朝都以都城来命名,阿瑜陀耶城见证了数十次的王位争夺,其中也不乏非王室成员登基的情况,但只要不迁都别处,历史便认为这仍属于阿瑜陀耶时期,只认定为阿瑜陀耶内部的王朝世系更迭,包括最初的乌通和素攀两大王朝、素可泰王朝、巴沙通王朝和班普銮王朝。而1767年缅军攻破阿瑜陀耶城后,这座历经400余年的都城在大火中沦为废墟,重建需要耗费大量的人力物力。初登王位的郑信大帝仍面临着国内外的众多敌人,无暇顾及旧都的恢复,最后直接迁都吞武里。这里离暹罗湾的入海口更近,就在昭披耶河西岸,与如今的曼谷大皇宫仅一河之隔,地理位置更适宜开展军事和贸易行动。

至此,吞武里成为暹罗新的中心,泰国的历史也展开了全新的一页。

## 华人国王:郑信大帝

纵观整个吞武里王朝存续的15年中,唯一一位国王郑信大帝是这一阶段暹罗历史舞台上独一无二的主角。从带领军队驱逐外侮,获得独立,再到平定内乱,重整河山,最终遭遇叛乱,王朝命短,可以说他的一生经历了无数传奇。但最令中国读者好奇的问题可能是,作为一个流落海外的华人后裔,郑信是如何一步一步走上了暹罗的权力巅峰的。

郑信出生于1734年,当时仍是阿瑜陀耶王朝波隆摩谷王统治的时期,他是迁居暹罗的第二代华人。其父名为郑镛,祖籍是广东潮州澄海县华富村。中泰两国的史料中都有记载,认为郑镛年轻时放荡不羁,行为不端,被同乡村民所不容,因而移民至暹罗另谋生路。但有学者对此不完全认同,郑镛南渡并非完全出自自身原因,而是当时的社会背景导致。当时的潮州地区人口众多但土地不足,《澄海县志》记载,当地即便是光景好的年份,所产的粮食也不够吃三个月。再加上当地时常发生水灾,人民无法靠土地谋生,只好向大海讨生活。前文说过,当时的清朝政府与暹罗之间开展了大规模的大米贸易,但商贾巨富在其中获得收益的同时,大部分平民百姓的收入只能勉强谋生。许多无业贫民流离失所,只能背井离乡,远赴海外。郑镛也跟随着当时华人向暹罗的移民大潮,来到了阿瑜陀耶谋求生计。

初到暹罗的郑镛在阿瑜陀耶城做些贩卖水果的零星小生意,逐渐积累资金,后来做上了承包赌场税收的生意,逐渐发达,并且成家立业,在当地娶妻生子。关于郑信幼年时期的经历有许多学者尝试研究解密，但相关记载大多为民间传说，因此众说纷纭，难以定论。即便是他的出生年月都没有史料记载，只能根据王室纪年推断，他于1782年4月6日去世，享年48岁零15天。这样计算，郑信应该出生于1734年3月22日。郑信出生后不久便被过继给阿瑜陀耶朝廷的财政大臣昭披耶却克里，并且被取名为"信"，在泰语中意为"财富"。这位财政大臣算得上是郑信生父的上司，没有子嗣。两家交往密切，郑镛选择将儿子过继给他，也是为了郑信的前途发展考虑。此后郑信也的确受到了良好的教育，在哥沙瓦寺（Wat Kosawasna）跟随高僧通迪（Tongdee）大师学习。此后被选擢入朝，担任御前侍卫，后又被封爵"披耶"，管理达府的军政事务。

郑信出生于华人移民家庭，对华人在暹罗土地上拼搏奋斗的精神耳濡目染。甚至有不同版本的史料记载，他曾经在年幼时帮助家里推车走街串巷做生意，因此熟悉地形，且擅长与人交往，能说包括中文、泰语、老挝语在内的多种语言。这种植根于血脉之内的拼搏精神，使他一直兢兢业业地经营政务，并且受到暹罗众多华人、华商的热情支持，成为他此后发动复国战争的重要力量。同时郑信作为养子，成长于暹罗宫廷达官贵人的家中，受到了良好的泰式宗教传统教育。他在位时领导收集整理《拉玛坚》（Rammakian）长诗，并且亲自撰写其中的部分段落。这部长诗虽然改写自印度史诗《罗摩衍那》，但进行了相当程度的本土化改编，被认为是泰国文化的经典。郑信王在阿瑜陀耶王国灭亡后及时整理抢救了这部民间文学经典，体现了他对泰国传统文化艺术的重视。综上所述，郑信大帝身上兼具中华文明血脉和暹罗文化传统，是两国长久以来友好交往的历史见证。

## 抵抗缅军，光复国土

1765年缅甸大军进攻阿瑜陀耶时，郑信仍然是达府的军政长官。他举兵向阿瑜陀耶进发，试图援助被缅军包围的都城。由于他作战英勇，被提拔为披耶哇集拉巴甘（PhrayaWachiraprakarn），统领甘烹碧城。虽然他竭尽全力统帅部队与缅甸大军作战，但由于统治者的软弱和将领彼此间沟通不畅，郑信的军队屡屡受挫。

比如在其中一次小规模战斗中，郑信率领的部队已经战胜了缅甸的军队，占据了对方的军营，但阿瑜陀耶方面拒绝增加援兵，导致缅军此后又夺回阵地。还有一次郑信作为舰队将领出战，披耶佩武里（Phraya Phetchaburi）由他指挥。郑信认为敌众我寡应暂避锋芒，但披耶佩武里抗命出战，尽管作战英勇，但最终战死沙场，他自己获得了壮烈牺牲的美名，但郑信却被指责见死不救。此后，阿瑜陀耶的守军被包围得越来越紧，只能龟缩城内，勉强防守，而缅甸军队则时不时派出士兵攻进都城烧杀掳掠。有一次郑信在自己防守的区域见到缅军，于是决定发射大炮。虽然逼退了敌人，但却因为未获得上级允许而受罚。以上的许多事件都体现了当时阿瑜陀耶方作战计划混乱，凶恶的敌人并没有击垮郑信，但己方的处处掣肘让他赶到寒心。他逐渐意识到，再继续苦苦坚持也没有太多意义，阿瑜陀耶此次逃不过沦陷的命运了。

此后，暹罗方面反包围的突击战失败，都城内的守军生怕缅军攻进城来，因此早早关闭了城门。郑信的部队来不及撤退，被关在城门之外，进退两难。最终他带领500余名军士（也有史料记载是1000人左右），艰难突破缅军的重重包围，向东部撤退。

在撤退的路上，郑信的军队一路都遭到了缅军的追击。他们先是乘船沿湄南河而下，在黎明时分来到曼谷，因此河对岸的寺庙得名"黎明寺"（Wat Arun），百姓也称其为"郑王庙"，是现在曼谷的著名旅游景点之一。此后郑信的部队一路向东，虽然武器和人数都处于劣势，但凭借得当的战术和战斗勇气，他们多次击溃追击和遭遇的缅军部队，甚至缴获了不少武器弹药。这使得东部地区不甘接受外人奴役的暹罗人踊跃参加到郑信的队伍中，其势力逐渐扩大，郑信的威望也逐渐被人们所熟知。他们一路经过那空那育、巴真武里、北柳、春武里一直来到了罗勇。当时的罗勇城主对郑信的到来表示欢迎，但城中仍有部分势力不愿意臣服。郑信在当地华商的大力支持下，率军击溃了罗勇城的反抗势力，控制了这一地区，并以此作为基地发展势力，图谋驱逐缅军，光复暹罗。

当时郑信估计阿瑜陀耶城已经沦陷，于是在罗勇自立为王，从而吸引更多兵力，为保家卫国打下基础。但当时他仍十分谨慎，不愿他的称王行为被认为是针对阿瑜陀耶的叛乱，因此他的所有命令、仪仗只是按照主要城市城主的标准实行。此后1767年4月，当阿瑜陀耶沦陷的噩耗传来，整个王国四分五裂，各地诸侯按捺不住野心，打算自立为王。郑信王所在的东部地区，尖竹汶城主的势力较大，他此前立誓与郑信交好，表示同意共同抗击缅军，但暗地里却出尔反尔，使得郑信不得不通过武力夺取了尖竹汶城。在开战之前，他命手下吃完最后一餐饭后，打破所有锅具，上演了泰版"破釜沉舟"的戏码。他的军队受到鼓舞，大获全胜，拿下了尖竹汶。此后他又顺理成章取得达叻城，控制了整个泰国东南部沿海地区。这一地区有多个码头，是海外货商来暹罗贸易的重要停靠点，当地商贾云集，华人众多。在这一地区，郑信王凭借其威望和血统，获得了大量华裔商人的经济支持，同时也有大量华人加入到他的军队之中，其势力迅速扩大。他以这一地区为基地，招兵买马、准备粮草、武器和战船，为驱逐缅军做好了一应准备。

1767年年末，在阿瑜陀耶被攻破半年之后，郑信军队的规模已经颇大。他趁雨季结束后率领100艘战舰，沿湄南河河口逆流而上，攻下了吞武里城。此后又一路北上，攻打缅军在阿瑜陀耶城外的驻扎地——菩三顿营地（Pho Sam Ton）。此时缅甸大军陷入了与清朝军队的苦战之中，在阿瑜陀耶城外的军力不足，郑信的军队仅仅用两天时间便赶走了这一拨侵略者。至此，阿瑜陀耶王朝破灭7个月后，暹罗再一次得以光复。

此次郑信的军队能够较为轻易地获胜，其中一大部分原因是因为缅甸军队同时与清朝开战。在1765年，缅军刚刚开始攻打阿瑜陀耶王国时，他们决定从北部的清迈、万象一侧向南进军。这一路线紧邻清朝的势力范围，为了沿途搜刮粮草辎重，他们进入了向清朝进攻的多个藩属土司。起初远在中原的清朝朝廷以为只是蛮夷土匪，并不在意，只派出少量当地军士前去剿匪，但未曾想被装备西洋武器的缅军击溃。多次交锋之后，乾隆皇帝也知晓了缅甸即将攻破阿瑜陀耶的情况，意识到缅甸野心之大，于是派出大军前去征讨。清军前后两支远征军势如破竹杀到了缅甸阿瓦城下，但都由于粮草辎重以及当地气候环境的不利因素，导致军力消耗巨大。缅军为了应对清军的进攻，在攻破阿瑜陀耶城后，也未多做停留，只留下一小部分兵力控制局面，大部分兵力都回转国内，与清军对抗。最后清缅两方都消耗巨大，决定停战，并签订了"老官屯和约"，缅王承诺照旧称臣纳贡，永不犯边，清朝则同意开通边境贸易。

由此可见，缅甸雍笈牙王朝的势力和野心都在这一时期达到了顶峰，不仅希望攻陷阿瑜陀耶称霸中南半岛，而且还挑衅清朝，意图打破朝贡体系。如果没有清缅之间的战争，暹罗土地不知要被缅军霸占多久。郑信把握住了这一天赐良机光复国土，凭借使暹罗重新获得独立的功绩，他与纳黎萱并肩，被后世尊称为"大帝"。

## 重新统一王国

1767年年底赶走缅军之后，郑信重回阿瑜陀耶城，但迎接他的只有满目疮痍，数百年王朝积累的文明和财富，几乎在战火中损失殆尽。郑信立即投入重整秩序的工作中，他先将缅军来不及押送至缅甸的宫廷贵族释放，将所有被囚的暹罗军卒释放，并向城中百姓发放一应日常用品。此后他又为在战乱中丧生的阿瑜陀耶末代国王厄伽陀王举行了葬礼，虽然战后一片废墟，但葬礼的仪轨仍然尽力达到了君王应有的标准。

处理完相关事宜，郑信决定带领人马和百姓转移到吞武里城。虽然外来的威胁不复存在，但在阿瑜陀耶王朝灭亡后，暹罗已经四分五裂，诸多势力各自称王，郑信仍然面临着众多的挑战。因此战后重建并非他最关心的事务，他眼下的重要任务是如何站稳脚跟，重新统一王国。为了让自己的统治名正言顺，他在吞武里举行了登基加冕仪式，号"吞武里王"。当时他仍延续了阿瑜陀耶王朝末代国王的尊号，史书记载，他登基时被称为波隆摩罗阁四世（BorommarachaIV）。[①] 可见，当时的郑信王十分重视自己统治的合法性，不愿被认为是篡位夺权。关于他登基的事件，至今仍缺乏相关史料，历史学家只能将他第一次面见群臣的日期定为其登基日期，即1768年12月28日。直到今日泰国还会在每年的这一天庆祝郑信大帝加冕。这一天标志着暹罗土地上迎来了新的王朝——吞武里王朝。

当时的缅王认为阿瑜陀耶王朝灭亡后，暹罗大地上四分五裂，诸侯割据，力量分散，不可能在短时间组织起有效的反攻。因此当他听闻郑信王在吞武里称帝，并未将其当作重要威胁，仍将战略重心放在与清朝的对抗方面，只派遣了塔瓦城城主率军3000人前去镇压。缅军从西面进军，途经北碧府（Kanchanaburi）和叻武里府（Ratchaburi），沿途仍是废墟，没有任何抵抗的迹象，于是便放松了警惕。而此后行军到夜功府（SamutSongkhram）的万公区（Bang Kung）时，缅军才遭遇了一支郑信王安排在此镇守王国西部的部队。这支部队主要由华人组成，人数不多，很快便被缅军包围。但华人军士们舍生忘死，英勇作战，抵挡住了缅军的第一轮攻击。而此时得到消息的郑信王亲率援军从水路赶到，立即投入作战，改变了战场的局势，将缅军杀得丢盔弃甲。缅军主将丢下战船和粮草仓皇逃走，吞武里王国取得了对缅军的一次大捷，大大振奋了新王国的声势。

---

① 波隆摩罗阁一世至三世分别为：第21王颂昙王、第22王策陀王和第33王厄伽陀王。

## 向北征讨彭世洛

在打败进犯的缅军后，郑信王面临的下一步挑战是如何改变国内诸侯割据的局面，将国家重新统一。这是他建立王国后最急迫的任务，于是他马不停蹄地征讨国内其他诸侯势力。1768年雨季，他选择率军沿河北上攻打彭世洛城。彭世洛是泰北重镇，曾经是王国北方政治家族的势力范围。城主昭披耶彭世洛，原名"仍"，他在阿瑜陀耶王国灭亡后选择了自立门户。彭世洛的势力范围向南一直延伸到泰国中部的那空沙旺府（Nakhon Sawan）一带，并且兵强将广，装备精良，在当时是一支重要的诸侯势力。

当彭世洛城主得知郑信发兵征讨，立即派遣大将銮哥沙（LuangKosa）率先占领有利地形，迎击敌船。双方交火后，彭世洛守军的子弹如雨点纷飞，郑信王左腿中枪，不得不避其锋芒，退回吞武里。他的第一次征讨以失败告终。

而彭世洛城主此前虽然惧怕郑信王的大军，但此次胜利使其迅速获得了信心。他认为已经打败了王国内最重要的对手，自己的实力足以称雄称霸。于是他下令举办登基仪式，自立为暹罗国王，并且向清朝乾隆皇帝递交书信，请求其承认自己是继承阿瑜陀耶王朝统治的真正暹罗君主。虽然未能得到清朝的承认，但彭世洛城主这一举动为郑信王统一全国后与清廷建立联系增添了不少麻烦，因为乾隆皇帝认为郑信实力不足，连一个独立的小国都无法镇压。

泰国人相信，德不配位者，必然会有厄运降临。在登基仅仅7天之后，彭世洛城主便由于脖颈生疮而死。他的弟弟继承了王位，但不敢再称王，只以彭世洛城主自居。这位新城主能力不强，无法服众，彭世洛逐渐走向了衰落。

与彭世洛同时期的割据势力，还有位于程逸府（Uttaradit）沙旺卡武里城（Sawangkhaburi）的枋长老（ChaoPhra Fang）一派。这位枋长老原本是阿瑜陀耶城中的一名高僧，受到阿瑜陀耶王朝波隆摩谷王赏识，前往程逸府的帕坊寺（WatPhra Fang）担任住持，受到大量信徒的崇拜。此后阿瑜陀耶被缅甸所破，他凭借自己的影响力吸引了众多北方民众来投靠。北方诸城原本在阿瑜陀耶王国的统治下，但随着缅甸大军来袭，中央王权无暇顾及偏远地区，许多僧侣成为村庄乃至社区的领导人，他们也率领民众加入到了坊长老的队伍中。最后坊长老自立称雄，彭世洛以北诸城几乎都被他所控制。

坊长老占据一方后，时常身穿大红色以显示自己不再是僧侣，他带领的僧侣军队也完全不守戒律，饮酒嫖宿，抢劫财物。他们得知彭世洛新城主势单力薄，决定向南发兵，扩张地盘。据记载，双方此前多次对阵难分胜负，但此次坊长老的军队很快便包围了彭世洛城。围城两个月后，城中百姓生活困苦，而且对彭世洛新城主也没有敬畏，于是很快便有人偷偷打开城门，让坊长老的部队入城。但坊长老并没有占据彭世洛城，在处死城主、烧杀抢掠一番后又返回了他位于沙旺卡武里城的大本营。由于坊长老始终采用一种农民起义式的简单统治模式，无法控制各地贵族，故他们带领彭世洛百姓纷纷向南逃窜，投奔郑信大帝，使得吞武里的势力得到了增强。

1768年，在王国北方的彭世洛与坊长老两股势力缠斗之时，郑信王伤势已经恢复，决定向王国的另一股割据势力进军，剑指王国东北部的披迈城。披边城主是阿瑜陀耶末代国王厄伽陀王同父异母的弟弟，是阿瑜陀耶旧王室唯一留存下来的势力，而且本身也颇有能力，有不少支持者。但郑信的大军兵力更胜一筹，他们兵分两路，一路由郑信王亲自带队，另一路则由担任帕拉差瓦林（PhraRajwarin）的通銮（Thong Duang）[①]和其弟弟汶玛（Bunma）率领。披迈城主两面迎敌，均败下阵来，在逃亡路上被抓住献给郑信王。郑信王原本念在他是旧王室血脉，想留他性命，但他表现

---

[①] 这位通銮担任的"帕拉差瓦林"职位类似于殿前右卫队队长，后来他逐渐发迹，最终成为了曼谷王朝拉玛一世王。

出誓死不从的态度。为了铲除今后的政治对手，郑信王最终还是下令将其处死，至此控制了王国的东北部地区。

## 向南攻打洛坤

1769年，郑信王挥师南下，攻打洛坤府的割据势力。当时洛坤的主人名叫"帕巴努"（PhraPalat Nu），在阿瑜陀耶王朝末期曾是洛坤城城主的副手。但由于缅甸入侵时，城主带兵前往阿瑜陀耶作战，帕巴努成为洛坤城的实际领导者。当阿瑜陀耶城失陷后，帕巴努自立门户，自封为"帕耶洛坤"，即洛坤城城主。洛坤是泰南地区的大型城市，政治和军事实力最强，因此周边诸多小城邦纷纷选择依附，使得洛坤逐渐成为一股较强的割据势力。

郑信王拿下阿瑜陀耶东北部国土后不久便出兵征讨洛坤，他任命昭披耶却克里（原名为"穆"）为主将，率领5000人从陆路进发，攻打洛坤。与此同时，吞武里王国与柬埔寨方面的势力也发生了冲突。原本郑信王向柬埔寨国王发去书信要求对方恢复旧制，像阿瑜陀耶时期一样向吞武里王朝进贡金银花树以及一应贡品。但柬埔寨国王认为郑信不是阿瑜陀耶王族血脉，不愿俯首称臣。郑信王大怒，从前往洛坤的军队中抽调了2000人去攻打柬埔寨。但吞武里两线作战，力量不足，导致洛坤方面昭披耶却克里的军队更是损失惨重，多名大将战死沙场，不得不退兵。

但柬埔寨方面传来捷报，吞武里大军占据了马德望和暹粒两城，于是郑信王加大了对洛坤的征讨力度。他亲自率领10000大军，走水路前往洛坤。洛坤方面盯紧了暂时退避的吞武里陆军部队，在水路方面的准备不足，郑信王的大部队势如破竹。洛坤城主见状只得携家带口向南逃窜。昭披耶却克里的陆军部队在郑信王攻破洛坤城后8天才姗姗来迟，为了赎罪，他亲自向南继续追捕洛坤城主。此时洛坤城主已经逃入南部的北大年王国境内，受到了北大年苏丹的庇护。但面临大军压境，北大年不愿与吞武里为敌，主动将逃窜至此的洛坤城主、宋卡城主等人一并献出，交由郑信王处置。

当时王公大臣纷纷建议处死洛坤城主,但郑信王认为王国破裂时自立为王并不算罪过,而且此前并未与吞武里冲突,被抓后也愿意臣服,于是将洛坤城主送回吞武里在王宫中任职,并任命其侄子继续担任洛坤城主。

原本郑信王的计划是在旱季结束与洛坤的战事,继续向东征讨柬埔寨。但由于战事结束时正赶上雨季,行船不便,他的船队在南部无法行动。占领了柬埔寨马德望和暹粒城的将领是两兄弟,他们等待许久都不见国王返回,心中逐渐不安。此时都城更是传来郑信王于洛坤府驾崩的谣言,两兄弟决定率军返回,保卫都城。雨季之后,郑信王返回吞武里得知军队擅离职守后大怒,立即召见两兄弟。两兄弟坦陈心声,他们是担心有敌人乘乱夺权,自己不愿再成为他人的奴隶。郑信王听后感动于其忠心,未对其二人施以惩处,只是暂时搁置了打击柬埔寨的计划。

## 再次北征镇压枋长老

郑信王的军队占领了东部的披迈城,收复了南部的洛坤府,对柬埔寨也展示了其强大的实力,可以说这时吞武里王国的领土几乎已经恢复到了阿瑜陀耶王朝时期的水平。唯一剩下北方的枋长老一派,吞并了彭世洛之后在当地自立为王,成为郑信王重新统一国家的征途上最后一个对手。

虽然郑信王在复国道路的最初阶段和这些土国四方的割据势力一样,只能算得上是一方诸侯。但随后他举行了登基大典,成为暹罗之主,并且不断战胜各地的对手、统一国土,这使他在暹罗百姓和贵族官员眼中越发显露帝王之相。越来越多的前朝臣民纷纷前来依附于他,使吞武里王国的实力愈发壮大。与此同时,北方枋长老的统治却不得人心,虽然他和他手下的军队很多都有佛教修行经历,但却完全不顾清规戒律,经常烧杀掳掠,饮酒嫖宿,所过之处民不聊生,怨声载道。因此虽然枋长老占据了王国的大片土地,但实际上已经是强弩之末。

1770年,枋长老的军队巡行至乌太塔尼和猜纳城,有向吞武里进军的意图。当时恰逢荷兰人和马来人向郑信王敬献了大炮和2000柄火枪，大大增强了吞武里军队的实力。于是郑信王决定向枋长老宣战。他调遣了三路大军向北方进军：第一路军队由12000名军士组成，由郑信王亲自带队走水路北上。第二路军队由新晋受封披耶爵位的汶玛（Bunma）[①]带兵，率领5000人沿河东岸走陆路北上。第三路军队则由披耶披猜拉差（Phraya Phichairacha）率领5000士卒沿河西岸向北进发。

郑信王率领的船队首先来到了彭世洛，这里是郑信王上一次战败受伤的地方，但此次大军轻而易举打败了守军，收复了彭世洛城。两天后，两支陆上行军的部队才赶到，郑信王下令陆军先行，船队随后跟上，一同攻打枋长老的根据地——沙旺卡武里城。此时郑信王的部队势头正盛，而北方诸城的军士也无心抵抗，仅仅三天后，枋长老的军队便溃败下来，他自己逃窜至清迈，将所有城池留给了郑信王，至此吞武里王国恢复了阿瑜陀耶王朝的全部疆域。军士在沙旺卡武里城中发现了一头刚刚产子的白象，将其敬献给郑信王。在泰国历史上，白象一直是贤德君主的象征，祥瑞的气氛笼罩着重获新生的暹罗大地。

## 对外扩张

郑信王是一位战功卓著的国王，在平定了国内的全部割据势力之后，郑信王并没有停下征战的脚步。为了使吞武里王国恢复到阿瑜陀耶王朝兴盛时期的水平，他立即与周边邻国开战。这些周边邻国曾经臣服于阿瑜陀耶王国，但都在此前脱离了附属国的地位，郑信王需要通过展示军事力量，重新让这些国家进贡称臣。

1770年，郑信王的精兵虎将攻下了枋长老的根据地，在彭世洛城举行了三天的庆典，庆祝王国重新统一。此后不久，大军便把矛头指向了北方

---

① 拉玛一世王的亲兄弟。

的清迈。早在1558年，缅王莽应龙发动白象战争导致阿瑜陀耶都城第一次被攻破时，清迈便沦为缅甸的附属国。此后虽然在纳黎萱大帝的复国战争中短暂地附庸于阿瑜陀耶王国，但很快又被缅军夺回。至郑信王时期，清迈已经有近200年的时间都处于缅甸的控制之下。但此时的缅甸陷入了与清朝军队的鏖战之中，在清迈的镇守力量较为空虚，郑信王希望能够一举拿下清迈。

大军于1771年抵达清迈，但第一次的进攻并不成功，反而被清迈守军一路追击，大军铩羽而归。回到都城后，郑信王得到消息，柬埔寨军队来进犯东部的哒叻（Trat）和尖竹汶（Chanthaburi）地区。这令他怒不可遏，决定待军队休整后立即出征柬埔寨。由于先前担任昭披耶却克里的穆（Mud）将军去世，郑信王提拔通銮（Thong Duang）成为昭披耶却克里，率兵10000人沿途扫清柬埔寨军队，并向金边进发。同时郑信王率100艘战船和100艘海船，共计15000名士兵从水路取道河仙（Ha Tien），先击溃了当地的郑天赐政权，再进军金边。水陆两支大军都获得胜利，柬埔寨王室逃窜至越南投靠阮氏王朝。郑信王则安排先前已经投靠暹罗的安农二世（Ang Non II）登上柬埔寨的王座。至此，柬埔寨重新恢复旧制，像阿瑜陀耶时期一样对吞武里王朝进贡称臣。

在1771年攻下柬埔寨之后，郑信王军威大振，扫清了此前在清迈战败的阴霾。1772年和1773年，缅军两次从清迈方向出兵，派小股军队袭扰边境，吞武里王国与其爆发了两次小规模冲突，都击退了敌人。尤其在披猜城的战斗中，吞武里大将披耶披猜（Phraya Phichai）与敌人英勇作战，以至于手中宝剑都被砍断。但披耶披猜从小便练习泰拳，是著名的泰拳大师，他赤手空拳与缅军作战，并且取得胜利，全身而退。此后他获得了"断剑披耶披猜"的美誉，成为暹罗的民族英雄人物。

1774年，缅甸与清朝的战争结束，缅王终于腾出手计划攻打吞武里。缅甸选择的策略和此前攻打阿瑜陀耶一样，还是兵分两路，一路从北方清迈向南进军，另一路则从孟人的王国自西向东进攻。缅王开始在国内招兵买马，但是受到了孟人的强烈反抗，引起了当地的反叛，缅王不得不放弃这一条进攻线路，而剩下的线路只剩下北方的清迈。郑信王认为，消极防守、等待缅甸集结兵力来攻打，并不是一个好的选择。他决定再次出兵攻打清迈，打断缅甸进攻的另一条路线。此次的进攻十分顺利，由于北部诸城的将领也不满缅甸人的统治，纷纷倒戈，加入到征讨清迈的队伍中。当郑信王的大军包围清迈城之后，在城东营地中向守军喊话宣布第二天清早将开始攻城，清迈城的缅军守将见大势已去，连夜携家带口从北门仓皇逃窜。郑信王不费一兵一卒，不损一砖一瓦拿下了清迈城。泰国北部诸城如南奔、南邦、帕府、难府等，也纷纷成为吞武里王国的附庸。至此，在被缅甸控制200余年后，清迈终于被纳入了暹罗的势力范围。

失去清迈城令缅方十分不满。随着清缅之间战事平息，1775年，缅军派出刚刚成功抵抗清军的大将阿赛温吉[①]征讨吞武里。这成为吞武里王朝历史上与缅甸开展的规模最大的一次战争。阿赛温吉对郑信王军队的实力有所了解，因此打消了分兵两路的念头，集中全部力量从西向东，直插吞武里王朝的中心地带，经过达府占领了素可泰城。此时北方诸城的将领刚刚结束与清迈的战争，没能赶得及回防。而郑信王的大军则在镇守吞武里，确保都城不受来自南方的小股缅军骚扰。因此当南北方的军队来与阿赛温吉对战时，彭世洛城已经被缅军包围，陷入了危险。

暹缅两国大军围绕彭世洛城展开了艰苦的战斗，彼此势均力敌，战争从1775年至1776年，持续了整整十个月。由于彭世洛城被长期包围，难以维持，暹罗军队不得不率先撤退，将这座北部重镇拱手让人。然而此时，缅甸都城传来缅王驾崩的消息，阿赛温吉不得不带兵撤回，吞武里王朝避免了被攻破都城的命运。缅甸新王继位后，不愿再与暹罗开战，劳民伤财，只想夺回泰北地区的附庸国。双方针对清迈的归属又爆发了几次战争，最后清迈沦为一片废墟，长达15年之后才逐渐恢复。暹缅双方此后逐渐偃

---

① 这是泰国人对他的称呼，缅甸人将其称为摩诃梯诃都罗（MahathihaThura）。

旗息鼓，在吞武里王朝存续的时期未再爆发战争。

郑信王带领暹罗恢复独立的十年内，通过不断地与国内外不同的对手作战，培养出了一支实力强大的军队。使暹罗一改阿瑜陀耶王朝末期不堪一击的面貌，重新成为中南半岛地区一股强大的势力。而在这过程中，郑信王手下的精兵虎将也被后世所熟知。其中有一名大将名叫通銮（Thong Duang），他在阿瑜陀耶王朝灭亡之际便领兵加入了郑信王的队伍，跟随他从东部沿海地区一直杀回吞武里，此后更是南征北战立下汗马功劳。此后，他接替前任穆将军获得"昭披耶却克里"的职位，成为管理王国北方地区军政事务的大臣。在结束了与缅甸的战争之后，这位昭披耶却克里（通銮）的权势越来越高，郑信王依靠他出兵周边国家，扩大吞武里王国的势力范围。

1776年，昭披耶却克里领命向东出兵，镇压现今武里南府的娘隆城（Nang Rong）。随后1777年，郑信王又派遣昭披耶却克里的弟弟领兵增援。两兄弟的军队攻城略地，打下了娘隆、占巴塞、素辇、桑卡、库坎等多个与柬埔寨王国相邻的城市，为王国扩大了疆域。由于他战功累累，郑信王特意为他创造了一个此前从未有人获赐的封号"颂德昭披耶玛哈甲沙色"（SomdetChaophrayaMahaKasatsuek）①，将他提升到了接近王室成员的地位。

1778年他又和弟弟领兵与老挝的澜沧王国开战，不仅得到了万象和琅勃拉邦两座重镇，还在当地请回一尊玉佛。这尊玉佛原本于15世纪发现于兰纳王国，后来澜沧王国短暂控制了兰纳，下令将玉佛运至万象，并专门建立了玉佛寺供奉这尊珍贵的佛像。但在郑信王时期，兰纳回到了暹罗人的控制中，因此昭披耶却克里将其请回了吞武里的皇家寺庙中。如今这尊玉佛已经成为泰国国宝，供奉于曼谷大皇宫的皇家寺庙中。

1780年，昭披耶却克里和弟弟两人再次领命率兵前往吞武里的属国柬

---

① 后世更习惯用"昭披耶却克里"来称呼这位曼谷王朝的开国国王，而曼谷王朝也被称为"却克里王朝"，为行文方便，在其登基为王前仍称其为"昭披耶却克里"。

埔寨，当地爆发了关于王位的争夺，越南阮氏王朝试图扶植亲越的国王登基，这对吞武里王国来说是难以接受的。但在作战过程中，昭披耶却克里接到消息，吞武里都城内爆发了严重的内乱，郑信王在暴乱中被拘禁。于是他立即与越南人休战，率军返回都城平定内乱。而这场内乱也为短暂的吞武里王朝画下了句号。

## 二、吞武里王朝与中国的交往

郑信王本人出身于华人家庭，当他带领暹罗人完成了复国大业之后，另一个重要的目标便是尽快和清朝政府建立良好关系。当时吞武里王朝刚刚建成，仍然面临着内外诸多挑战，而尽快得到清朝的支持能够在多个方面解决新王朝的困境。

首先，郑信的部队之所以能够较为轻易地驱逐缅甸军队，很大的原因是清朝军队从云南发兵进攻缅甸，一直打到了缅甸中部，使得缅军大部队不得不从暹罗撤军回国驰援。郑信王希望与清朝政府建立良好的合作关系，两支军队可以从两个方向共同抗击缅甸的扩张，使其无暇招架，从而确保新生王国的稳固。

其次，在吞武里王朝之前，暹罗大地上的统治者长期与中国存在朝贡关系。这种关系满足了双方各自的需求：中国古代政府需要确保东南亚地区和平稳定，各国承认其宗主国身份，从而维护其天朝上邦的地位和尊严；而暹罗则需要通过朝贡的形式与中国官方开展贸易，从而获得经济利益。因此暹罗与中国的朝贡关系是一种结合了外交与贸易的复杂体系。东南亚古代大小国家割据，每当产生政局动乱时，向中国朝贡成为一种需要争夺的权利，能够与中国开展朝贡贸易者便意味着获得了承认，其统治才有合法性。在阿瑜陀耶王朝灭亡后，暹罗国内出现多股割据势力，各自为政，因此郑信王希望能够得到清朝乾隆皇帝的承认，从而确立自己统治的合法性。

最后，获得清朝的承认也意味着吞武里王室可以与其开展贸易，从而获得急需的战略物资和资金。郑信王将都城从阿瑜陀耶迁往离湄南河河口更近的吞武里，在一定程度上也是出于促进贸易的考量。他建立吞武里王朝时，国家仍然百废待兴，对全国各地的控制十分薄弱，尤其难以向民众征税，这种局面甚至延续到此后的曼谷王朝拉玛一世、二世时期。1853年，拉玛四世曾评论当时的情况："因（朝廷）可保有的权利少得可怜，民众也有造反的倾向，所以并无税收上缴。国家刚刚重建，百废待兴。因此，他们依赖帆船贸易，从中获得的收入用于支付国家开销，并供养王室、贵族和家财万贯的贸易家族。"而且郑信王登基后马不停蹄地进行对内对外战争，消耗巨大，许多战略物资难以在国内获得。因此尽快开展与清朝的朝贡贸易，对其统治有着重要的意义。

但获得清朝政府的承认并非易事，1767年初建王国时，郑信王便派遣华商陈美生与暹罗使团一同来华，向乾隆皇帝请求册封。但当时的两广总督上报皇帝后，得到的回复表现了强烈不满，乾隆皇帝认为郑信"与暹罗国王宜属君臣，今彼国破人亡，乃敢乘其危乱，不复顾念故主恩谊，求其后裔复国报仇，辄思自立，并欲妄希封敕，以为雄长左券，实为越理犯分之事"。由此可见，最初清朝官方并不认可郑信的国王身份，他作为阿瑜陀耶王朝的大臣不应自立为王，而是应当拥戴前朝旧主的血脉，协助其后裔复国。乾隆皇帝的态度主要出于维护封建正统的观念，但同时也是出于战略考虑。阿瑜陀耶王朝灭亡后，末代国王的孙子昭萃流亡至河仙国。河仙国位于越南南部，是与柬埔寨相邻的海港城市。河仙国主郑天赐亦是华人后裔，且崇尚儒家文化，在当地招揽华侨建立割据政权，与清朝政府关系密切，是暹缅战争中清朝在中南半岛的"耳目"。郑天赐意欲扶植昭萃为王，因此对郑信王多有诽谤，导致清朝拒绝承认郑信。

1769年，郑天赐在安南的支持下进攻吞武里，率军攻打尖竹汶。吞武里军队在人数不占优的情况下，避其锋芒，坚守不战。最终河仙军由于瘴疠而死伤惨重，不得不撤军。对于郑信王来说，阿瑜陀耶遗留的王族已经成为他统治的障碍，河仙军主动来犯更是惹恼了他，于是他于1771年出兵河仙。此战双方都是华人后裔，但郑信王更得人心，获得了大量潮汕华人的支持，最终大获全胜。他占领了河仙国，处死了昭萃王子。郑天赐战败后派人向郑信王送去礼物和书信请求讲和。郑信王召回了军队，郑氏重新控制了河仙国。但不久之后，安南爆发了西山农民起义，郑天赐一行投奔暹罗，接受了郑信王的庇护。但他于1780年由于密谋造反败露，吞金自杀。

在郑信王与郑天赐的斗争中，清朝乾隆皇帝也逐渐看清了局势，明白暹罗已经在郑信王的实际控制中，而前朝国王的离散子孙难成大器，因此逐渐改变了对郑信王的态度，开始逐渐接受其作为暹罗国王的地位。两国也在对抗缅甸的过程中逐渐加强了往来，1771年郑信王将俘获的缅军将领押送广州，乾隆皇帝指示两广总督赐予郑信王封赏；1775年，郑信王将被缅军俘虏的滇兵19人送回，1777年押送缅军俘虏6人至广州等。而为了回应郑信的诚挚，清朝官方打破了1731年以来军火不准出洋的惯例，允许暹罗采购硫黄、铁锅等物资，用作铸造兵器，从而增强对抗缅军的力量。最后在1777年7月，郑信王派遣使节到广州，提出正式建交的请求，得到了清政府的准许。

1781年，郑信王派出庞大的外交使团，用11艘大船满载象牙、犀角、苏木和藤黄等货物驶向广州。这是吞武里王朝首次也是唯一一次受到清朝政府接受的官方朝贡，这固然体现了暹罗与中国长久以来的友好往来，但也体现了朝贡体系对于暹罗来说主要作为一种贸易方式的地位。此次派遣出访的11艘船只中，据《高宗实录》记载，船队中只有两艘是真正的暹罗船只，其余皆为广东帆船，出于贸易目的随船队前来。在呈交乾隆皇帝的表文中，郑信王提出了数条要求，包括恳请增派9艘船，每3艘船为一队，在广州、厦门和宁波开展贸易；还恳请聘请华人伙长引导暹罗船只从广州前往日本开展贸易；最后希望在"正贡"之外，向清朝政府呈进"贡外之贡"。清朝对各国的贡船数量和贡品清单都有具体的规定，但郑信王此次朝贡的船只远超出了3艘贡船的规定，而且"贡外之贡"可能也是一种托词。因为乾隆皇帝大概率不会接受额外朝贡，但又不能要求其将贡品带会暹罗，极有可能是允许其在广州当地售卖，而且免其纳税，以示厚往薄来之意。从1781年的朝贡活动中我们可以看出，与中国的朝贡贸易对于暹罗王室来说是极其重要的外贸手段，在难以向民众征税时大大缓解了王室开销的困境。此后在曼谷王朝初期，这一情形也得到了延续，清朝政府一再要求减少朝贡次数和贡品数量，但暹罗的统治者们则一次又一次地派出大型船队，以外交之名开展贸易，这也反映了暹罗和中国古代朝贡关系的实质。

## 三、吞武里王朝的覆灭

郑信王登基之初面临的是连年战争留下的一片凋敝景象，缅军掳走了大量暹罗人口，战争也导致了大量人口伤亡，农业生产难以为继，社会秩序十分混乱。此后郑信王凭借强有力的手段使国家恢复繁荣，他一方面驱逐外敌，统一国家；另一方面积极开展贸易，改善民生。他用高价向外国商人买粮食赈济难民，分发粮食衣物鼓励流民重返家园从事生产。同时积极吸引外商来开展贸易，尤其是大量华人来到暹罗，在都城对岸（如今的大皇宫）一带形成了华人聚居区。

以上各项措施都使得吞武里王国的民生得到些许恢复，但郑信王统治的15年中，几乎一直在开展对内对外的战争。虽然郑信王的军队屡屡获胜获得了累累战功，不仅赶走缅甸侵略者，统一了国内的割据势力，还将北方的清迈、东北方的老挝、东方的柬埔寨都逐渐纳入了吞武里王朝的势力范围内，但这些战争对国家的消耗巨大，普通百姓随时可能被要求应征入伍，难以得到休养生息，动摇了暹罗以农为本的经济基础。而在连年征战的背景下，国内的贵族官吏对民众的剥削更加严重，贪污腐败严重，导致了国内的贫富分化和严重的阶级矛盾，最终酿成了都城内的动乱。

吞武里城内的暴乱发生于1781年，最初源自旧都阿瑜陀耶城。当时这座旧城虽然曾经沦为废墟，但经过十余年的恢复，许多百姓聚居于此。1765—1767年缅军围攻阿瑜陀耶城十余月，城中的富人贵族无处可逃，只得将贵重财物秘密埋在地下。十余年后，这些财宝很多都已经无法确定主人，因此城中百姓将寻宝当成了一种职业。为了充实国库，郑信王的政府下令对这一行当征税，而有一名帕·威集拉农的官员以每年纳钱500斤的价格，买下了挖掘地下财物的垄断权，这导致许多百姓失去生计。而且他或许高估了这些无主财物的价值，只得从百姓手中压榨，强迫他们交出此前挖出的钱财。百姓难以承受压迫，被迫纷纷造反。造反群众有三名首领，名叫乃布纳、枯该和枯素，其中枯该是郑信王手下大臣披耶汕（Phraya San）的弟弟。阿瑜陀耶城城主的住宅被造反队伍攻破，他连忙逃至吞武里向国王禀告。郑信王得知后便派遣披耶汕前去镇压起义的百姓，认为他能够劝说自己的弟弟投降。

但披耶汕抵达阿瑜陀耶后，反而被弟弟策反，加入了造反的队伍。他们认为王国的百姓处于水深火热之中，郑信王领导无方应当将其赶下王位。根据编年史记载，在统治的末期，郑信王沉迷于修佛，以至于性情大变，精神错乱。当时他自认为佛陀转世，引起僧众不满，但得道高僧前来劝说时却遭到郑信王鞭打，消息传遍全城，百姓皆认为国王已经疯了。当时他性格暴躁，容易发怒，经常因为小事便判处他人死刑，对顺他心意者则封赏有加。因此，宫中的许多大臣对郑信王也心怀不满。披耶汕做出反叛的决定或许也是出于这样的原因。

披耶汕出发镇压起义时带走了京城的卫戍部队，他会同造反民众于1782年农历四月十一日一起杀回了吞武里城。当时郑信王手下的大军被昭披耶却克里带走，去与安南争夺柬埔寨的控制权，一时间难以返还。郑信王身边剩下的只有一些外国雇佣兵，他甚至将监狱中的犯人释放为他作战，但己方士兵无心战斗，仅一夜便败下阵来，郑信王只得投降，派出僧王前去讲和。

披耶讪提出条件要求郑信王退位：出家三个月。郑信王答应了这一要求，出家后被披耶讪软禁于寺庙中。此后披耶讪宣布自己先行摄政，待昭披耶却克里的军队返还再做定夺。但实际上这只是他的缓兵之计，内心里想要囤积力量除掉昭披耶却克里，自己则可以称王。他暗中联合郑信王之孙阿努拉颂堪，花费大量钱财收买人心，试图联合都城中的剩余力量对抗昭披耶却克里。

但政变的消息迅速传到了呵叻。昭披耶却克里的外甥披耶素立亚阿派（Phraya Suriyaphai）当时是呵叻城主，迅速将消息报告给自己的舅舅，并且自己引兵向吞武里赶来。披耶讪得知后大惊失色，派遣阿努拉颂堪半夜去偷袭对方的军营。但这位王孙的军队中大部分都是此前靠钱财收买的平民百姓，完全没有作战经验，他们在对方军营放了火，向其中胡乱射击，非但没有起到偷袭的效果，反而惊醒了披耶素立亚阿派的军队，很快便败下阵来，而阿努拉颂堪也被当场抓获。披耶讪无奈只得躲在宫中，还请出郑信王希望得到保护。

而另一边，昭披耶却克里在柬埔寨还未来得及开战便得到都城政变的消息，他迅速与安南军队的主将和谈，双方把酒言欢达成了和平协议，然后迅速率领大军撤回吞武里。当他抵达时，发现城中已经一片混乱。披耶讪摄政期间为收买人心将监狱中大量囚犯释放，他们中有一些是在郑信王治下蒙受了冤屈，而且愤恨郑信王所宠信的谗臣，于是他们趁乱在城中打击报复此前的仇家。

昭披耶却克里返回都城后，百姓纷纷请求他平息动乱，让都城恢复和平。第二天，也就是1782年4月7日，他下令使用檀香木杖杀了郑信，此后也处死了其他参与动乱的大臣和王室成员，包括披耶讪和王孙阿努拉颂堪。最终昭披耶却克里在大小朝臣的恭请下登上王位，他将都城迁至与吞武里城一河之隔的湄南河东岸，建立了曼谷王朝。

郑信王在动乱之初已经退位出家，按照惯例是可以免死的。但曼谷王朝初期的记载中认为郑信王晚年精神错乱，残暴无端，导致了群众起义。

这种说法如今已经不被认可，更有可能是曼谷王朝建立之初为了获得统治合法性的一种托词。把吞武里王朝的覆灭归结于郑信王的精神错乱是有失公允的，其中存在更为复杂的社会历史根源。连年的战乱和腐败的行政管理导致人民生活困苦，封建领主对中央统治的抵触、宗教政策的失败以及国王个人的独断专行，都逐步将吞武里王国推向覆灭的边缘。

但无论如何，郑信王率军抵抗缅甸侵略，领导复国斗争的功绩是不能抹灭的。在经历了多年的污蔑和非议之后，泰国官方和民间对其评价也彻底翻转。1954年，泰国政府在吞武里为郑信王竖起纪念碑，并为其冠以"大帝"之名，以纪念其驱逐外侮，恢复泰国独立和自由的丰功伟绩。此后每年的4月17日，也就是郑信登基的纪念日，泰国都会举办活动纪念这位华人国王，可以说时间逐渐洗清了历史对他的不公阐释，将这位伟大的民族英雄形象重新呈现在世人面前。

| 第六章 |

# 曼谷王朝初期

曼谷王朝建立于1782年，并且延续至今。在吞武里王朝郑信王的统治结束后，昭披耶却克里登上王位，后人为了称呼便捷将其称为"拉玛一世"。拉玛一世登基后将都城迁移到湄公河东岸的曼谷，按照泰国历史的惯例，一般以都城命名王国，因此泰国历史又揭开了崭新的一页，人们将新的王朝称为"曼谷王朝"。因为王朝的建立者拉玛一世此前在吞武里王朝时期被称为"昭披耶却克里"，这一称号深入人心，因此曼谷王朝也被叫作"却克里王朝"。拉玛一世确定了新的大皇宫选址，位于湄南河和运河围出的岛屿之上。这一区域被称为"拉达那哥欣岛"（Rattanakosin），因此后世也将这一时代称为"拉达那哥欣王朝"。

曼谷王朝是暹罗从封建国家向现代化民主国家过渡的重要时期，至今已经历了240余年的岁月变迁。曼谷王朝初期历经三位国王，见证了暹罗在中南半岛区域确立强势地位的过程。此后拉玛四世至拉玛七世王时期，暹罗在西方殖民者的威胁和压迫下努力保持独立地位，并且不断开展现代化改革，最终完成了君主立宪制的历史转型。此后的泰国经历了第二次世界大战，在民主政治改革的过程中经历阵痛，最终在多方力量的合作与对抗中，成为今天我们所见到的样子。可以说曼谷王朝是泰国近千年的历史中，经历了最多激荡变革的时期。

# 一、拉玛一世时期

## 拉玛一世早年经历

曼谷王朝的第一位国王拉玛一世，原名"通銮"（Thong Duang），出生于1736年3月20日。当时的暹罗仍处于阿瑜陀耶王朝波隆摩谷王治下，是王朝末期较为和平繁荣的一段时期。拉玛一世的父亲名叫通迪（Thong Di），是宫中文官，同时也是那莱王时期著名外交家昭披耶哥沙班（Kosa Pan）的后代。相传拉玛一世的祖上是在阿瑜陀耶城第一次被攻破后，跟随纳瑞萱大帝驱逐缅甸侵略者的孟族将军，而哥沙班不仅是代表那莱王出访法国的外交家，还是纳瑞萱大帝的弟弟厄伽陀沙律王的后代。而拉玛一世的母亲名叫"玉"，出身于华人贵族家庭。因此，拉玛一世可以说是贵族出身，同时带有阿瑜陀耶王室和华人血脉。

拉玛一世幼年入宫当差，25岁时，被厄伽陀王派驻到拉差汶里负责当地的司法事务，并在当地与邻近的龙仔厝城富商之女成婚，名叫"娜"。拉玛一世与郑信王是童年好友，当阿瑜陀耶王朝破灭，郑信王从东部沿海地区起兵驱逐缅甸侵略者时，拉玛一世便加入其部，成为他手下的得力干将。此后吞武里王朝建立后，他更是多次为国南征北战，立下汗马功劳，深得郑信王器重。他在1768年征服披迈城的战争后，被封为帕拉差瓦林（PhraRajwarin）；1769年担任军队主帅攻打高棉，为吞武里取得了马德望和暹粒两座城池；1770年他被封为披耶裕玛拉（Phraya Yommarat），1771年再度攻打高棉，晋升为昭披耶却克里；1774年作为军队主将攻打清迈，后又在拉差汶里抗击缅军获胜。1775年，拉玛一世与缅军于彭世洛城交战，对方主将阿赛温吉都对他赞不绝口，认为他："身形优雅，手段强硬，能和我这种老将抗衡，若能保持下去，此后必能称王。"这一评价在日后竟成为现实。1776—1777年，昭披耶却克里和同胞兄弟汶玛（Bunma）的军队沿途向东一路进军，占得如今泰国和柬埔寨交界处的娘隆、占巴塞、素辇、桑卡、库坎等多个城市，获封"颂德昭披耶玛哈甲沙色"（SomdetChaophrayaMahaKasatsuek）。1778年他又率兵与老挝澜沧王国开战，不仅攻下了万象和琅勃拉邦两座重镇，还在当地请回一尊玉佛，成为泰国现今的国宝。1780年，昭披耶却克里再度出兵柬埔寨，镇压越南势力扶植的亲越国王，但未曾开战便得到吞武里爆发动乱的消息，迅速率兵返回。待他回到都城时，朝中已经没有其他势力能与其抗衡，他顺理成章登上了王位。

## 登上王位

拉玛一世出身显赫,并且在吞武里王朝时期跟随郑信王南征北战,战功显赫。在吞武里王朝末期,他执掌国家的军政大权,势力极大。而与此同时,郑信王则犯下了独断专横、刚愎自用的错误,在执政后期未能团结全国力量,最终落得悲惨结局。关于郑信王的死曾经有多种说法,一度传闻是领导群众起义的披耶汕杀死了郑信王,但这一说法此后被历史学家否定,他虽然成功逼迫郑信王退位,但只是要求其出家并将其软禁,待计划破灭后还尝试请求郑信王的庇护。目前国内外史学家的看法基本达成一致,认为是拉玛一世下令处死了郑信王。当时柬埔寨前线他的部队中,有一名王子名叫昭水,负责军队后勤,在得知国内变动后,拉玛一世首先将这名王子控制起来,可以看出他当时并不是想回朝救驾,而是计划将郑信王以及他的继承人控制在自己手中,为登基为王做好铺垫。因此有学者评价,认为"与其说吞武里王朝是被群众起义推翻的,倒不如说封建统治集团内部利用群众起义而做了一次争夺权力的较量,结果以昭披耶却克里为代表的拥有军事实力的军功贵族夺得了政权"。

但无论如何,拉玛一世处死郑信王并取而代之的行为,在封建传统礼法之中仍被视为篡位行径,对其统治的合法性有损。因此在曼谷王朝初期的史书中曾试图对这一行为进行修正,比如将郑信王之死嫁祸于披耶汕,或是污蔑郑信王精神出现问题等。而他登基后面临着和郑信王同样的问题,民众生活困苦难以征税,地方贵族也都野心勃勃,他急需得到清朝政府的承认,从而开展对外贸易、稳固一国之君的地位。拉玛一世此前作为郑信王心腹,见证了郑信王与清朝政府建立正式外交贸易关系的过程,深知清朝政府看重封建礼法,由于郑信王并非出身于王室正统,在获得清朝政府承认的过程中遇到了极多困难。为此,他请使节向乾隆皇帝送上国书,自称是郑信之子,中文名"郑华",继承王位,而郑信王的死因也被说成是因病身故。现在北京故宫清史档案馆中还保存着当时拉玛一世呈送清廷的国书原件，上面记录着："不幸小邦福薄，于乾隆四十七年二月二十三日祸延亡父，昭因病身故。临终之际嘱华慎重无改旧制，当以社稷为念，天朝是遵。华自父故任政之后，幸赖皇天福庇，属土皆安，回思旧制，暹罗忝叨属国，理合禀报。兹特遣朗亚排川罗蒂赍文禀赴阶前，并差船商驾船前来护接贡使回国。俟至贡朝，华当虔备方物朝贡，俾亡父被皇恩于不朽，使华永戴圣德而无穷。"

虽然清朝政府对这一说法多有怀疑，但此后也不了了之，而曼谷王朝国王使用中文名的传统也在清朝史料中一直延续。我国学者认为，假冒郑信王之子被看作拉玛一世登基后为获取统治合法性做出的牺牲和努力，也体现了当时的暹罗在与清朝交往时的地位较为卑微，为了获得册封不惜编造身世。但在19世纪下半叶，这一说法遭到了泰国拉玛四世的驳斥，他认为泰国向中国政府朝贡是为了表示友好关系，而非以藩属国身份向中国表示归附顺从。他强调此前中国政府一直傲慢地轻视暹罗，但暹罗不是中国的藩属国，不需要中国的庇护。此前的朝贡活动大多依靠在泰华人华商从中协调，他们期望两国能够长期友好，从而便于开展贸易从中获利，因此他们在翻译国书时篡改内容，两头欺瞒。在中文版本中强调暹罗的顺服和谦卑，而在泰文版本中则将两国视为平等，从而让双方都满意。拉玛四世认为这导致"暹罗的名誉被败坏，失去了体面，愚蠢了好几代"。由此推断，拉玛一世向乾隆皇帝呈递的国书中语气卑微，而且采用了极其符合清朝政府喜好的措辞，很可能也是经过翻译加工处理的。但国书中关于假冒郑信王之子的内容，究竟是拉玛一世授意而为，还是华人翻译擅自改动，现在已经难以考证。

泰国民间传闻，认为郑信王被处死前，面对童年好友和此后心腹手下的背叛，内心愤恨，于是发下恶毒诅咒：拉玛一世及其后人的统治将会"十世而亡"。这一说法并没有太多历史根据，很可能是民间杜撰而来，但在泰国流传甚广。曼谷王朝此后延续了两百余年，见证了泰国社会的发展和变迁，作为后人，我们只需公正客观地还原历史真相即可，不必苛求其统治合法性或道德性，在封建社会中能够带领国家发展，百姓安居乐业就是国王最大的功德了。

## 迁都曼谷

拉玛一世于1782年登基，之后他做的第一件大事便是将王国的首都从湄南河西岸的吞武里迁至东岸曼谷的拉达那哥欣岛区域。这一决定主要是出于战略方面的考量，吞武里城原本包含了湄南河东西两岸的区域，物资运输和人员通行相对不便，若有外敌进攻则难以防御。而且原本的吞武里王宫位于两座寺庙之间，面积有限难以扩建。而河对岸的拉达那哥欣岛是湄南河与两条运河围出的区域，有天然水道作为护城河，易守难攻。1782年4月21日曼谷举办了建城仪式，按照传统竖起了"城柱"（Sao Lak Muang），以期城市能够繁荣昌盛。拉玛一世下令按照阿瑜陀耶王国时期的传统和文化艺术风格修建了大皇宫，作为新王朝王室的居所。与此同时，拉玛一世还在大皇宫之中修建了玉佛寺，1784年玉佛寺建成后，拉玛一世从吞武里将国宝玉佛请到寺中。大皇宫和玉佛寺现今已经成为泰国曼谷最重要的文物古迹。

新都城的建设花费了3年时间，1785年建设完工后，拉玛一世在新都城举行了第二次登基仪式，并且为新建的曼谷城赐名。曼谷城全名为："奉帝释天之命，工巧天建造，神之化身的永恒驻地，至尊宫殿之所，九种宝玉的欢乐王城，宏伟的存在，伟大因陀罗的阿瑜陀坚不可摧，玉佛永驻的大城提婆（天神）之京都。"[①] 其正式英文转写多达168个字母，被吉尼斯纪录认证为全球名字最长的地名。这一名字反映了曼谷城在泰国历史文

---

① 该译名详解参见阿船修八尺：《世界上名字最长的城市 一个汉字就能概括》，2019年11月10日，https://mp.weixin.qq.com/s/8O2vhiOtbSm385D0EQ0A3A

化中的地位，被认为是有史以来最伟大城市。时至今日，曼谷也是泰国的绝对政治文化经济中心，其地位无可撼动。

## 保卫王国

在曼谷新城建立之后，拉玛一世王立即投入大量人力物力修建城墙、防御工事、运河桥梁等，同时还开始准备粮草、武器、战船，随时准备抵御敌人的入侵。当时暹罗最重要的敌人还是老对手缅甸。拉玛一世在位期间，暹罗与缅甸爆发了7次战争和冲突。1782年，在拉玛一世登基前一个月，缅甸也迎来了新国王孟云（Bodawpaya）。他急于恢复先前缅甸对暹罗的支配地位，1785年发14万大军，分9支部队前来攻打暹罗。而拉玛一世手下的军力大约只有敌军的一半，近7万人，但他此前南征北战，军事素养极高，凭借得当的战略部署迎接敌人的到来。他首先派自己的胞弟也是曼谷王朝的首任副王，率领部队将缅军主力部队引入山区，然后化整为零，以游击的方式夺取、烧毁对方粮草。最终缅军主力部队弹尽粮绝，只得撤兵。而副王的部队又及时赶往其他战场支援，最终击败了缅军全部九路大军。

缅王急于报仇，于次年再度来袭，此次他们吸取了此前行军过于分散的教训，命大军从暹罗西部的北碧府一同进军，通过三塔山隘（Three Pagodas Pass），在丁丹（Tha Din Daeng）和三索（Samsop）安营扎寨，而拉玛一世和副王亲率两路大军经过3日激战，将敌人打退。

此次战役导致此前归顺于缅甸的许多城邦纷纷独立，在当地发生动乱。1787年，缅王派兵镇压，并继续攻打暹罗北部的南邦和巴桑（Pa Sang），副王领兵6万将其逼退。同年，拉玛一世征兵两万人主动出击，向西攻打缅甸南部的土瓦（Dawei），但由于缺乏粮草也未能成功。1793年缅甸南部诸城宣布脱离缅甸接受曼谷王朝的保护，但当暹罗军队前来协助作战后，当地守军又重新归顺缅甸，拉玛一世不得不撤回军队。

1797年，缅军再度卷土重来，派遣55000人的军队进攻清迈，拉玛一世从曼谷调兵两万人,和北部当地部队会合,暹罗军队共四万兵将,在一天之内就击溃了缅军。最后在1802年,暹罗军队在北部彻底战胜了缅甸军队,占领了其在泰北的据点——景线。在此之后,暹缅双方仍有数次冲突和摩擦,但规模日益缩小,随着缅甸沦为英国的殖民地,两国之间延续数百年的战争彻底终结了。

拉玛一世在位期间,基本上终结了暹罗、缅甸这一对老冤家近300年的战事争端,几次战争基本都以暹罗战胜而告终。与此同时,拉玛一世还将暹罗的势力范围进一步巩固扩大。老挝在吞武里时期便是暹罗的属国,拉玛一世选择了自己信任的人选命其统治万象,而兰勃拉邦的统治者想要投靠缅甸时,被万象的统治者击败,押送至曼谷。

柬埔寨在当时同样是暹罗的属国,1782年柬埔寨爆发动乱,年幼的国王安英逃往暹罗。拉玛一世派遣大臣前往柬埔寨摄政,安排安英国王与自己的儿子一同生活,直至15岁才送他回国继承柬埔寨王位。待其逝世后,又安排其子安赞二世在成年后继位。

拉玛一世还扶植安南阮福映势力抗击国内西山起义军,阮福映曾多次向拉玛一世进贡金银花表示臣服,但此后其统一了安南全境,开创了阮氏王朝,便停止向暹罗进贡。但念在此前拉玛一世对其支持,两国在这一时期仍然保持了友好关系,并且互换礼物和使节。

在南部马来半岛上,拉玛一世登基后赶走了当地缅甸势力,并且继续向南部的其他独立城邦进军,最终攻下了北大年、宋卡和洛坤等地,都是当今泰国南部的重要城市。

## 重建国内秩序

拉玛一世登基后,国家仍然面临很多问题。吞武里王朝时期十余年的征战导致国内民生艰难,郑信王虽然通过武力征服了各地的割据势力,但在其统治末期,各大贵族势力也逐渐产生不满。因此拉玛一世需要采用强有力的措施重建国内秩序。

他登基后强调国王的神圣性，通过树立国王权威将封建权力向中央集中。国家的一切法律和命令都要由国王来颁布，全国行政事务都以国王的名义进行，国王在场时所有人必须下跪，不能坐或立，可以说拉玛一世将国王以及王室家族提升到了神明一般的地位。他还恢复和巩固了封爵制度，根据血缘亲疏为王室成员分封爵位，包括皇后之子"昭法"，皇妃之子"帕翁昭"，皇孙"蒙昭"，共三级爵位。由于这些爵位每过一代人便下降一级，因此到拉玛四世时期又增加了"蒙拉差翁"和"蒙銮"两级王家爵位，这一制度也一直延续至今。这些王室成员都按照其爵位得到了封授的土地。而在朝中任职的各级官吏也被封为不同等级的爵位，按照等级封田。这样的做法基本上都是延续了阿瑜陀耶王朝时期的"萨迪纳"制度，将全国土地牢牢控制在国王的名下，所有封地400莱以上的官员都由国王亲自任命。拉玛一世通过这一制度将军政大权掌握在自己手中。

为了把控全国政务的各个方面，拉玛一世将王国的重要职位大部分都安排给王室成员。当时的副王是拉玛一世的弟弟，地位仅次于国王。在副王之下设置两位主政大臣职位，分别是沙木罕卡拉洪（samuhakalahom）负责军事，同时监管王国南方地区事务，沙木罕纳育（samuhanayok）负责民生事务，同时监管王国北方事务。此外还设置了财政部、宫务部、政务部、农务部，重要职位全部安排由亲王担任。

为了将王室权力延伸至全国各地，拉玛一世也对地方管理办法进行了调整。他将全国行省分为四等，洛坤、呵叻、彭世洛为一等省，甘烹碧、素可泰等地为二等省，此外还有三、四等省。各省的行政长官基本都安排亲王或者王室成员、国王亲信担任，他们代表国王行使权力，管理各省军政事宜。但为了监督这些省督，拉玛一世还任命了另一批高级官员行使协助并监督的职责，最后还在各地任命联络官用于及时传递文书信件，沟通中央和地方。在各省级别以下还详细设置了各级行政单位，直至村一级。各村村干部根据萨迪纳制度的要求，向被称为"派"的农民阶层征税，组织他们依附于封建主,在分封的田地里从事生产劳动,并且每年需要参加劳役,为封建主或国家贡献劳动力。

通过以上手段,拉玛一世重新恢复了阿瑜陀耶王朝时期的萨迪纳封建制度,将其进一步加强,使得曼谷王朝初期的封建统治向王国的中心集中,建立了较为有序的封建等级和社会秩序,在连年战火熄灭之后,有效地促进了王国稳步发展。

## 法律、宗教、文化发展

拉玛一世在位期间还命人对阿瑜陀耶王朝遗留下来的法律进行增补修订,形成了一部影响力极为深远的法律大全——《三印法典》。这部法典完善了此前庞杂混乱、自相矛盾的法律条文体系,一直沿用至拉玛五世时期,长达131年。

在宗教文化等其他方面,拉玛一世也做了许多承上启下的工作,将此前阿瑜陀耶王朝流传下来的佛经、文学作品等重新整理、修缮、保存,确保了泰国古代文化的不断传承。他吸取了郑信王执政末期对宗教事务处理失败的教训,特别设置专门的宗教事务厅,将佛教活动纳入中央管辖范围内,并且通过多条法令重新整顿佛教秩序,提高僧侣道德水平,从而恢复佛教的神圣地位。他还指定专人负责重新修订佛经,此前的三藏佛经中有许多错误,且用不同的语言记载,拉玛一世指定了218名僧人和32名佛教学者共同修正其中错误,并且使用泰式高棉文字将巴利语的经书记录在贝叶上,存放于藏经塔内。他还主持修建了大量佛教寺庙,许多拉玛一世时期修建的寺庙至今仍保存完好,见证了曼谷王朝的发展和壮大。

拉玛一世时期的暹罗文学也获得了长足发展,当时的文学创作主要以宫廷文学和宗教文学为主,民间文学主要是口头流传的各种故事。拉玛一世曾主持全国文人整理此前在战火中失传的古代文学作品,并且鼓励文人进行诗歌创作歌颂曼谷王朝。他自己也写下长诗纪念自己抗击缅军的辉煌事迹。在拉玛一世的授意下，当时的朝中大臣披耶洪主持翻译了中国著名的小说《三国演义》。虽然他本人并不通晓中文，却将小说内容融会贯通，以符合泰国社会文化的方式重新写成，使得《三国演义》成为在泰国影响力最大的中国文学作品。该版《三国演义》泰译本被后世奉为经典译本，被曼谷王朝六世王瓦栖拉兀（1910—1925年在位）时期的文学俱乐部评为"散文体故事类作品之冠"。洪版《三国演义》行文流畅优美，简洁明快，有一种独特的语言韵味，被人称作"三国体"（SamnuanSamkok），对泰国文学创作和发展产生了深远影响，同时也见证了中泰文化之间的友好往来。

1809年9月7日，拉玛一世王驾崩，享年72岁，在位28年，他被称为曼谷王朝的"初代王"（PhaenDin Don），其子拉玛二世被称为"中代王"（PhaenDinklang），拉玛三世不满自己可能会被称为"末代王"，认为这是不吉祥的叫法，因此在玉佛寺重新向拉玛一世和拉玛二世敬献谥号，此后拉玛一世被称为帕普陀耀发朱拉洛（PhraphutthayotfaChulalok），意为"天顶之佛，世界之冠"。由于拉玛一世为曼谷王朝筑牢根基的功绩，泰国政府于1982年为其授予"大帝"称号，并且将其登基的日期——4月6日定为拉玛一世王纪念日。

## 二、拉玛二世时期

曼谷王朝在经历了拉玛一世王的统治后，逐渐走出了混乱和贫苦，国家的行政秩序、经济、宗教、法律和文化都得到重建，并且有所发展。1809年拉玛二世继位登基，他接手的王国已经走上了正轨，因此在历史的书页中，拉玛二世的存在感似乎不强。但实际上，他在位的时期，暹罗的外交和贸易得到了平稳而迅速的发展，文学艺术也得到长足的进步，算得上是曼谷王朝初期的黄金时代。

拉玛二世王原名"钦"（Chim），出生于1767年2月24日。他出生于吞武里王朝时期，当时其父拉玛一世还是龙仔厝府的地方官员，他也只是一名贵族子弟。而当曼谷王朝建立后，他也随即成为伊萨拉顺通（Itsarasunthon）王子。曼谷王朝最初的副王，是拉玛一世的弟弟，从吞武里王朝时期开始便陪伴拉玛一世南征北战，在曼谷王朝抗击缅甸，扩张国土的过程中也立下了汗马功劳。但这位副王不幸于1802年逝世，此后于1806年，副王和王位继承人的位置传给了拉玛二世。1809年拉玛一世驾崩后，42岁的拉玛二世登基成为曼谷王朝的第二位国王。

## 保卫国家

拉玛二世统治时期，暹罗大地上大致维持了和平和发展，只在登基之初与缅甸发生过一次战争。1809年，拉玛二世登基刚刚两个月，缅王认为曼谷王朝面临王位更迭，国内人心不稳，各地的贵族和大臣未必能够齐心抗敌，于是派兵分水陆两支部队来袭。但拉玛二世从小跟随父王南征北战，耳濡目染之下对于战争并不陌生，他很好地组织了军队，团结各地力量，最后于普吉的塔廊城击溃缅军。

此后，他也一直没有放松对周边国家的防御。1819年他派遣王子蒙昭塔率兵驻守在西部的北碧府，随时准备抵抗缅军的进攻。对于东方的柬埔寨，拉玛二世最初采取怀柔政策，避免战事，允许其向暹罗和越南同时进贡，但后期也在边境地区屯兵，随时准备与越南开战。同时拉玛二世也下令时刻准备防御海上进攻的敌人，他在曼谷南部沿湄南河南岸建设新城，并一直延伸到泰国湾的如开口，作为敌人从海上攻击时防御曼谷的第一道防线，此后逐渐扩建成北柳府。

## 宗教文化艺术发展

拉玛二世具有一定的军事才干，在他统治期间国家整体保持了和平。

他统治的时期被认为是暹罗文化艺术发展的一段黄金时期。在阿瑜陀耶王朝覆灭之后，暹罗的许多传统文化艺术遭到了破坏，虽然郑信王和拉玛一世都曾尝试恢复这些国家的文化瑰宝，但其统治时期大多集中力量于保家卫国。而拉玛二世时期的暹罗迎来了和平的内外环境，因此文化艺术得到了恢复和发展。

拉玛二世坚持以佛教团结全国人民，他下令重新修缮了吞武里王朝的王家寺院，并将其命名为黎明寺（Wat Arun），且在寺中修建了高达80米的巴郎式（Brang）佛塔，至今仍然矗立在湄南河畔，成为曼谷城的重要标志之一，甚至被誉为"泰国的埃菲尔铁塔"。此外他延续拉玛一世的政策，由中央政府控制僧伽团体，并且鼓励僧人潜心研究佛法，将佛经的学习分为九段，并且组织考试和认证。与此同时，他大力推动佛经进入民间，要求政府官员和民众用泰文诵经，普及了佛法。他还于1817年在泰国开创了庆祝佛诞节的传统，这一习俗一直延续至今。

在文学方面，拉玛二世本人富有才情，文学创作功底了不得，在位期间留下了许多传世之作，比如他重新搜集整理，并且加工创作了民间故事《伊瑙》，并将其书写成舞剧剧本的形式，被后世称为存世最好的一个版本。此外，他对此前流传下来的多部文学经典都做了修订和润色乃至重新创作，包括《昆昌昆平》《拉玛坚》等，都成为后世流传的经典版本。泰国著名历史学家丹隆亲王曾赞美拉玛二世王，认为他在剧本创作方面是最出色的一位国王。除了自己进行文学创作以外，拉玛二世王还培养支持了许多宫廷文人，其中最著名的要数顺吞蒲（SunthornPhu）。顺吞蒲被誉为"泰国的诗圣"，他出身不佳，但幸好母亲在王宫中侍奉王室，顺吞蒲得以进宫并且接受教育。此后他又深入民间积累素材，最后由于名声远播，于1820年被拉玛二世看中，入朝为官。他一生创作了大量作品，其中《帕阿派玛尼》是他最具代表性的作品。这是一部长篇爱情叙事诗，其中充满了天马行空的想象，人物众多，出现了人、鬼、神各类神奇生物。他的创作是泰国文学作品中一次大胆的革新，也奠定了他自己在泰国文学史中的重要地位。顺吞蒲曾担任拉玛二世的诗歌顾问,并在拉玛二世王驾崩后辞官出家,可以说拉玛二世对其有知遇之恩。

## 外交与贸易

阿瑜陀耶王朝时期的暹罗曾经与西方商人来往密切,葡萄牙、西班牙、荷兰、英国、法国等纷纷在暹罗境内开设商馆,促进贸易。但此后由于希腊人华尔康与法国殖民者勾结,密谋控制暹罗中央权力,1688年帕碧罗阁领导了驱逐西方殖民者的群众运动。此后他自立为王,开创了阿瑜陀耶王国的班普銮王朝。此后暹罗王室一直对西方人抱有警惕的敌意,100余年中始终没有和西方的传教士或商人有密切往来。在曼谷王朝建立后,拉玛一世王时期暹罗常年与缅甸作战,欧洲也陷入拿破仑战争,双方来往更是极少。

拉玛二世登基后,对西方人仍抱有一定的戒备。比如18世纪末开始英国商人在印度大量生产鸦片,并通过垄断贸易权将其售卖至中国以及周边国家,从而换回真金白银和其他货物。拉玛二世看到了其中的危害,认为鸦片有损国民体质,扰乱民生,虽然鸦片的进口和种植都能为王室带来大量利益,但仍然立法禁止吸食鸦片,从而堵住了西方商人通过鸦片掠夺暹罗财富的门路。

但随后西方国家的触角仍在不断向东南亚地区延伸,他们希望恢复与暹罗之间的贸易往来,从而从中攫取利益。1820年,葡萄牙人首先致信拉玛二世,要求在暹罗设立领事馆。双方谈判后,拉玛二世允许其在曼谷设立领事馆和商馆,但贸易额并不高。此后美国人和荷兰人也试图前来恢复贸易,但都遭到暹罗王室的生硬对待,未能成功。最终是英国人打开了暹罗的大门,当时英国人已经在新加坡建立殖民地,希望进一步扩展其在东南亚的影响力。此前英国和暹罗在马来半岛的吉打地区还存在领土争端,英国派遣了驻印度总督约翰·克劳福特率代表团前来与拉玛二世商谈解决争端,并且要求取消或修改一些有碍两国贸易的条例。拉玛二世希望能从英国得到火炮，因此较为友好地接见了对方，但双方最后并未达成一致。因为英国人希望能在暹罗自由开展贸易，收购货品，但王室一直把持着暹罗海外贸易的垄断权，双方就此僵持不下。

当时西方人在暹罗的贸易额较少，暹罗海外贸易最重要的伙伴是中国，双方通过朝贡贸易形式开展贸易，暹罗王室从中获得巨大利益。据文献记载，曼谷王朝初期在与中国的朝贡贸易中得利超过300%。当时暹罗的水稻产量很高且质量优良，大米生产趋于专业化，大量向外出口，同时也带动了其他经济作物的生产和贸易，比如柚木、苏木、椰油、砂糖、盐、胡椒、豆蔻、虫胶、锡、象牙、兽皮等，同时从国外进口布匹、瓷器、铁器、武器、纸张等。随着商业往来的日益频繁，暹罗王室的贸易垄断权也并未得到严格实施，大量私人贸易也在同时发生，其中华人华侨起到了重要的作用。在曼谷王朝初期，中国南部沿海各省的农民越来越多地移居到暹罗，据估计，1820年起，每年从中国南部移民暹罗的人数达到15000人，在拉玛二世统治的末期，在泰华人已经达到了44万人。他们担任暹罗的贸易官员、贡使、通事、船夫、水手等，乘坐中式大帆船（也被称为"红头船"）来往于中暹两国，在贸易中起到了重要的作用。

拉玛二世王统治王国15年，于1824年驾崩。他在位期间曾得到了3头白象，泰国传统中认为这是吉祥的征兆，能够得到白象的君王都是能使国家和平繁荣、人民安居乐业的明君。为此拉玛二世王命令暹罗出海的船只都挂上带有白象图案的红底旗帜，作为本国船只的标识。这一旗帜此后也成为泰国的国旗，一直延续到拉玛六世时期。拉玛三世王为其追封谥号为"帕普陀勒拉那帕莱"（PhraPhutthaLoet La Naphalai）。

## 三、拉玛三世时期

在曼谷王朝前两位国王的苦心经营之下，暹罗终于从常年的战火中恢复了生机,百姓安居乐业,社会文化得到发展。拉玛三世王在位时延续了和平与发展的主题,他十分注重对外贸易,并通过贸易为暹罗的王室和人民都赚取了大量利润,国家经济得到了迅速恢复和发展,而拉玛三世王本人也被称为"贸易之王"。

但这一时期的繁荣发展背后也隐藏着危机。暹罗此前最主要的贸易伙伴便是中国,而中国一直采取薄来厚往的态度与暹罗之间保持了数百年的和平友好。但西方殖民者并不像中国一样愿意在贸易中厚待外邦,他们对东南亚各国的资源和财富虎视眈眈,希望通过贸易打开通道或者通过武力强取豪夺,最终使该地区都沦为西方人的殖民地。拉玛三世王统治的时期,暹罗始终在发展贸易和维护主权的过程中寻找平衡。

## 早年生平

拉玛三世原名蒙昭塔(Mom Chao Thab),出生于1787年3月31日,是拉玛二世王与王妃席苏拉莱(Sri Sulalai)之子。他出生于旧都吞武里,作为拉玛一世的王孙,当他成年后在曼谷玉佛寺内短期出家。其父拉玛二世于1809年登基后,蒙昭塔获得了父王的信任,任命其负责港口、财政、司法等多方面事务,都是对王国的稳定和富裕有着极为重要作用的职位。他也不负期待,积极与中国开展贸易为国家增加了收入,拉玛二世王还曾按照泰国潮州人的说法,将其戏称为"座山"(ChaoSua),意为富翁。[①]他还关注民生,在自己居住的王宫前救济生活贫困的平民,并且一直供奉斋僧,从未停止。1819—1820年,拉玛二世王得到消息,缅军正在暹罗的西部边境准备粮草,招兵买马,似乎有开战的意图,于是派蒙昭塔前去西部的北碧府准备抗敌。蒙昭塔在北碧府常驻近一年时间,震慑了缅甸军队,迫使其未战先退。作为王子,蒙昭塔精明能干,在朝中和民间都积攒了极

---

① 在泰国的潮州人用这个词形容一个人的财富堆积成山,地位也坚定如山。

佳的口碑。前来商谈贸易的英国驻印度总督约翰·克劳福特也曾称赞蒙昭塔，认为他是所有贵族和大臣中最聪慧最有能力的。

1824年拉玛二世突然驾崩，并未指定副王或继承人。按照传统，王位应当传给王后所生的蒙固（Mongkut）王子，但当时蒙固王子刚刚年满20岁，并且刚刚出家为僧14天。当时地位较高的王室成员、宫中大臣以及僧王共同商议后，认为蒙昭塔虽然是王妃所生，但他熟悉王国的统治，在外贸、财政、法律方面都极有经验，因此将其推选为王。可以说他是由于卓越的治国能力才登上王位。1824年7月21日，拉玛三世正式登基。

## 勤政爱民

拉玛三世可以说是一位勤政爱民的国王。登基以后，他要求大臣和官员每天上朝觐见两次，根据史料记载，拉玛三世每天上午10点召集朝臣，晚上则是9点至凌晨再度上朝，若是事务繁忙时，晚上的朝见可能从19点一直延续到第二天凌晨5点。而对于国家的子民，他也十分关注。在他统治时期，有25个村落发展为城市，主要在东北部。他要求百姓提高社会责任意识，对自家周边200米内的犯罪行为进行举报，并且仿照兰甘亨大帝设置鸣冤鼓，百姓可以随时向行政长官举报或申诉。

## 弘扬佛教

拉玛三世极其重视佛教的发展。泰国的编年史中记录说，拉玛三世无论处理政务到多晚，第二天早上都会准时斋僧，从不间断，而且经常邀请高僧进宫讲经。他在位期间下令铸造了许多佛像，由于小乘佛教不信菩萨，因此他命人查阅佛经增加了40多种佛像姿势，其中帕派坡寺的卧佛，吞武里越因寺的降魔式佛像规模极大，信众极多。僧侣从锡兰借经，在周边各国各地寻访失传的经书，并组织译经供暹罗僧侣学习。他认为此前的经文多为巴利文和高棉文，不利于佛法的传播，因此下令请人将许多佛经译为泰文。在他治下僧人人数迅速增长，在曼谷的僧侣达10000人以上，全国则达10万人以上。当时流传的说法是："无论三世王在什么地方，发生什么事情，他总是首先考虑扶持佛教。"他鼓励僧人研习佛经，并奖励其中优秀者，同时还命人在现今曼谷大皇宫边的卧佛寺墙壁上，用石板刻下一套教材教授各种知识，供僧人和民众观看阅读。因此有说法将卧佛寺称为泰国第一所"大学"。直到他去世之前都一直牵挂着修建佛寺的事宜，在临终遗言中还嘱托无论是谁继承王位，都应出钱赞助寺庙。

## 外交与贸易

拉玛三世在登基以前便曾负责王国的对外贸易事宜，积累了大量经验，并且为国库赚取了大量收入。待他登基之后，更是重视贸易方面的发展。他统治的时期是曼谷王朝对外关系的一个转折点。传统的中暹大帆船朝贡贸易在这一时期逐渐减少，而西方人的轮船则驶入了暹罗湾，成为更加重要的贸易伙伴。当然这种转变并非完全由拉玛三世主导，而是面对西方殖民者的坚船利炮，暹罗不得不采取的一种政策转向。

首先在中南半岛地区，曼谷王朝初期的暹罗在与周边国家的关系中占据了优势。拉玛三世时期曾与万象、高棉、安南、西双版纳、北大年等地开战，或驱逐外侮，或平定叛乱，基本上都维护了暹罗本国的利益。尤其是在与老对手缅甸的对抗中占据了优势。此前暹罗与缅甸之间征战数百年，在19世纪初期，由于缅甸出现了内部动乱，同时还面临英国殖民者的压力，双方的冲突逐渐减少，在拉玛三世时期缅甸再也无力与暹罗竞逐。当时英国已经占领了印度作为殖民地，而缅甸多年来向地处其东方的暹罗开战并未讨到好处，于是将战略重心转向西边的印缅边境，试图抵抗英国殖民者。英属印度和缅甸之间最终于1824年爆发了冲突，揭开了战争的序幕。英国人了解暹罗与缅甸之间长达百年的世仇，便邀请拉玛三世共同出兵攻打缅甸。拉玛三世出兵后大获全胜，曼谷王朝在此次战争中获得了丹老、毛淡棉等地的控制权，而缅甸帝国也逐渐走向了衰落。

英国与缅甸之间的战争也改变了暹罗对西方殖民者的看法，暹罗此前将缅甸视为仅次于中国的大帝国，也是自己数百年的老对手，但却在英国人的坚船利炮下轻易被击败，这对暹罗统治者的心理产生了极大的触动。拉玛三世意识到一味拒绝西方人前来贸易，很可能会对国家带来战争的灾难，甚至导致国家主权的丧失，因此必须要吸取缅甸的教训，以灵活的外交手段来面对来势汹汹的英国人。1826年，英国使臣亨利·伯尼来觐见拉玛三世王，希望改善两国关系，他表现得谦虚有礼，而且并未对暹罗提出建立使馆、租借土地等政治要求，主要是在商业方面要求更多自由。双方友好交涉后签署了《伯尼条约》，条约规定两国平等友好相处，互不干扰国界和领土，明确治外法权，明确拒绝未经允许租借土地或建立商馆等。条约主要对英国人前来贸易放宽了条件，使其拥有了更多自由，暹罗对英国船只缴税的流程也被明确规定下来，简化了流程，但在暹罗贩卖鸦片仍是不被允许的。这一条约改变了暹罗此前排斥西方商人的态度，打开了国门迎接其前来贸易，但总体来说并未触犯暹罗的国家利益。1832年，拉玛三世与美国人也签订了同样内容的条约，越来越多的西方商人来到暹罗开展贸易。

而中暹朝贡贸易的重要性在此后逐渐降低，西方人的轮船有更快的速度，更高的效率，逐步取代了中国的大帆船。这对暹罗来说是一把双刃剑，一方面从贸易中获得了更大利益，但另一方面也纵容了西方殖民者难以填满的贪婪，他们渴望进一步扩大其商品市场，掠夺暹罗的工业原料。当时暹罗主要的出口商品包括大米和糖，暹罗人民劳作不再是为了简单的养家糊口，而是不断开垦种植并将产品出口。这一改变也促进了暹罗本身的农业生产发展，百姓的生活也因此得到改善。但1841年中英鸦片战争的爆发以及《南京条约》的签订，使得暹罗对此放任再次提起警惕，他们收回了英国在暹罗收购食糖的权益，对其他物产也下令禁止私人交易。这时的拉玛三世王已经意识到，曼谷王朝最大的敌人已经不是周边国家，而是西方殖民者，他曾于1850年表态："与越南、与缅甸的战斗应该不会再有了，此后只有需要当心西方人，他们有任何的好东西我们应该要学习过来，但也不能盲目迷信。"

拉玛三世在位期间，国家的经济通过与西方人的贸易得到了稳固的发展，而暹罗国库也由于他的政策逐渐充实。他下令节省开销增加收入，比如要求农民在纳税时不再缴纳稻谷而是改为缴纳税金，并且设置了38种新的税种，由各地税务官定额承包，不需中央政府亲自收缴。这些政策对于平民百姓来说是较大的负担，但都大大提升了国库的资金储备。拉玛三世将国库的钱财装在红色的袋子中保管，因此被称为"红袋金"。这些资金储备在1893年法暹战争后起了巨大作用，暹罗五世王用拉玛三世积攒的"红袋金"向法国殖民者支付了巨额赔款，才保护了国家没有被进一步蚕食。这也算是拉玛三世通过自己的方式，再一次保护了国家主权。

拉玛三世统治的时期，被认为是曼谷王朝宗教文化和对外贸易快速发展的时期。他统治国家27年，于1851年因病驾崩。在他去世之前，并没有指定继承人，而是召集王公大臣，命他们选择能够确保国家安泰、人民幸福，深受爱戴的王室成员，并合力推举其为新王。拉玛五世王曾评价此举，认为拉玛三世并不是没有考虑让自己的子孙坐上王位，但他爱国家胜过爱自己的孩子，因此做出了无私决定。1997年，拉玛九世王向拉玛三世王追赠新的封号"帕玛哈杰达拉昭"（PhraMahaJesada Raj Chao），意为"一心奉献于王国事务的明君"。

| 第七章 |

# 曼谷王朝的现代化改革

# 第七章 曼谷王朝的现代化改革

曼谷王朝在经历了拉玛一世至拉玛三世从1782年至1851年的统治之后，逐渐从阿瑜陀耶王朝末期的战乱和困苦中走出，重新建立了国内秩序，中央王权通过行政制度和宗教思想得到了大大加强。国王不仅是全天下土地的所有者，也掌握全国上下所有封建官员、贵族的任命权力，甚至佛教的领导核心也都被牢牢结合在王室权力周边。可以说曼谷王朝初期的三代国王，一步一步将暹罗从分裂的边缘重新整合，形成了以中央王权为核心的社会机体。在这个过程中，国内的宗教、法律、历史、文化和艺术等方面都获得了长足发展，许多在战乱中散佚的经典重新得到了修缮，新的创作也层出不穷。

在与周边国家的交往中，暹罗在曼谷王朝初期也逐渐获得了优势地位。此前暹罗与缅甸数百年的世仇在这一时期逐渐终结。拉玛一世统治下的暹罗逐渐强大，在数次战争中都抵抗住了缅甸的攻击，而缅甸一方面内部统治出现问题，另一方面又面对英国人的压力，最终沦为殖民地，再也无力与暹罗对抗。而老挝、柬埔寨等国，在吞武里王朝时期便是暹罗的附属国，曼谷王朝初期基本维持了这一格局，只是越南政权对柬埔寨虎视眈眈。而在南部的马来半岛区域，暹罗也逐渐扩张势力范围。

但是以上的积极因素背后也充满了危机和挑战。19世纪是西方殖民者加速瓜分东南亚地区的一段时期，英国在当时逐渐将势力范围扩大到印度、孟加拉、新加坡、缅甸等地，从西侧和南侧包围暹罗，而法国则在19世纪后半叶逐渐占领越南、柬埔寨、老挝，控制了暹罗东部的区域。他们两面夹击暹罗，都对这一区域虎视眈眈。英国首先通过贸易打开了暹罗的大门，在1826年签署了《伯尼条约》，此后西方商人来到这片土地开展贸易。此后，一直自认为天朝上邦的中国，也在西方人的军事威胁下逐渐败下阵来，不仅难以庇护东南亚各国，而且自身难保。在这样的背景下，西方人的轮船逐渐取代了中国的大帆船，成为暹罗对外贸易的主要渠道。

虽然与西方人开展贸易为暹罗带来了经济利益，但暹罗的统治者也看清了西方人并不像中国清朝政府，他们并不在意封建礼数，而是在资本主义的逻辑驱动下疯狂攫取利益。西方殖民者的利益与暹罗王室的封建统治必然形成冲突，如果不寻求改变，暹罗的独立主权很可能会受到损失。在这样的背景下，曼谷王朝中期的拉玛四世至拉玛六世王，主动求新求变，向西方学习，试图以主动的现代化改革获得西方国家的认可，并且通过灵活巧妙的外交手段，在英法殖民者的夹击中勉强保证国家的主权完整。在付出了惨重代价之后，暹罗成为东南亚唯一一个没有完全沦为殖民地的国家，这可以说是曼谷王朝中期现代化改革最大的成果之一。

# 一、拉玛四世时期

## 拉玛四世早年经历

拉玛四世原名"蒙固（Mongkut）王子"，出生于1804年10月18日，是拉玛二世与正宫皇后席苏里颜塔（Sri Suriyendra）之子。当拉玛二世于1824年突然驾崩时，并未指定继承人，王位的继承成了问题。当时的蒙固王子作为王后之子，继承权理应靠前，但他刚刚依照习俗落发为僧14天，而且年纪也只有20岁。而拉玛三世王虽然是王妃之子，但他已经在朝中担任财政、外贸、法律等多个领域的要职，其治国能力有目共睹。因此在朝中大臣和王室成员商议后，蒙固王子同父异母的哥哥被推选为新国王，而他自己则继续修行佛法。

他出家为僧期间，曾经云游四方拜访各地著名寺庙，同时也真正见识到了暹罗百姓的疾苦。这一时期的蒙固王子还跟随宫廷中的英美医生学习外语和其他自然科学知识，包括地理、物理、化学和数学等学科，尤其对天文学感兴趣。他还和西方的传教士接触，大量阅读西方的报纸书籍，这使他对西方文明的发展产生了更为深刻的理解，也抱有更加开放的态度，为他登基后在暹罗开展改革奠定了基础。他在位期间不但改变了此前暹罗对西方紧闭大门的策略，转而用灵活的外交策略避免国家沦为西方列强的殖民地，而且也用一系列改革措施为国家的现代化发展埋下了种子，他被后世称为"泰国科学之父"。

1851年拉玛三世驾崩，传闻中他也曾想将王位传给自己的大王子，但出于多方面的原因考虑，他并没有将自己的儿子立为王储。首先是因为蒙固王子27年前作为第一顺位继承人却未能继承王位，这样的抉择往往会带来王室内部的分裂和争斗，暹罗历史上尤其在阿瑜陀耶王朝时期这样的事例数不胜数。但蒙固王子为了国家的整体利益，并未做出任何过激举动，维持了王国27年的和平。其次，蒙固王子作为僧人深谙佛法，而且积极学习西方文化和知识，并且深入民间了解百姓疾苦，其德行和智慧声名远播。最后是因为当初拉玛三世登基便是王室、贵族、大臣等多方力量共同会议选举得出的结果，此时宫中有权势的集团认为新王也应当通过这一方式选出，并不支持拉玛三世直接传位于王子。因此拉玛三世病重时也一直没有宣布继承人。

宫中的财政大臣迪·汶那（DitBunnak）在拉玛二世王时期开始便在王宫中负责外事、国防事务，他全力支持二世王嫡子蒙固王子登基。当时他在朝中势力较大，许多人都接受了这一提议。但蒙固王子由于常年在寺庙中居住，与国家大事保持距离，他内心对于登上王座仍有犹豫。最后他提出任命他同父同母的弟弟为暹罗的"第二王"，此后被人们称为"宾告（Pinklao）王"。关于这一安排，民间有许多传说，相传拉玛四世根据占星术计算了弟弟的命运，其中显示出帝王之相，如果不任命其为王可能会导致祸事。副王宾告还曾对拉玛四世直言："王兄您是否要这个王位？如果要就快拿走，不要的话我可要拿了。"这一句话究竟是玩笑还是真心话，后世的历史学家也进行了大量的分析，我们只能从后来的历史记载得出结论，宾告副王在位期间对拉玛四世忠心耿耿，而拉玛四世也将国王专用的

"帕巴颂德"（PhrabatSomdet）名号赐予他，将他视为与自己平等的统治者，两人携手合作决定王国大小事务，被传为佳话。

有了弟弟的支持，蒙固王子于1851年3月26日还俗，但仍居住在寺庙之中。4月3日，拉玛三世王驾崩，朝中贵族和大臣立即召开会议，决定王位的归属。在迪·汶那和塔·汶那兄弟的支持下，蒙固王子获得了多数支持，成为曼谷王朝的第四位国王。第二天他乘坐华丽的王室游船入宫，为刚刚过世的拉玛三世举行了葬礼仪式，并且于5月25日举办了正式的登基仪式。而他登基后也对支持他的汶那家族更加信任，为他们加官晋爵。在拉玛四世执政初期，迪·汶那和塔·汶那获得了国防和财政方面的极大权力，在他们的支持和推动下，拉玛四世逐渐开始了对国家的改革，促使暹罗走上了学习西方的现代化改革道路。

## 西方殖民者卷土重来

拉玛四世登基后，面临的是一个极其复杂的国际局势。当时正是西方帝国主义国家，尤其是英国和法国，在亚洲区域针对殖民地开展竞争的时期。19世纪的西方国家受到亚当·斯密的自由经济理论影响，认为于亚洲国家之间的贸易不应当受到国家的控制，这与暹罗以及其他许多亚洲国家的政策是完全相悖的。暹罗王室长期垄断国家的对外贸易，虽然私人贸易屡禁不止，但仍被视为非法行为。西方人来到暹罗后，认为这样的贸易垄断不仅损害暹罗自身的利益，对其在当地获取利益也是一种阻碍，因此多次试图与暹罗王室签订条约。在拉玛三世王时期，英国人亨利·伯尼于1826年来到暹罗，双方签订了《伯尼条约》，自此暹罗再次打开国门迎接西方商人前来贸易，但当时的对外贸易仍是由王室主导。此后，英国人将战略目标转向中国，并于1840年发动了侵略中国的鸦片战争。这场战争也深深触动了当时的暹罗统治者，因此也逐渐尝试减少与英国人的贸易合作，但这激怒了此前看似彬彬有礼的伯尼，他狂妄地发出威胁，认为"只要和马来人一起使点劲,就可以割取下暹罗"。

英国人当时在新加坡、缅甸等地均有影响力,并且对暹罗虎视眈眈。在这一背景下,拉玛四世于1851年登上了王位。在考虑对西方的政策时,他认为一味拒绝其贸易通商的需求,必然会招来战争的灾祸,不论是中国、印度、缅甸、越南,都在这一大趋势下难以幸免。拉玛四世在手下大臣的建议下,认为被动等待不如主动开放,允许西方人前来开展自由贸易,并在此过程中向西方学习先进的技术,通过灵活的手段保证暹罗的独立自主,不至于沦为殖民地。

1855年4月18日,英国驻香港总督约翰·鲍林爵士出访暹罗,得到了拉玛四世的热情接待,双方协商后修改了1826年的《伯尼条约》,将原本较为平等的内容改为向英国的利益倾斜。这一条约被称为《鲍林条约》,是暹罗近代史上首个不平等条约,规定英国在暹罗享有领事裁决权;英国人可以在暹罗所有港口自由贸易、自由旅行并且购置房产长期定居;英国商人可以与暹罗的个人直接交易,只有盐、鱼和稻米三种商品可以按暹罗政府要求禁止出口;英国商船及其运输商品的各类税款也获得了减免等。

拉玛四世本人对西方商人的卷土重来持较为开放的态度,他也欣赏鲍林爵士的优雅风度,因此在条约中做出了较大让步,希望能够以此获得英国人的好感,避免战事。但《鲍林条约》的确使暹罗丧失了部分国家主权,产生了巨大的影响,不论是治外法权还是固定关税都使得暹罗王室丧失了对贸易的控制。更重要的是,此前暹罗王室垄断对外贸易的局面被打破,英国商人可以自由地与个人进行交易,直接越过了暹罗王室。这导致王室此前从外贸中获得利益的途径几乎被切断,大大影响了国家中贵族阶级的特权和利益。可以说《鲍林条约》彻底打开了暹罗的大门,此后欧洲和世界列强先后以此为蓝本,与暹罗签订不平等条约。1855—1899年间,暹罗先后与英、法、丹麦、荷兰、德国、瑞士、挪威、比利时、意大利、俄国和日本等十五个国家签订了各种不平等条约,成为列强争夺原材料、攫取利益的目标。

拉玛四世看到了英国人在暹罗的影响力愈发扩大，希望通过引入法国殖民者来制衡英国人。1856年暹罗与法国也签订了条约，其内容与《鲍林条约》基本类似。但此后法国利用这一条约一步步开始蚕食暹罗的领土。当时法国趁清朝国力虚弱，与越南签订了不平等条约，并开始在当地扩展其影响力，此后更是把触角伸向了暹罗东方的柬埔寨。柬埔寨此前一直是暹罗的藩属国，暹罗对法国的做法十分不满，但也无力抵抗，最终于1867年签订《暹法条约》，正式承认法兰西皇帝对柬埔寨的保护，暹罗的统治权只剩下柬埔寨西部的马德望和暹粒。最后柬埔寨被并入了法属印度支那联邦。暹罗在此时已经陷入了被英法两国从东西两面夹击的境地，只能通过割让领土来延缓西方殖民者侵略的步伐。但拉玛四世的举措并未失败，在此后英法两国将暹罗当作两者殖民势力的缓冲区，最终暹罗在付出惨重代价后保障了主权的完整。

拉玛四世时期，暹罗对西方商人打开了大门，与中国的贸易则逐渐减少，尤其是朝贡贸易在拉玛四世统治时期走向了尽头。拉玛四世登基后，照例向清朝派遣使臣和船队，大量货物抵达广州，恳请册封。中方也对暹罗使臣热情款待，朝廷赠送了60牛车的金银财物。但当时正是太平天国运动爆发的时期，这一车队被太平军洗劫。这一事件成为两国朝贡关系结束的最后一根稻草，曼谷王朝发现，清朝政府在西方人的轮船大炮前已经是纸老虎，不再具有天朝上国的气魄。而暹罗一再向其朝贡，虽然在经济上获利，但是却将本国放在了藩属国的地位。途经香港时，更是受到英国驻港总督的劝说，认为暹罗是平等主权国家，不应再向清朝进贡。此后，拉玛四世以此次遭劫为由，数次拖延朝贡，而清朝政府自顾不暇也难以对此深究。此后他表示暹罗与中国是平等的国家，此前的朝贡贸易中由于华商和中国官员两头欺瞒，将暹罗放在藩属国的地位上，导致"暹罗的名誉被败坏，失去了体面，愚蠢了好几代"。最终在拉玛四世时期，暹罗与中国之间的朝贡贸易彻底停止。

## 拉玛四世的社会改革

随着拉玛四世打开国门,西方殖民主义国家的政治经济力量快速向暹罗渗透,裹挟着暹罗进入世界资本主义经济体系。由于国家主权被侵占、经济体系被重塑,西方的文化知识大量涌入,暹罗传统的社会结构和封建制度已经难以适应新的时代环境。为了获得西方国家的认可,促使国家走上现代化道路,从而维护国家主权,拉玛四世开启了自上而下的政治和经济改革,成为暹罗历史发展过程中的重要转折。

拉玛四世的改革面临着种种阻碍,首先是改革容易触及王国内的贵族和封建主的利益,他们对国王的改革并不热衷,其次国王自身对西化的改革政策本身也带有一些犹豫,不确定是否能够适应暹罗的社会国情。因此他采取的策略相对来说并不激进,后世的学者认为其选择了改革的中间路线,为后世的改革奠定了基础。

首先是在经济方面,各种条约的签订改变了原本的王室垄断贸易方式,农民直接将产品卖给西方商人,越过了王室的控制。因此王室需要通过税收的方式来获得收益,拉玛四世在位期间增加了14种新的税收项目。此前向农民直接征收农产品的方式已经不合时宜,拉玛四世鼓励民众扩大生产,开垦种植从而扩大出口,并且直接向王室缴纳税金。由此而来的便是钱币政策的改革,在商品经济发展的背景下,货币需求量大增,拉玛四世下令在宫内建立铸币厂,铸造银币、锡币、铜币和金币,从而逐渐取代此前长期使用的贝壳和锭状铢币。

商品经济的发展也大大改变了暹罗传统的封建萨迪纳依附制度,由于西方人大量从暹罗收购大米、蔗糖等商品,拉玛四世鼓励农民扩大生产种植,开垦田地,于是对劳动力的需求也大大增加。传统制度下,农民的封田面积较小,而且需要向封建主提供劳役,一年中用于耕种的时间可能只有几个月而已,大大限制了生产力的发展。因此拉玛四世下令减少对于农民的劳役要求，允许其使用钱财来代替劳役，并且鼓励封建主雇佣工人来开展公共设施的建设，他在位期间修建的几条运河都是通过雇佣方式完成的，这一举措提高了工人的生产积极性，从而减少了劳动力浪费。由于拉玛四世的改革，在暹罗长期存在的徭役制度逐渐瓦解。同时他还颁布法律限制出卖个人为奴隶，要求奴隶主不得阻碍奴隶为自己赎身等。这些措施都逐渐动摇了在暹罗延续数百年的萨迪纳制度，也为此后拉玛五世王彻底废除奴隶制打下了基础。

除了政治经济方面的改革，拉玛四世也注重社会文化的发展，他在位期间暹罗社会改变了传统的封建登基，萌发了一些自由平等的思想。他还对暹罗的社会风俗进行了一定程度的改造，禁止父母或丈夫出售子女或妻子为奴隶；他努力提升女性地位，赋予她们自由选择配偶的权利，还以身作则，下令他的王妃可以请求恩准离开王宫去别处居住甚至重新与自己的心上人结婚，可见当时的社会风气逐渐开化。他每月两次在王宫前听取百姓申冤，强调法律面前人人平等，王室成员也不例外，甚至还以民主选举的方式来确定法官的人选。有学者认为，拉玛四世以降，泰国国王的形象也逐渐从君权神授的"神王"转变为以德服人的"法王"。

在王宫之内，拉玛四世也积极引入西方的知识和文化。他聘请了许多西方人在宫中任职，请他们教授外语、翻译教材、训练军队等。其中最有名的大概要属"安娜与国王"的故事。拉玛四世曾聘请一位英国女教师安娜·李奥诺文斯在王宫中为诸多王子公主和贵族子女教授英语和其他科学知识，推行西式教育。她在离开暹罗后，曾撰写日记和多部文学作品，讲述她在暹罗的经历，后来被改编成歌剧在百老汇上演，风靡西方，此后更是改编为电影上映，最著名的就是1999年周润发和朱迪·福斯特主演的版本。但这些故事中大多将暹罗描绘成落后、野蛮的封建奴隶制国家，而将英国女教师塑造为来自西方的文明拯救者形象。1999年版的《安娜与国王》受到了泰国政府和泰国人民的抵制，而安娜自己的文字记录也被暹罗许多学者批评，认为其中存在大量的夸张和不实信息。

拉玛四世的开明思想还体现在宗教方面。他本人是虔诚的佛教徒，此前还以僧侣的身份云游泰国，这使得他拥有了丰富的阅历和开阔的胸怀。他接受不同的人选择自己信仰和生活方式的权利，允许天主教、基督教和伊斯兰教等宗教的神职人员在曼谷建立教堂、清真寺等，西方传教士和各种宗教的信众都时常感念他开放的胸襟。

拉玛四世依照西方经验对暹罗军队进行了技术和制度改革，命副王宾告将火炮的操作手册由英文翻译为泰语，聘请英国军人以西式方法训练暹罗陆军，并按照西方制度改革军队制式。虽然对于军队的改革暂未见到成效，但可以看出拉玛四世希望壮大国家军事实力的目标，这一举措在此后拉玛五世和拉玛六世时期逐渐得到了显著效果，为暹罗的独立和发展奠定了基础。

拉玛四世对自然科学知识十分感兴趣，他提前两年计算出 1868 年 8 月 18 日将发生日全食。待日期临近，他与法国探险队出发共同观测，但在返程中染上疟疾，于 1868 年 9 月不幸驾崩。虽然拉玛四世在位时间不长，但他打开了暹罗的大门，迎进了许多先进的科学与思想，在社会中实施了从政治经济到社会文化多方面的改革，开辟了暹罗的现代化进程。对于暹罗的传统习俗以及快速涌入的西方文化，拉玛四世采取了一种中间道路，"别受限于旧事物，也别害怕新事物，要在新旧事物中寻找各自的优点。"他的开明和智慧对此后暹罗社会的发展带来了巨大影响。

# 二、拉玛五世时期

## 拉玛五世早年经历

拉玛五世王原名朱拉隆功（Chulalongkorn），出生于 1853 年 9 月 20 日，拉玛四世王先后有 3 名王后、50 余名妃子，子女也达到 80 多位。朱拉隆功王子在拉玛四世所有的子女中排名第九位，但他的母亲是特诗琳

（Thepsirin）王后，他自出生便是拉玛四世的嫡长子。朱拉隆功王子自幼在宫中接受泰国传统礼仪和习俗教育，同时还有来自外国的教师为其教授英语和自然科学知识，表现出了聪慧过人的天赋。他从小受到拉玛四世的影响，对西方文化保持积极接受的态度，虽然未曾按计划出国留学，但也在幼年时期通过西方的报纸、教材接受了西式教育。这为他此后对泰国社会进行大刀阔斧的改革奠定了基础。

1868年，年仅15岁的朱拉隆功王子与父亲拉玛四世一同参与观测日食的活动，国王和王子在回宫路上一同染病，拉玛四世不幸驾崩，但年轻的王子则逐渐痊愈。拉玛四世在位期间已经产生了一定的民主意识，并没有直接指定继承人，而是向大臣们宣布："我的弟弟、我的儿子、我的孙子都可以继承王位，由大臣们一同商议，谁有能力统治王国就应该选择他。"因此拉玛四世驾崩后，宫中大臣、王室成员和佛教高僧一同商议继承王位的人选，朱拉隆功王子作为嫡长子，受到一致推荐，自此登上了暹罗的王位。但他年纪尚小，在位的前五年由西素里亚翁（Srisuriwongse 原名川·汶那）担任摄政王。在此期间拉玛五世有机会出访各国，1870—1872年，他出访新加坡、印度尼西亚和印度，在当地做了大量参观和考察，西方殖民者在当地进行的改造和建设给他留下深刻印象。在这五年期间，拉玛五世也完成了暹罗男子出家的习俗。

1873年，年满20岁的朱拉隆功王子于10月18日举行了第二次登基仪式，拉玛五世王开始亲政。从小接受的西方教育以及父亲拉玛四世的开明改革思想对他造成了很大影响，这也促使他以西方文化为蓝本，开始了对暹罗社会的全面现代化改革。这次改革成为暹罗历史上的重要转折点之一，对后世产生了极为深远的意义。

## 积攒改革力量（1873-1875年）

拉玛五世登基时的暹罗刚刚向西方殖民者打开了大门，与英、法等国签订了数项不平等条约。随着西方资本主义逐渐向帝国主义过渡，暹罗虽然名义上保有独立，但也沦为了帝国主义国家的商品出口市场、工业原料场地和资本输出的投资场所。暹罗本地的出口以农业产品为主，其中大米占据了绝大部分，其他出口商品还包括柚木、胡椒、海产品、牲畜等。而西方商人则向暹罗出售工业产品，包括棉织品、鸦片、煤油、酒水等。当时的进出口贸易几乎被英国在亚洲的殖民地所垄断，此后才有法国、德国、日本等其他国家加入竞争。低价出口农产品，高价进口工业商品，这使得暹罗的利益被西方商人不断攫取。而且暹罗在西方帝国主义国家政治上的欺压和经济上的掠夺之下，其本土的民族工商业难以得到发展，越发难以看到民族自强、建设现代化国家的希望。

在国内，曼谷王朝的政治统治体制主要延续了阿瑜陀耶王朝戴莱洛迦纳王时期所制定的萨迪纳制度，这一制度无法保证权力集中于中央王室，国王虽然拥有最高权力，但全国的土地被分封给各大贵族领主，他们在自己的领地上开展统治，并对国王承担一定义务。在地方管理层面上，王室也只能将势力范围扩大到首都周边的区域，离中心越远的城市越难以控制，只要向王城表示臣服，当地的生产和税收几乎难以受到中央的监管。至于周边的附属国，更是完全自治，只要每三年向首都进贡金银花树和朝贡品，在战时协助作战便是完成了附属国的义务。这样的封建统治制度，使得中央的权力难以遍及全国，各地的封建主经常鱼肉百姓，难以监管。比如各地税金的收缴，拉玛三世王以来采用包税制度，各地富商和贵族可以通过竞价先向首都缴税，再向各地百姓收缴。这一过程中产生了大量贪污腐败，许多华商善于经营，花大价钱向管理者行贿获得包税权，他所付出的代价自然也需要从百姓手中压榨出来，导致百姓怨声载道。而且距离首都较远的地区，经常有瞒报收成偷税漏税的情况，大量本应进入国库的税金，被各级官员中途拦下，导致国家收入受损。

为了引领国家走出这样的困境，拉玛五世甫一登基便对暹罗各种不适应时代的传统政治经济体制进行了大刀阔斧的改革。但陈旧的体制仍然有不少支持者，宫中的各方力量也意见不一，大致上可以分为三个派：第一派系以汶那家族为代表，他们在曼谷王朝初期开始便有极大势力，尤其是西素里亚翁在拉玛五世亲政之前担任摄政王，在宫中权势极盛。他们希望暹罗能够按照西方模式开展改革，从而维护自身在贸易中获取的利益，但对其他削减封建主权力的变革并不支持。第二派系则以年轻一代为主，他们受到西方思想的影响，希望削减旧封建主的权力，彻底变革国家，使之走上现代化道路。拉玛五世本人也倾向这一路线。第三派系则是保守派，他们刻板守旧，不愿意看到暹罗的传统发生变化，不愿意自身的利益受到任何损失，这一派则以拉玛五世的副王威猜参（Wichaichan）为首。这种观念上的分歧也为此后拉玛五世与副王冲突导致的"前宫危机"埋下了伏笔。

1873年登基以后，拉玛五世清楚地看到宫中不同派系贵族的分歧，年少的他决定先将权力牢牢掌握在自己手中。他于1874年6月仿照法国的模式设立了一个12名成员组成的参议院，主要由年轻的官员组成，要求他们必须公平廉洁。此后又在8月设立了枢密院，作为国王的咨询机构。这两个机构的设置均是仿照西方国家的政体，而且逐渐从旧的保守势力手中夺取了权力。

除此之外，改革需要资金支持，但当时国库的收入受到各地各级官员贪污腐败的影响极大。据当时在暹罗的西方人测算，全国每年从百姓手中所收税款价值五六百万英镑，但进入国库的只有120万英镑，剩下的有300万英镑落入政府官员之手。为了改革税收体制，拉玛五世王于1873年登基后立刻设置了中央金库，统一管理国家税收，并且派遣自己信任的亲王或官员审计检查各地税收情况。这一举措大大减少了贪污腐败的现象，也为废除包税制打下了基础。

但以上这些无疑触动了旧贵族的利益，尤其是保守派的副王威猜参感到了威胁，他认为自己的权力在被逐步削减，认为拉玛五世会对自己不利。他不断充实兵力甚至开始准备武器，双方冲突一触即发。1874年12月28日深夜，王宫内突然起火，副王派出人马试图进宫救援，但被拦在宫外，这更加剧了双方的矛盾。最后副王躲进英国领事馆，在西方人的调解下，双方的矛盾才得以缓和。由于副王居住在前宫（Wang Na），被认为是前宫之主，因此这一事件也被称为"前宫危机"。此后，副王的权力被大大削减，只保留了200名不能随意离开前宫的仪仗队。此次危机虽然最后得到了和平解决，但也使拉玛五世看到了激进改革的危险，可能会导致国家的内部冲突和分裂，为西方人留下可乘之机。因此他在此后逐渐放缓了改革的步伐，以韬光养晦的策略逐步发展实力，笼络人心以扫清改革的障碍。他在1875至1889年间，扶植了15位自己的兄弟占据朝中的重要官职，成为此后彻底改革的中坚力量。

在登基最初的两年中，拉玛五世已经显露了许多促进平等的想法，他以身作则，在旧的封建权力方面做出了让步，比如他登基时便规定臣民谒见国王时不再需要行跪拜礼；设立特别法庭重构独立的司法程序等。1874年他还颁布法令，规定1868年10月1日以后出生的奴隶到21岁即可获得自由，不得再自卖或被转卖为奴。此后他又进一步修正该法令，规定1879年12月16日以后出生者都不得自卖或被转卖为奴，这都为此后他彻底废除奴隶制打下了基础。

## 深化改革（1892-1910年）

拉玛五世初登王位时年仅15岁，虽然幼年时谦虚好学、饱读诗书，但和朝中已经掌权的贵族势力无法抗衡，几乎被当作傀儡。当他20岁亲政之后，初步尝试了自己设想中的改革路线，但立刻酿成了巨大的危机。因此他只能韬光养晦，积蓄力量，等待自己真正掌握权力的那一天。年龄成为拉玛五世的优势，1882年来自汶那家族的摄政王西素里亚翁去世，1885年副王威猜差去世，朝中的守旧势力元气大伤，改革派的年轻人占据了主导。1886年，一个由11名王室成员和大臣组成的代表团出访欧洲考察，回国后向拉玛五世递交了长达60页的请愿书，要求立即实行现代化改革，以确保暹罗能够在西方殖民者的夹击中保持独立。拉玛五世顺水推舟，推动了此前暂停的改革脚步。

拉玛五世将改革的重点放在中央和地方的行政制度上。曼谷王朝此前沿用的是传统的六部制度，并设有两名大臣分管南北方内政事务。这种制度时常导致混乱，各部门之间权力交叉，工作对立，没有制度又没有合作，同时还容易导致滥用职权、徇私舞弊的现象。1892年，他在弟弟丹隆亲王的辅佐下开始了大刀阔斧的改革，仿照西方样式设立了12个部，分别是：

1. 国防部，负责全国军事工作（并削减其管理南部地区军政事宜的职责）。

2. 内政部，负责全国除首都曼谷外其他地区的民事管理（并削减其管理北部地区军政事宜的职责）。

3. 首都市政部，负责首都曼谷的相关事宜。

4. 宫务部，负责王宫和皇家仪式相关事宜。

5. 农业贸易部，负责农业和贸易事宜。

6. 外交部，负责外交事宜。

7. 财政部，负责财政事宜。

8. 作战部，负责暹罗陆军与海军事宜（后并入国防部，降为司级）。

9. 司法部，负责法院和法律相关事宜。

10. 宗教部，负责宗教和教育事宜。

11. 公共事业部，负责交通、公共建设相关事宜。

12. 掌玺大臣部，负责与国王相关的公文和印信。

拉玛五世设立的12部制度，明确了各部的分工，使得王国的政治运作更加顺畅透明，并且宣布12名部长地位相同，不再设置两位首席大臣主管南北方政务，将权力进一步集中在国王手中。在12名部长中有9名是他的兄弟，都能够支持他的改革大计。其中丹隆亲王成为首任内政部长，他在拉玛五世的行政制度改革中做出极大贡献，为暹罗的新行政体制立下了根基。而且拉玛五世还大胆任用西方人在各部中担任顾问，但为了避免外国势力掌控暹罗政局，拉玛五世精明地将不同部门的事务交给不同国家的顾问，避免他们联手操纵暹罗局势。在此之外他还派人出国留学、参观考察，以便吸收西方先进经验推动暹罗现代化改革。

中央行政制度的改革也进一步推动了拉玛五世王的地方行政管理改革。此前王国各地的管辖分散于各部之中，内务部大臣负责全国北方地区，国防部大臣负责南方地区，港口贸易大臣负责东部沿海地区等。每个部除了自身的业务职责外，还要单独设置人手负责地方的税务、司法等相关工作，导致职责不清，各部门推诿扯皮。由于交通和通讯不便，曼谷都城只能对周边地区施加影响力，离曼谷越远的城市自治程度越高。在萨迪纳制度下，土地被分封给各大贵族管理，地方行政长官在向中央缴纳税收时经常瞒报漏报，导致国库收入被侵吞。为了解决这一问题，拉玛五世登基后逐渐着手建立完善的地方财政和管理制度，最终在1895年之后彻底改革了原有的旧体系。拉玛五世将几个府合并为一个省，将全国分为18个省统一由内务部管理，省一级（此后又重新采用"府"的叫法）以下又分为县、乡和村级行政单位。这一改革政策使全国各地能够在统一的标准和政策下得到管理，以公务集中管理的方式取代旧有的贵族个人管理，不仅能大大提升地方管理的效率，而且还进一步加强了中央王室的权力。

除此之外，拉玛五世取消了将王国的各大城市按重要性分为四级的做法，强调每个城市的公民都是暹罗子民，都有平等的权利和尊严。对于附属国地区，拉玛五世同样将其纳入王国的统治，成为一个省份，从而减少语言和族群的隔阂。这一工作大约花费5年，在1900年左右完成，只有万象由于受法国殖民者影响，一直拖延至1906年才成为暹罗的一个省份。这样的剧变其实触动了原有许多地方贵族阶级的利益，将各地纳入中央统一管理，其实就是将这些贵族的封地收归国有，拉玛五世改用薪俸和官爵安抚了这一阶级，使他们成为中央的公务人员。而各地的地方长官不再由贵族控制和世袭，可以由中央任免、调动。这一举措可以说从封建主阶级的角度终结了人身依附的制度。

而对于广大的农民和奴隶阶级来说，人身依附制度也落后于时代。当时的暹罗已经在西方资本的影响下，逐渐进入全球资本主义的浪潮中，依靠土地、依靠贵族谋生难以为继。拉玛五世在这一方面延续了拉玛四世的政策，终结了暹罗的奴隶制和各种封建依附关系。他初登王位时便于1874年颁布法令，规定1868年10月1日以后出生的奴隶到21岁即可获得自由，不得再自卖或被转卖为奴。但当时他刚刚亲政，仍处在贵族阶级的压制之下，这一法令的贯彻执行并不令人满意。于是他在1897年再次重申法令，要求1879年12月16日以后出生者都不得自卖或被转卖为奴。最后在1908年的《暹罗刑法法典》中规定不允许运出、买进或卖出奴隶，彻底终结了暹罗的奴隶制度。对于被强制要求依附于封建主的农民阶层来说，他们虽然相比奴隶拥有人身自由，但每年仍要花大量的时间精力用于服劳役，向封建主提供劳动力。拉玛五世于1899年颁布法令，废除了这种强制的人身依附制度，推行以税代役，农民阶层虽然需要缴纳人头税，但为自己劳动意味着多劳多得，生产的积极性大大提高，随着土地私有制的推行，大量的农民劳动力也得到了解放。而且这一政策也将此前依附于不同封建主、不同级别的平民和奴隶，全都变成了平等的暹罗公民，使得国家更加团结。

人身依附制度的废除、商品经济的发展、西方资本的涌入都刺激着暹罗本身的财政和经济改革。1873年拉玛五世下令设置了中央金库，此后设立财政部主管全国税收和国库资金，都将国家的财政收入控制在中央权力之下。平民开始用人头税代替实物和徭役，包税制也被取消，各地监管也更加严格，使得国家收入大大提升，从1892—1902年的十年间，国家的财政收入从每年1500万泰铢增加到4000万泰铢。拉玛五世将国库和皇库分开，将王室预算与国家预算分开，避免了各级王室成员挥霍无度。1902年他还发行了全国统一的货币，并且发行了纸币，使暹罗的财政管理进一步规范化。

除此之外，拉玛五世王非常注重向西方学习先进的文化知识和科学技术，他允许西方传教士在暹罗开办学校，传播知识，这也进一步推动了暹罗自身的教育改革。此前暹罗的教育都以寺庙为核心，人民普遍认为教育和宗教是同一件事情，这便导致平民百姓学习的都是基本常识和宗教知识，国家缺少具有专门技能的人才。拉玛五世出访国外后，以欧洲学校的模式建设了暹罗的第一所世俗学校，培养了许多暹罗政坛的精英，此后又开设了陆军学校、师范学校、司法学校等。他还长期派遣王族和高官子弟赴欧洲留学，派遣军官赴海外接受军事训练等。虽然整体的教育改革在拉玛五世统治末期才起步，而且规模较小，但仍为此后的进步埋下了种子。

除此以外，拉玛五世在司法制度、军事管理、公共设施建设方面都做出了诸多功绩。他带领泰国走上现代化改革的道路。与同时期中国的戊戌变法相比，拉玛五世的改革得到了更好的结果，使得暹罗逐渐富强，并且获得了西方帝国主义的认可，这在一定程度上使得王国保持了独立，没有彻底沦为英法等国的殖民地。

## 维护国家独立主权

从19世纪中叶开始，英法两国加紧了在东南亚地区的掠夺和压迫。英国通过三次战争于1886年完全占领了上缅甸，并镇压其反抗势力，将缅甸并入印度，成为英属印度的一个省，对其进行殖民统治。暹罗缅甸领土相邻，双方于1890年就边界问题达成一致。

而东边的法国也在紧锣密鼓扩大势力范围，法国首先于19世纪70—80年代逐步占领了越南和柬埔寨，并逐步向暹罗控制下的老挝继续进发。1893年，法国外交部提出湄公河东岸的全部领土都应该归属于越南，并且出兵入侵老挝。暹罗军队进行了反击，虽然在当地占据了一定优势，但法国人将军舰开到湄公河口向曼谷施压。拉玛五世王原本希望英国人能够出手援助，但未能如愿，不得不于1893年10月3日签署法暹条约，宣布割让湄公河东岸的老挝领土。

当时的暹罗被夹在两大帝国主义势力中间，国家领土受到侵犯。但此时英、法两国都彼此忌惮，英国在暹罗已经建立了一定优势，害怕野心勃勃的法国人威胁其地位，于是经常暗中威慑法国。法国占领老挝的结果是使得两国的殖民地领土直接与英属缅甸接壤，为了避免冲突，英法两国协定在各自属地中间保留一个缓冲国。1896年，英法两国签订了协议，保证湄南河流域的独立，双方都不在暹罗谋取独占的利益。但事实上，西方殖民者的野心并没有得到满足，最后法国又换取了对马德望、暹粒、诗梳风三地的控制，英国人则以新加坡马六甲等地为中心，向马来半岛北部地区发展势力，接管了暹罗控制的吉打、玻璃市、吉兰丹、丁加奴四个马来土邦。

在这一背景下，拉玛五世为保证国家的独立做出了极大努力。虽然面对两大帝国主义势力，暹罗弱小无助，难以自保，更多的是在夹缝中求生存，但拉玛五世一方面通过数十年的改革改变了暹罗落后的面貌，以主动开放的心态向西方列强学习，提升国家的硬实力，其改革方向符合西方价值观，得到了西方国家的认同。另一方面他也通过灵活的外交手段，利用英法两国间不愿冲突的心态，平衡两方势力，将暹罗放在缓冲地带的位置上。英法两国虽然拥有军事霸权，但暹罗军队规模不断扩大，征兵制度、军事装备、作战能力都有大幅提升。曾有法国军官表态，认为暹罗军队是一支"真正的现代军队"。这是暹罗在当时能够维持独立地位，未被英法两国瓜分的原因之一。英法两国乐于看到暹罗的稳定，这有利于他们将战略重心转向庞大的中国西南，那里对于他们无疑是更有吸引力的一块沃土。

在拉玛五世的带领下，暹罗在帝国主义的侵略下艰难保证了国家的主权独立，他引领的改革使得暹罗社会发生了天翻地覆的变化。但拉玛五世的改革是一种自上至下的改良，暹罗并没有因此摆脱君主专制政体，社会中也一直存在阶级冲突。随着越来越多的社会精英和军队军官从西方留学归来，他们带回了西方的民主政治思想，形成了一股新兴力量，暹罗大地上萌发了革命的种子，最终引发了社会剧变，可以说拉玛五世引导国家走出了现代和民主的第一步。

拉玛五世在位42年，于1910年驾崩，后世尊称其为"大帝"，其丰功伟绩至今被泰国人民所赞颂。

## 三、拉玛六世时期

### 拉玛六世早年经历

拉玛六世王名为"瓦栖拉兀"（Vajiravudh），出生于1880年1月1日。其父拉玛五世先后立有4位王后，第一位王后早逝未能留下继承人，此后邵瓦帕蓬希王后（SaowaphaPhongsi）地位最高，在1897年拉玛五世出访欧洲时，她还代替国王在朝中摄政。邵瓦帕蓬希王后为拉玛五世生下9名子女，其中瓦栖拉兀王子是最大的儿子。虽然他在拉玛五世的所有子女中排名第二十九，但仍然成为拉玛五世的继承人。

瓦栖拉兀王子年幼时在宫中建立的王室学校学习，有泰国和西方老师共同为其授课。1893年瓦栖拉兀王子赴英国留学，1894年，沙旺瓦塔纳王后（SawangWatthana）的长子，也是当时的暹罗王储突然病逝，年仅14岁的瓦栖拉兀被立为新王储。他先后在英国桑赫斯特军事学院和牛津大学学习历史和法律，并且撰写了关于波兰王位继承战争的论文，受到其导师的夸奖，认为他有极强的文学和学术能力。

瓦栖拉兀王子在英国留学期间，多次替父王出席世界各国外交仪式，在此过程中访问参观了许多国家，丰富了自己的阅历。与此同时，他迅速地学习西方知识，培养了对文学和艺术的热爱，多次尝试撰写诗歌、剧本，并且组织俱乐部亲自出演话剧、发行报纸等。可以说在英国的9年留学时光中，瓦栖拉兀王子在各个方面深入地学习了西方文化。尤其在1902年结束留学后，他选择访问了美国和日本两个国家，与罗斯福总统以及日本天皇会面，在出访的过程中，他对这两个现代化国家的政治、经济、法制和公共卫生等方面做了详细观察和调研，借鉴其经验用于暹罗的现代化改革。作为首位在国外接受教育的暹罗国王，瓦栖拉兀王子有广阔的视野和清晰的目标，他在此后的统治中继承了拉玛五世的现代化改革路线，努力使国家保持主权独立，自强奋进，立于世界文明国家之列。

瓦栖拉兀王子回到暹罗后，接受任命管理皇家图书馆，在此期间他徜徉在历史、考古和文学的世界中，撰写了数部具有重要意义的历史和考古著作。他在文学艺术和社会科学领域造诣颇深，被认为是"爱艺术尤甚于政治"的人。

## 暹罗民主思想思潮初现

1910年拉玛五世驾崩，瓦栖拉兀王子作为王储登基，成为曼谷王朝的拉玛六世王。他登基后面临一个选择，是否要在暹罗采用民主政体。其实早在拉玛五世时期，民主思想便已经在暹罗大地萌芽。暹罗以学习西方的方式开始现代化改革，但这仍然是一种自上而下的君主专制政体改良，而不是根本上的制度转变，向西方学习了大量的政治经济文化政策，却是将其用于巩固君主专制统治，而西方资本主义早已建立的君主立宪制和民主体制，暹罗王室并没有考虑采用。

随着西方文化的逐步渗透，在暹罗也形成了一股激进的改革力量，一些深受西方思想影响的年轻人希望能够在暹罗建立民主体制。1884年，一些常驻伦敦和巴黎的暹罗外交官便联名上书，希望拉玛五世考虑彻底改革国家政体。这封上书中认为，君主专制体制将成为西方人的借口，用于在暹罗建立殖民地，从而以"解放人民"之名，行"掠夺资源"之实。如果采用软弱讨好、军事对抗、外交协商、国际法裁定等多种方式来避免西方国家的侵略，都不是明智之举，只有效仿日本实行彻底的维新才能使暹罗安全无虞。上书提出的最重要建议就是制定宪法，此后再逐步建立议会从而将国家统治权交给民众。此次集体上书由十余名贵族、官员、军官签署，其中不乏位高权重的王室成员，因此引起了拉玛五世王相当的重视，他表示自己不会成为民主的障碍，不会像井底之蛙一般把持权力不放手。此后更是有历史学家发现了拉玛五世时期的宪法草稿，虽然不知拟定者是何人，但可以看出拉玛五世在位时期，泰国的民主思想已经开始萌芽。

虽然在拉玛五世时期，最终并未颁布宪法或改变君主专制政体，但他却留下了这样一段话："当瓦栖拉兀王子登基之后，我会让他送给全体公民一份礼物，那就是议会和宪法。"因此当拉玛六世登基时，许多人都期望着他会将国家变为君主立宪体制。他们认为，作为一个常年在西方留学的君主，拉玛六世应当受到民主思想的熏陶，会沿着拉玛五世设计的道路为暹罗开创民主政体的新篇章。

然而拉玛六世登基后，并未有任何迹象显示暹罗将颁布宪法或建立议会。1911年中国爆发的辛亥革命，更是给拉玛六世带来极大震动，暴力革命的威胁使他更加谨慎。但暹罗社会中的激进改革力量对民主的渴望越来越强，孙中山"三民主义"思想通过华人移民进入暹罗，当地成立了同盟会暹罗分会，影响了大量的暹罗知识分子和改革派军官。他们秘密组织起来，吸收会员，最终于1912年发动政变。此次政变由三位军官领导，计划在文武官员向国王表忠的饮水仪式上，武力胁迫拉玛六世实行君主立宪制。但他们的计划被提前泄露，参与计划的数十人全部被逮捕。经过司法机关的裁定，为首三人被判处死刑，剩余人分别被判处终身监禁以及12—20年徒刑。但拉玛六世出面干涉，免除了三名为首者的死刑，改为终身监禁，其他人也大多获得减刑。

其实拉玛六世对于建立君主立宪政体也进行了深入思考，他认为民主政体可以避免国家权力落入一人手中，但对于暹罗来说也有弊端，当时的人民所受的教育尚不足以支持他们做出合理的选择，从而代表大众治理国家。他认为人民忙于生计，没有足够的时间去考察选举对象，而如果设置政党更是容易成为金钱的游戏，哪个政党资金雄厚就能收买更多的人心，反而不利于民主。为了检验民主制度是否适合暹罗，他曾在律实王宫内设计了一个民主实验城区，取名为"律实塔尼"（Dusit Thani）。这个模拟城市的行政管理完全与外界分离，拉玛六世亲自拟定了宪法，决定采用选举制度，并设立了红蓝两个政党，他亲自担任其中一个政党的领袖。这次的民主实验进行了数年，有些人认为这一举措过于理想化，也有人认为这是泰国民主政治的重要开端，但最终在拉玛六世驾崩后归于沉寂，未能得出结论。

总而言之，拉玛六世认为当时的情况仍不适宜接受民主政体，他在1925年对在欧洲留学的暹罗学生演讲时说道：在接受一个新的政治制度之前，应当要判断这个体制是否对普罗大众有益，欧洲和暹罗的国家情况天差地别，对于欧洲国家合适的体制，在泰国则可能造成灾祸。可见拉玛六世对于民主政体还是保有比较警惕的态度。

## 拉玛六世的民族主义思想

或许是出于对民主政体的警惕，拉玛六世在统治暹罗的过程中始终强调对国民民族精神的培养，要求他们忠君爱国。拉玛六世大力宣扬"民族、君主、宗教"三位一体的思想，先后以十余个笔名在泰国报刊上刊登文章309篇，鼓励泰人热爱民族、忠于国王、崇信佛教。他曾提出了"四不"训令："不要忘了自己是泰人；不受外人的摆布或庇护，要当一个真正的泰人；不要对外人言听计从，泰人要有自己的思想；不要忘了暹罗才是自己的祖国，无论是在国外留学还是跟外国人做生意，都不要忘了国外再好也好不过祖国。"他鼓励暹罗民众维护民族的传统，通过戏剧等艺术形式激发国民的民族主义情绪。他曾先后创作了3个关于素可泰王朝建立的历史剧，并亲自参与演出，还于1912年建立艺术部以保存和发展本国的艺术和工艺，并组织举办工艺美术博览会等。通过文学艺术的手段，拉玛六世努力引导民众，激发他们的爱国热情。

为了使国家进一步走向现代化，使暹罗百姓逐渐走向文明，拉玛六世非常注重国民的教育，大力培养各类人才建设国家，1921年他将小学教育纳入了义务教育阶段。他下令创立的文官学校在此后发展成为了泰国最著名的高等学府——朱拉隆功大学。除了文化教育，他还将军事训练推广到民众之中。通过建立"猛虎团"和童子军，他组织起大量民众，定期参加军事训练，希望提高国民的军事素质。

拉玛六世通过文化教育弘扬民族主义精神的政策，为后世留下了许多不可磨灭的印记。比如此前暹罗人都是有名无姓，拉玛六世认为这不利于国民的团结和文化的传承，因此颁布了《姓氏条例》，要求全体泰人使用姓氏，并且亲自为6460个家族赐姓。他还成立了文学俱乐部，对泰国从阿瑜陀耶王朝以来的文学作品进行评价和整理，他本人也有数部文学剧本创作受到赞誉。此外，他还将泰国的国旗从此前的白象旗改为红白蓝三色旗，三种颜色也分别象征着民族、宗教和皇室，这也被认为是泰国国民性的三大基石。当然这三色也体现了暹罗与第一次世界大战中协约国之间的联盟关系。

可以说拉玛六世的民族主义政策起到了团结国民，弘扬忠君爱国精神的作用。但此后这种民族主义精神逐渐变成了狭隘的排外主义，尤其是产生了许多针对华人的不公平政策。拉玛六世用多个笔名在报纸媒体上发表排华文章，甚至在自己创作的文学作品中批判华人。他认为华人移民进入暹罗后，并未融入当地社会，而是建立了自己的华人社团，由华人精英领导，始终崇尚中华文化，而且他们凭借经商能力逐渐占据了泰国多个经济产业的重要地位，一举一动都对泰国的经济稳定造成巨大影响。他将华人称为"东方的犹太人"，认为他们对暹罗社会完全没有感情，唯利是图、缺乏道德，所做的一切都是为了将暹罗的财富带回中国。此后他通过多项法律强硬地限制了华人活动，比如通过《变更国籍法》《国籍法》等限制华人向暹罗移民；在1918年出台《民校管理条例》、1921年出台《义务教育法》限制华文教育，将之前自由组织的华文学校纳入统一管理；《报刊与文件管理条例》则限制华文报纸的发行。除此之外为了抵抗华人在经济领域的强势，拉玛六世立法扶持暹罗人经商办厂，给予其优惠政策和资金，让他们在市场中与华人竞争。后世通常认为拉玛六世是泰国排华思想的缔造者，这使得当时华人在暹罗的活动处处受限，对两国历史上长久的友好往来造成了不良影响。

## 暹罗参加第一次世界大战

拉玛六世统治暹罗的时期，面临着20世纪初严峻的世界格局。帝国主义为了瓜分世界，不断产生冲突，最终形成了同盟国和协约国两大军事集团，分别以德国和英法为首。两大军事集团的冲突最终演变成了第一次世界大战。拉玛六世本人曾在英国留学，对英国感情较为深厚，但英法两国此前压迫暹罗，割占领土引起了国内民众的不满，国内对于英法帝国主义的抵抗情绪较强。而暹罗军队常年聘请德国顾问，购买德国军火，形成了一股亲德势力。

在战争初期暹罗不愿意参与到欧洲国家的冲突中，发表了《中立宣言》。但此后由于德国采用无限制潜水艇战争，击沉击毁了许多非军事船只，引起了诸多中立国的不满。暹罗虽然地处千里之外，但德国这一行径对暹罗的海外贸易也造成了影响，拉玛六世对德国的这一做法表达了抗议，但遭到傲慢拒绝。1917年7月22日，拉玛六世发表对德宣战声明，表示暹罗作为国际家庭的一员，应当承担维护神圣的国际权利的责任。

在宣战之前，拉玛六世便下令采取了一系列行动，比如撤换铁路、银行、公共事业机构的敌国职工，安排场地拘捕德国、奥地利男性侨民，布置警察和便衣防止骚乱等。宣战声明甫一宣布，许多德国人和奥地利人便被拘捕送往集中营，停留在泰国水域的敌国战舰也迅速被扣留控制。此后拉玛六世派遣了由850人组成的远征军奔赴法国，于次年9月开赴前线作战，成为第一次世界大战的参战国。由于暹罗当时是东南亚唯一具有独立主权的国家，不像其他国家作为殖民地被动参战，暹罗是自主选择了协约国阵营，无论军事力量如何，这一行为都具有重要意义。暹罗的远征军主要由地面运输部队、医护人员和飞行员组成，旨在展现暹罗的现代化军事实力，并没有派出普通士兵在战壕中苦苦挣扎。这支部队在法国表现优秀，最终有19人战死沙场，帮助协约国一方获得胜利。

参加一战并成为战胜国，使得泰国的国际地位迅速提升。战后暹罗参与了巴黎和会，并且成为国际联盟（League of Nations）的24个创始成员国之一。国际联盟是全球国家尝试维护国际公平与和平的一次重要尝试，暹罗这样的小国在这一体系之下也拥有了和西方帝国名义上平等的地位。这使得暹罗从西方帝国的压制中摆脱，获得了独立自主的地位，更是得到德国数百万英镑的战争赔偿。战后的数年内，暹罗在拉玛六世的带领下，逐渐开始废除与西方列强签订的不平等条约，取消了西方人在暹罗的治外法权，收回了独立的税收权利等。第一次世界大战成为暹罗摆脱西方殖民者影响的一次重要契机，拉玛六世抓住了这一机会，以灵活的外交策略，用较小的付出获得了巨大回报。这也成为他统治暹罗时最大的功绩之一。

1925年11月26日，拉玛六世由于内脏败血症不幸驾崩，他唯一的女儿于2天前刚刚出生，他只见到女儿一面。此后根据1924年的王位继承条例，他的同胞弟弟巴差提朴（Prajadhipok）继承了王位。

# 第八章

# 风云激荡的变革时期

曼谷王朝中期，以英法为代表的殖民主义国家在东南亚大肆掠夺资源，侵犯别国主权，建立殖民地，几乎吞并了东南亚的全部国家。自1855年《鲍林条约》签订以后，暹罗也成了西方列强不断掠夺资源的宝藏，随时面临着沦为殖民地的风险。但最终暹罗凭借地理位置和灵活的外交手段，成为英法殖民地之间的缓冲区，才以割让领土的惨痛代价保住了国家的独立主权。

在这样的背景下，拉玛四世至拉玛六世三位国王的统治改变了暹罗的旧面貌，王室带领人民开展了救亡图存的改革运动。这一时期的暹罗大量接受西方文化，以西方国家为文明的榜样，不断在政治、经济、社会风貌、传统习俗方面对暹罗社会进行改革，破除不符合时代要求的旧制度，比如奴隶制、人身依附等，力图使国家走上现代化文明国家的道路。

与西方文明同时传入泰国的还有民主政治的思想，大量在海外留学的暹罗青年人受到感召，认为旧的君主专制政体已经落后于时代，不符合现代文明国家的目标。因此在20世纪初，暹罗便已经产生了民主思想的萌芽。在中国辛亥革命的感召下，暹罗激进改革的军人策划了1912年政变，但被拉玛六世挫败，此后暹罗的民主思想被压抑，王室的至高无上地位未被撼动。尤其在派兵参加第一次世界大战后，暹罗以战胜国的姿态加入了国际联盟，获得了与西方国家平等的地位，早年的各项不平等条约被逐渐废除。这更是提升了王室在暹罗社会中的威严和地位，君主专制制度在暹罗仍然被延续下去。

但随着社会教育的普及，人民政治意识的提升，暹罗走向民主政体的道路也被铺平，一场巨大的变革正在酝酿。

# 一、君主立宪制度的建立

## 拉玛七世的统治

拉玛七世名为巴差提朴（Prajadhipok），出生于1893年11月8日，是拉玛五世王与邵瓦帕蓬希王后的儿子，也是拉玛六世最小的同母弟弟。巴差提朴王子年幼时在宫中接受了泰式和英式两种教育，1911年起赴英国留学。他先后在著名的伊顿公学和伍尔维奇皇家军校学习，此后在奥尔德肖特加入英国炮兵队伍学习军事知识。但随着第一次世界大战的爆发，战火波及英国本土，巴差提朴返回了泰国，并在皇家炮兵队任职。他于1921年再度前往欧洲进修，在法国军事学院学习，并且与法国军事家夏尔·戴高乐（Charles de Gaulle）成为同学，最后于1924年完成学业回国。

1925年拉玛六世因病驾崩，临终前关于王位继承的问题都悬而未决，因为他唯一的子嗣即将诞生，按照当时的王位继承规则，如果这名子嗣是男性则有权继承王位，若是女性那么王位则将从拉玛六世的兄弟中传续。当时拉玛六世已经病重，他见到新生女儿两天之后便撒手人寰。但在临终之际他颁布旨意，将王位传给自己唯一还在世的同母兄弟——巴差提朴王子。此后巴差提朴王子成为曼谷王朝的第七任国王。

拉玛七世登基后泰国面临的是第一次世界大战之后带来的经济萧条局面，拉玛六世在位期间暹罗王室的财政情况便已经出现了问题，加之全球经济危机的爆发，使得拉玛七世的处境更加艰难。他通过节约开支来尝试解决问题，比如削减了多个工作职责重叠的政务部门，将此前拉玛六世时期的12个部削减到10个。在地方管理方面，他也尝试削减开支，裁并了4个省，将9个府降级为县，并取消了各地的地方行政副官。但政府开支的紧缩对于暹罗的整体经济来说只是杯水车薪。世界性的经济危机给暹罗这样一个农业大国带来了巨大的影响，尤其是大米的出口量和价格都急剧减少，1928年至1930年米价下跌超过50%，其他经济作物的价格和出口量也都迅速下降，这大大冲击了暹罗普通农民的日常生活。而与此同时，为了弥补中央财政赤字，暹罗政府不得不提高税收，设立新税，更使得广大农民生活陷入困境。与此同时，暹罗虽然摆脱了西方列强的不平等条约，但其经济体系仍然受到外国垄断资本的控制，在经济危机面前，国家的工业生产、矿产开采、对外贸易全都面临崩溃。但在全体国民节衣缩食度日的时候，王室的贵族和高级官员仍然过着骄奢淫逸的生活，这使得社会中的矛盾进一步加深，封建专制制度陷入了严重的危机之中。

拉玛七世已经清晰意识到了君主专制制度的弊端，并且在登基后实施了各种举措，体现出了他的民主意识。他登基后设立了5个议会，负责王国政务、国防和财政等，其中以"咨议院"为首，在治理国家时发挥民主咨询的作用，展现了他分散权力的意识。此外拉玛七世借鉴英国的文官制度，在1928年颁布了暹罗历史上第一部《文官条例》，通过考试择优选拔官员。暹罗此前从未举行过科举考试，普通民众没有进入朝廷为官的渠道。《文官条例》打破了此前只有贵族子弟通过家族关系和人身依附晋升为官员的局面，开启了选贤举能任命官员的新渠道，这对曼谷王朝的统治来说是一个创举。拉玛七世还逐步尝试各地区自治的政策。1926年，他下令在华欣府建设新的宫殿，取名叫"忘忧宫"（KlaiKangwon Palace），成为此后的皇家避暑胜地。同时他颁布谕旨，在该地区设立地方自治议会。后人认为这一举措体现了拉玛七世王希望建设民主制度的初步想法。

1931年，拉玛七世出访美国时接受了报纸采访，表示希望以民主的方式治理国家。当他回国后便下令请泰国大臣披耶席威萨瓦扎（Phraya Siwisanwacha）与外交部的美国顾问雷蒙德·巴特利特·史蒂文斯（Raymond Bartlett Stevens）共同协商起草宪法，并计划于1932年曼谷王朝成立150周年时颁布。但当时的内阁议会不赞成这一做法，认为暹罗的民众对民主制度了解不够，现在还不到颁布宪法的时机。议会中的元老大多是保守派的高阶王室成员，由拉玛五世王的同母兄弟为首，都希望能够维护王室的利益，拉玛七世也没能改变这一决定，只能将颁布宪法继续延期。

虽然拉玛七世表现除了对民主政体的开放态度，也有一些实际举措促进民主，但对于暹罗进步青年来说，这样的进步仍然太过于缓慢。1932年，一个由留学欧洲的进步青年组成的政治团体——民党（People's Party）组织了一次精准的军事政变，结束了延续数百年的君主专制制度，此后的暹罗进入了君主立宪时期。

泰国部分历史著作中记载拉玛七世关于1932年政变的态度时，存在一些美化的成分，认为他欣然接受了政变者的要求，并且与政变领导人合作制定永久宪法，虽然拉玛七世没有预料到变革会发生得如此突然，但他的开明使得此次革命几乎没有造成流血事件，确保了暹罗顺利地走上了民主道路。从实际表现来看，虽然拉玛七世的确为君主立宪制的建立做出了大量工作，展现了他的民主思想，但他难以接受政变者暴力夺权的方式和彻底剥夺王室权力的野心，不甘心看到自己的改革果实被他人夺走。因此在政变后，拉玛七世表现出了较为强硬的态度，在双方商讨制定的永久宪法中获得了较大特权。由于领导政变的文人和军人之间内斗频繁，拉玛七世和泰国首任总理——保守人士披耶玛努巴功（PhrayaManopakorn）还几次联手发动复辟行动，试图推翻君主立宪制和新政权，但最终都未能成功。1934年，拉玛七世以治疗眼疾为由远赴欧洲，次年3月2日宣布退位，最终于1941年在英国逝世。

## 革命的准备

1932年革命是暹罗历史上的一个重要转折点，自素可泰王朝起建立的君主专制制度在这一年被废除。随着拉玛七世的黯然退位，由王室主导国家命运的历史也告一段落。在此之后，暹罗历史的书卷中出现了更多的视角，各方政治家、军事家、资本家轮番登场，都成了决定暹罗走向的重要力量。

本书的历史书写也将改变视角，关注种种新生力量对暹罗带来的改变。

组织 1932 年政变的组织被称为民党（People's Party），这并不是一个真正意义上的政党，而是一个由留洋进步青年组织起来成立的政治团体，其成立的目的便是为了改变暹罗的统治制度。民党的首次会议于 1926 年 2 月在法国巴黎 Rue de Sommerard 大街上的一间宿舍中举行，参会者共有 7 人，都是从暹罗至欧洲留学的年轻军人、外交官和学生。他们经过 5 天的探讨，制定了民党的发展目标以及改变君主专制制度的最终目标，推举出比里·帕侬荣（PridiPhanomyong）作为民党的首位领导。

比里·帕侬荣 1900 年 5 月 11 日出生于阿瑜陀耶府的旧都县，他父亲是华人，姓陈，比里从小居住在当地帕侬荣庙前的船屋中。1913 年拉玛六世下令暹罗人采用姓氏，比里全家便将门前寺庙的名字用作其泰语姓氏。从小比里·帕侬荣接受的都是较为传统的寺庙学校教育，高中毕业后还回家协助父亲务农一年。1917 年，他考入了泰国司法部设立的法律专科学校，并且开始学习法语。仅仅一年半以后，他便通过了学校的毕业考试，但由于年龄只有 19 岁，按照规定等待了一年才拿到律师资格。但在此期间他破例参加了一次诉讼，为被告人辩护最终胜诉，可见比里在年轻时就在法律方面展现出极强的天赋和能力。

1920 年，比里·帕侬荣获得了司法部奖学金，公费留学法国深造。他在法国如饥似渴地学习，修满了全部课程，最终于 1926 年获得了法国巴黎大学法学和经济学博士学位。当时暹罗向海外派遣留学生已经颇具规模，这些青年在西方接触到了西方民主思想，热衷于政治，立场较为激进。而比里·帕侬荣在其中十分著名，被选举为暹罗留法学生会主席，并且曾经带领留学生与暹罗驻法国公使公开对抗。他发起联名请愿书，要求泰国政府考虑法郎汇率下跌，为留学生增加生活津贴，从经济利益入手调动大家的政治意识。最终这一事件惊动了拉玛七世国王，认为比里煽动学生不遵守纪律，下令立刻将其召回。最后在父亲的求情之下，比里才获准完成学业延期回国。从这一事件可以看出，在欧洲留学时比里已经成为民主意识的推广者，组织留学生一同抵抗暹罗君主的权威，虽然声势不大，但为此后组成民党发起革命埋下了种子。

在法国的最后两年中，比里·帕侬荣聚集了一批思想激进的热血青年，一同讨论国内外时事政治，包括皇家卫队指挥官巴云·帕蒙门迪（PrayoonPamornmontri）中尉、陆军贝·奇达训卡（PlaekKhittasangkha）中尉[①]、塔萨乃·乃育瑟（TasnaiNiyomsuk）少尉、留学瑞士的理科学生多·拉帕努古（TouaLabhanukrom）、留学英国的法律专业学生奈布·帕宏玉廷（NabPaholyothin）以及法国驻巴黎使团的贾伦·辛哈瑟尼（JaroonSinghaseni）[②]。这七人共同组织了民党的第一次会议，并且商定了民党的六条基本纲领：

1. 必须保证国家全方位的独立，包括主权独立、司法独立、经济独立等。

2. 必须保证国家的安全，将损失降至最低。

3. 必须保证人民在经济方面的福祉，新政府必须创造就业机会，指定国家经济发展规划，不让人民遭受贫苦。

4. 必须保证人民有平等权利。（不能像过去一样让封建主有凌驾于人民之上的权力）

5. 必须保证人民享有自由独立，但不能与上述四条原则冲突。

6. 必须保证人民受到充分教育。

这六条原则也成为1932年政变中第一版民党宣言的重要内容。此外，会议还决定了要以突然夺权的方式发动政变，将君主专制制度改变为民主制度，将君权置于法律管辖之下。这一方式不仅能减少流血事件，而且可以避免帝国主义势力的渗透。

在会议之后，几名领导人先后回暹罗，努力发展力量。比里·帕侬荣

---

① 此后他成为泰国著名的军人总理，常被称为"銮披汶颂堪"（LuangPhibunsongkhram）。

② 此后受封被称为"銮西里拉麦迪"（LuangSirirajmaitri）。

回国后成为司法部的法官，并且在法学院任教，他的学生纷纷受他的感召而加入了革命的队伍。最后民党接受了102名党员作为骨干，分为平民、海军官员、低阶陆军官员、高阶陆军官员等几个分部。这些新成员大多也都是经过西方民主思想熏陶的年轻人，在政府公务部门或军队中任职，成为革命的主力军。

此后民党秘密组织了多次会议商讨发动政变的事宜，1912年拉玛六世王时期失败的政变曾给幼年的比里·帕侬荣留下了深刻印象，此时民党的计划也更为谨慎。最后他们选择1932年6月24日行动，当时拉玛七世王将前往华欣的忘忧宫，曼谷都城内留下的力量较为空虚。他们将人员分为4组，分别制定了政变当天的行动目标。

第一组负责切断通信和交通，包括军队和平民的电话、电报设置等，还负责阻拦外府进入曼谷的火车，计划于当天6：00行动。

第二组负责控制重要的王室和贵族大臣等，包括代替拉玛七世摄政的那空沙旺亲王，并且负责准备托运大炮的车辆，于凌晨1：00行动。

第三组负责调遣军事力量，协调陆军和海军，并且负责点燃海军的战舰和船只。

第四组被称为"革命的大脑"，由比里·帕侬荣领导，负责起草革命宣言、临时宪法、治国方针等，并且负责与外国联络沟通政变之后的外交事宜。

虽然他们的行动十分谨慎，但仍然被曼谷警察发现。但摄政的那空沙旺亲王并未签署警方的批捕令，他并未意识到一场风暴正在酝酿。

## 革命的爆发与结果

1932年6月24日，民党领袖率领大约2000名陆军海军士兵，以观看军事训练的理由包围了王宫。当时拉玛七世王已经率领大部分王家卫队开赴华欣，曼谷城防空虚，革命军顺利占领了王宫，并以此作为指挥部进行下一步行动。此后部队分散占领了财政部、邮电局、电台、火车站等重要地点，还有一小部分队伍将居住在曼谷的高级王室成员控制在王宫内。陆军上校披耶帕凤①在皇家广场中央，五世王骑马雕像之下宣读了第一版民党宣言，标志着革命夺权取得成功。此后，民党宣布由3名军官暂时负责都城行政，直至颁布宪法。革命的第一阶段只在曼谷小范围的高层内进行，并未发生大规模的流血冲突，可以说是世界各国历史中都难得一见的和平革命。

民党最初的革命目标便是建立君主立宪制，并非彻底推翻君主统治，而且政变的部分领导人也深深受到忠君思想的影响，难以接受直接罢黜国王，于是他们在夺权后仍然采取了较为温和的路线。民党向拉玛七世呈递奏章，表示："组成民党的皆为军政公务人员，已经夺得了王国的统治权，但民党的目的并不是夺取君权，而是希望在国家中颁布宪法，因此恭请陛下返回曼谷在民党设计的宪法之下继续行使君权。"这一奏章措辞恭敬，语气和缓，但仍指出民党已经控制了曼谷的多位王室贵族大臣作为人质，保障政变者的安全。同时要求拉玛七世在收到奏章后一小时之内答应民党的请求，否则将在其他王室成员中选择一人成为君主立宪制下的首位暹罗国王。

拉玛七世王得知政变时正在打高尔夫球，这一消息使其措手不及，而且其手下实权人物大多被政变者控制，他被迫答应了政变者的要求。当然暹罗保守人士则认为，拉玛七世认同民党的民主思想和建立君主立宪制的目标，与他自身早先的想法相符合，为了避免造成流血冲突，不让百姓受苦，他欣然同意了民党的要求。

6月25日，拉玛七世返回了曼谷，民党成员觐见国王，并且请求国王原谅其政变行为。民党释放了全部的王室成员，但条件是解除他们所有的政府职位，担任摄政的那空沙旺亲王则被迫移居印尼爪哇。此后双方就颁

---

① 其爵位全名为"披耶帕凤蓬派育哈瑟纳"（Phraya Phahonphonphayuhasena），原名珀·帕宏玉廷（Phot Phahonyothin），是民党第一次会议7名成员之一奈布·帕宏玉廷的叔叔，后人一般简称其为"披耶帕凤"。

布宪法进行了谈判，以比里·帕侬荣为首的民党文人已经草拟了宪法请求拉玛七世签署，但拉玛七世强调这是一部临时宪法，民党和王室必须共同商讨指定永久宪法。此后民党组建了一个由70人组成的众议院，其中大部分成员皆为民党骨干，并于6月28日召开了第一次全体大会，选举众议院委员会（相当于内阁）。在委员会主席（相当于总理）的人选事宜方面，民党方面的文人领袖比里·帕侬荣年仅32岁，认为自己资历尚浅，而军人领袖披耶帕凤由于军官身份亦不适合在新政府担任总理。最后前上诉法院法官披耶玛努巴功（PhrayaManopakorn）成为暹罗历史上的首任总理，但事实证明他是一位保守人士，忠于国王和王室的利益。

此后，民党的新政府中还成立了一个专门的立宪委员会，负责指定永久宪法。这一过程花费了大约5个月时间，拉玛七世和委员会多次谈判，又重新争取到了部分王室特权，比如国王有权宣布解散议会，是武装部队的最高统帅，集立法、司法、行政权于一身，拥有赦免权等。1932年12月10日，暹罗的第一部永久宪法颁布，标志着暹罗民主政体的真正建立。

在革命成功后的半年内，民党内部内斗频繁，力量被削弱，而王室方面则不断争取权力，不但任命了保守人士成为总理，还取消了临时宪法中对国王的严厉限制，在永久宪法中确保了国王的政治特权。可以说民党的革命纲领贯彻仍不够彻底，导致此后数次保守派的复辟行动。但无论如何，民党1932年的革命终结了暹罗数百年的君主专制制度，民党新政府注重保障人民的平等权利，出台了一系列法律法规，废除了旧的封建官僚体系，许多被封建贵族把控的职位和社会资源被交还给了人民。1932年革命和其后续成果可以说是暹罗历史上的重大突破。

## 革命后的政治斗争

革命成功之后，暹罗开始了民主政治的尝试，但由于民党内部出现了政治理念的不同，导致革命力量分裂。这给了保守势力以机会，通过复辟活动于1933年4月19日重新掌权，企图恢复君主专制制度。拉玛七世下令取缔民党，驱逐比里·帕侬荣等进步人士，理由是比里·帕侬荣提出的国家经济计划草案，试图将全国土地收为国有，以合作社形式来实行计划经济。这一草案被批评为带有共产主义色彩，过于激进，未能通过内阁审核，比里本人也被迫辞职流亡法国。

但1933年6月20日，进步军人再次发动政变，组成了新政府，披耶帕凤被任命为新总理，召回比里·帕侬荣担任财政部长。10月保皇派再次发动军事叛乱，被政府军镇压。11月暹罗举行了历史上的首次大选，民党继续执政。拉玛七世见大势已去，远赴欧洲，此后于1934年3月2日宣布退位，并放弃了指定继承人的权力。因此新政府按照继承顺位推选了阿南塔玛希敦（Ananthamahidon）王子成为王位继承人，并指定3名大臣成立摄政委员会，代理执行国王职务。阿南塔玛希敦王子1925年9月20日出生于德国海德堡，其父为拉玛五世之子玛希隆王子，被誉为泰国现代医学和公共卫生之父。阿南塔玛希敦王子年幼时跟随父母在法国巴黎、瑞士洛桑、美国剑桥市等多地生活，1928年3岁时才首次回到泰国。拉玛七世宣布退位后，阿南塔玛希敦王子尚年幼，且远赴瑞士洛桑求学，对暹罗的政治几乎没有影响力，这对新政府来说是一个有利条件。

此时的披耶帕凤政府实际上分为两派，一派是以比里·帕侬荣为首的文官，另一派则是以銮披汶颂堪为首的军人集团。两人同为民党的最初7名创始成员，但执政理念却大相径庭。比里·帕侬荣的主张中结合了许多社会主义思想，希望实现经济民主，建立平等社会；而銮披汶颂堪一派则主张以军事力量发展国家，建立军人专政。文人和军人不断斗争，从1933—1938年发生过四次政府改组，以及多次未遂政变。

可以说在建立民主制度之初，暹罗社会对这一新产物产生了强烈的排异反应。1932年的革命是精英阶层的内部运作，没有民众的参与，普通民众不知民主和宪法为何物，1933年参与第一次大选的选举人数仅有10%，加上社会、经济情况不断恶化，百姓生活困难，导致了民间对新政府的反对声浪。另一方面，1932年革命充满了新旧势力的妥协，虽然君主立宪制度得以建立，但旧的封建势力仍然存在于暹罗的政治领域中，导致民主体制无法顺畅运行。最终经过多年的徘徊，暹罗再次背离了民主的初衷，走上了军人专政的道路。

## 二、第二次世界大战时期的泰国

### 銮披汶颂堪的军人独裁统治

民党在推翻了君主专制制度之后的民主道路尝试充满了分歧和混乱，这一个团体也在保守势力的复辟活动中逐渐销声匿迹。民党在组织政变的过程中便存在文人和军人的两派势力，文人需要军人的武装力量实现政治理想，而军人则需要文人的政治纲领来为自己夺权创造合法性。两派唯一的共同目标便是推翻君主专制政体，但在达成目标后便各行其是，导致1932—1938年的民主进程陷入停滞。

在这一过程中，以比里·帕侬荣为首的文官派系逐渐失去控制力，他们提出的经济方针过于超前，带有空想社会主义的乌托邦色彩，难以在暹罗社会中实施。而以銮披汶颂堪为首的军人力量则得到了加强。銮披汶颂堪1897年出身于暹罗的农民家庭，祖父为华人，后就读于曼谷陆军军校，并于1924年被选送至法国枫丹白露炮兵学校进修。在法国期间他结识了比里·帕侬荣，并在此后民党的组建和君主立宪革命中功勋卓著。此后他在披耶帕凤的政府中担任内政部长和国防部长，权力极大，几乎有取代总理的势头。銮披汶颂堪主张仿照德国、日本等法西斯国家实行军人专政，以军事发展促进国家进步。他担任国防部长期间，暹罗与日本之间的联系日渐紧密，大批军官赴日本受训，日本军官和顾问也快速渗透暹罗的军政部门。1935年他还组织军队中的激进分子成立了"青年党"纳粹组织，三年后成员达到一万余人。1938年暹罗还和日本签订了《日暹新约》，赋予在暹日本人一定的特权，表现了暹罗军方亲日的立场。与此同时，披耶帕凤作为温和派军官，其执政也饱受诟病，难以平衡政府与国会之间、文人与军人之间的矛盾，导致暹罗政局混乱。1938年12月，国会提出对披耶帕凤政府的不信任案，总理被迫辞职，銮披汶颂堪成为暹罗的第三任总理。在政变后6年的民主发展中，军人集团逐渐把控了权力，暹罗进入了军人独裁专制的时代。

銮披汶颂堪的军事独裁得以大行其道有多方面原因。首先是暹罗经历了多年的政治斗争，政坛混乱，需要一位强人型领袖来保证政局稳定。他大搞个人崇拜，在各地张贴自己的照片，在电台报纸宣传其政治理念，这种做法在一定程度上满足了民间对于领袖的需求。暹罗在经历了数百年的君主专制制度后，忠君思想已经渗透到社会各个角落，甚至在21世纪的今天仍有极大影响力。1932年的革命满足了新兴资产阶级和社会精英的政治诉求，但平民百姓的心中则出现了一个国王席位的空缺。年幼的拉玛八世王远在欧洲，无法领导国家，銮披汶颂堪的出现，在一定程度上填补了这种空缺。

其次，銮披汶颂堪的经济政治方面都实行高压统治。一方面他加强政府对国家经济的控制，发展国家资本主义和国有企业，拉拢大资本家，形成军人集团和官僚资产阶级的利益共同体。另一方面，他在政治上强化军人独裁，打击异己。在他成为总理后先后逮捕了40多名政敌，处决18人，建立了绝对权威，成为政治上的绝对核心。他还修改法律，控制国会，大幅加强军人在政府中的影响力，使得暹罗建立起来的民主体制名存实亡。

最后，銮披汶颂堪大肆贩卖他的"泛泰主义"或"大泰民族主义"思想，以文化政策来鼓动民心，促成民族主义情绪的增长。銮披汶上台后于1939年6月至1942年1月先后颁布了12条文化训令，对国民的思想和文化生活做出了方方面面的规定，企图改造泰国民众的观念。其中第一条便是将国名从"暹罗"修改为"泰国"。这一做法主要是为了让国家与主体民族的称呼相对应，确立了以泰族为核心的国家观念。虽然泰国是一个多民族国家，但在这一政策背景下，所有的泰国人，包括泰族的各个分支和非泰族公民，都被统称为"泰人"。甚至鼓吹泰国周边国家也存在与泰族同源的民族。銮披汶颂堪的大泰民族主义思想受到时任泰国艺术厅厅长、历史学家銮威集瓦塔干（LuangWichitwathakan）的影响，与德国法西斯统治下的种族主义思想有很多相似之处。他在泰国推行大泰民族主义，深深伤害了泰国少数民族人民，尤其是当地的华人华侨。銮披汶颂堪在经济领域严苛限制华人的活动，通过建立国有企业并给与政策扶持，从而吞并华人中小型企业的利益，先后禁止华人在 10 个重要的工商业部门经营，还颁布扶助职业条例，强制为泰人保留就业机会，1941 年甚至将 10 个府划为禁区，赶走当地世代居住的华人。此外，銮披汶颂堪将全国几乎所有华文学校强制封闭，原有的 10 家华文报纸也关闭了 9 家，只剩下《中原报》。在第二次世界大战期间，身处泰国的华人积极抗日救国，但是他们的爱国运动被銮披汶颂堪政府大肆镇压，大量华人被关押、驱逐甚至暗杀。这些政策都体现了銮披汶颂堪政府只顾及泰族利益，打压同化国内其他少数民族群体的狭隘民族主义思想。

除了采取反华排华、民族同化等政策之外，銮披汶颂堪还推出了许多提升泰族民族自尊自信、促进文明的政策。比如要求人民尊敬国旗、国歌，支持泰国本土产品，规范泰语字母和用词，文明着装、戒食槟榔等，从国家政策到日常生活细节都进行了详细的规定，以求改造泰国人的精神面貌和文化观念。这些政策对此后的泰国社会文化产生了巨大的影响，比如泰国人至今仍然使用刀和勺子进食、使用句末敬语"Khrap"和"Kha"等都是当时文化政策遗留的产物。这些文化训令在一定程度上，起到了团结人民、改变泰国人精神面貌的作用，也巩固了銮披汶颂堪的统治，但其背后隐藏的狭隘民族主义和种族主义思想在后世被广泛批评。

## 泰国的亲日路线

銮披汶颂堪将国名从"暹罗"修改为"泰国",不仅体现了他的民族主义思想,更暗含了他的军国主义政治理念。随着第二次世界大战爆发,英法等传统殖民主义帝国深陷战争泥沼,在东南亚地区的控制力量被削弱,銮披汶颂堪希望通过军事行动侵略周边国家,建立一个以泰族为核心的帝国。对此他提出泰族人原本同源同宗但在历史的进程中被分散在多个国家地区内,因此应号召各地的"泰族兄弟"加入到泰国的立宪制社会中来,接受泰国国王的保护,而且应当将其现今聚居的领土也纳入自己梦想建立的"泰人帝国"之中。这些地区包括被英、法等西方殖民主义国家割占的老挝、柬埔寨、马来半岛北部地区,也包括缅甸掸邦和中国境内傣族、壮族、苗族等民族聚居的云南西双版纳地区。为此,泰国历史学界开始鼓吹一种"泰人起源于中国北方"的说法,认为泰族人是受到汉民族压迫才不断南迁来到中南半岛建国,而现在到了泰人帝国"收复领土"的时机。

而銮披汶颂堪"帝国梦"的实现离不开日本军国主义的支持。此前他担任国防部长时便极力促进暹罗和日本的军事交往,随着侵华战争爆发,日本在中国南方占领了海南岛和南海诸岛,这使得銮披汶颂堪对日本法西斯政权产生了更大信心。于是他开始了对周边国家的军事行动。在1940—1941年,銮披汶颂堪政府率先向法国控制的印度支那地区发难。当时英法希望泰国能够保持中立,从而遏制日本在东南亚的势力扩张,为此泰国与英国和法国先后签订了《互不侵犯条约》,但銮披汶颂堪向法国维希政府提出附加条件:(1)以主航道原则划定湄公河界,解决6月12日交换信件中规定的所有其他重要管理问题;(2)同意把湄公河作为两国从北到南直至柬埔寨边界的国界,把琅勃拉邦和巴塞对面湄公河右(西)岸的领土归还泰国;(3)"万一印度支那主权发生变化",把泰国割让给法国的所有印度支那领土归还泰国。以上要求遭到拒绝,泰国与法属印度支那的殖民军爆发了武装冲突。日本借机参与到双方的对抗当中，以中间人的身份对双方争议开展"调解"。最终泰国从法国殖民者手中取得了湄公河右岸柬埔寨的三个省：暹粒、马德望和诗梳风以及老挝的两个省——琅勃拉邦和占巴塞。

在日军的支持下，銮披汶颂堪政权尝到了甜头，其"收复领土"的计划愈演愈烈。1942年，泰军进攻缅甸掸邦，占领了缅甸东北的景栋周边地区。日本为了拉拢銮披汶政权，不仅接受了其占领缅掸邦，还将马来半岛的玻璃市、丁加奴、吉打和吉兰丹北部四邦转让给泰国。这四个邦在拉玛五世时期被英国殖民者占领，此次重新被纳入泰国的控制，更是使銮披汶信心膨胀。此后他将矛头指向云南西双版纳地区，于1943年出兵侵犯我国领土，最后被中国远征军击溃，阻止了銮披汶颂堪的"泰人帝国"野心。

銮披汶颂堪的亲日路线，虽然在战争爆发之初为泰国带来了领土上的扩张，但日本并非真心与泰国建立友好关系，只是想以泰国为跳板和通道，一方面控制马来半岛南端的新加坡，另一方面打通通往缅甸的路线，从而切断滇缅公路，为控制中国西南部做好铺垫。泰国再一次由于其地理位置在战争中获益，但此后的发展令銮披汶颂堪政府后悔不迭，也给泰国人民带来了巨大伤害。1941年12月7日，日本偷袭珍珠港，挑起了太平洋战争。与此同时，日本向泰国发出最后通牒，要求泰国开放国境供日军通行。还未等泰国政府同意，日本的军舰便已经在南部的宋卡、北大年等港口登陆，陆军也从印度支那地区向泰国东部进发。眼看无力抵挡，銮披汶颂堪选择同意日本人的要求，双方签订协议，日军迅速进驻泰国的重要城镇，控制了当地的军事要塞和交通线路。同年12月21日，日本和泰国又签订了《日泰攻守同盟条约》，虽然条约规定两国互相尊重独立主权，但事实上日军已经把控了泰国的命脉。

銮披汶颂堪此前希望拉拢日本，对抗西方，但在其计划破产后，被迫将泰国的命运与日本捆绑，1942年1月25日，銮披汶颂堪政府正式向英美宣战，成为日本在东南亚地区肆虐横行的帮凶。在二战期间，日本对泰国进行大肆经济掠夺，成为其侵略战争的重要战略物资供应地。为此，日本人制定了《对泰国经济措施纲要》，为使"泰国在经济上为完成大东亚战争所必须承担的事项及建立有关大东亚经济基础的事项"，泰国实行的各项经济政策必须由日本"予以指导和掌握"。此后，日本政府强行改造泰国经济结构，控制泰国大米贸易，强行使泰铢贬值，并要求泰国政府为日本驻军提供了高达15亿泰铢的军费。这一系列措施导致泰国经济秩序失衡，通货膨胀严重，人民生活成本急剧上升。

由于銮披汶颂堪政权采取了亲日路线，泰国的军队和人民在二战中的丧生人数较少，据统计大约为7600人，远少于周边邻国（二战中东南亚国家丧生人数约为：东帝汶5万人、马来亚10万人、缅甸27.2万人、菲律宾80.7万人、印度支那125万人、印度尼西亚350万人）。而且泰国丧生的部分军人是在与法属印度支那、缅甸和中国的边境侵略战争中丧生，并非献身于反法西斯事业。而日军在泰国境内犯下的最大暴行要数修建连接泰国和缅甸的"死亡铁路"，大量铁路工人由于过度疲劳、营养不良、传染病或受虐待丧生，死亡人数达到7.8万人。可以说，銮披汶颂堪的投降主义亲日路线在一定程度上避免了日军的大规模入侵。但即便如此，也难以改变銮披汶颂堪政府与法西斯侵略者同流合污，出卖祖国，侵害别国利益的丑恶行径。

## 自由泰运动

面对强权侵略，有人高举白旗，也有人为了正义和真理而战。日本偷袭珍珠港前两小时向泰国政府发出最后通牒，并且在未得到答复之前便强行从泰国南部登陆，他们的野蛮行径引发了泰南军民的英勇抵抗。而在执政者中也有人不满銮披汶颂堪的卖国行为，暗中组织力量抗击日本侵略者。随着日军在泰国实行的经济掠夺政策，泰国社会民怨滔天，最终激发了泰国人民抗击法西斯侵略者的决心。

1932年革命之后，泰国的主要政治力量便分为文人和军人两派。经过数年的斗争，銮披汶颂堪代表的军方占据了优势，他本人于1938年起担任泰国总理，独揽军政大权。而文人集团的主要领导比里·帕侬荣则一度在保皇派复辟运动中被迫害流亡海外。此后他返回泰国，先后在政府中担任内政部长、外交部长和财政部长。在二战以前，他通过外交技巧废除了泰国与外国签订的所有不平等条约。当日本侵略者提出借道泰国时，他表达了反对意见，认为不能参加反对英美的战争，只能答应日军借道，但不提供任何帮助。最终他的意见被忽略，日军借机占领了泰国重要城镇，两国签订了攻守同盟条约。銮披汶颂堪和日本政府认为比里·帕侬荣的立场倾向于亲英美，于是逼迫他离开核心岗位。比里于1941年愤然辞职，最后担任拉玛八世王的摄政委员会主席，手中并无实权。

比里不满銮披汶颂堪政府的亲日路线，也看到在日军疯狂的经济掠夺之下，泰国人民酝酿着反抗情绪已经到达临界点。他与多位爱国友人商议，决心不依靠政府当局，以自己的生命和鲜血拯救泰国。他们决心以比里为领导核心，在泰国建立地下抗日组织，抵抗日本侵略者，也向盟国传递泰国人民反抗法西斯侵略的心声。

与此同时，旅居英美的泰国人也对銮披汶颂堪政府与日本侵略者同流合污的行径表达了不满。时任泰国驻美国大使社尼·巴莫（SeniPramot）拒绝向美国政府递交泰国政府的宣战书，并且正式宣布脱离銮披汶颂堪政府。1941年12月16日，社尼发动在美泰国学生和使馆官员共87人成立了"自由泰运动"（Free Thai Movement）组织。此后频繁在美国电台揭露日军侵略罪行，号召国内民众团结抵抗。受到社尼·巴莫鼓励，旅居英国的泰国人也团结起来成立了自由泰运动组织，组织成员不仅包括留学生和使馆官员，还有流亡海外的拉玛七世王王后兰帕潘尼（Ramphaiphanni）等王室成员。虽然銮披汶颂堪政府要求所有旅居英美的泰国人必须返回泰国，否则将在此后丧失泰国国籍，但自由泰运动的海外成员们大多不愿成为侵略者的帮凶，坚持在海外帮助祖国抵抗日军侵略。

而国内比里·帕侬荣领导的国内抗日力量与社尼领导的英美泰人抗日组织建立联系后，三股力量组织联动起来，统一采用了"自由泰"这一称呼，成为泰国抵抗日本侵略者的重要力量。由于这一组织面临着日军和銮披汶颂堪政府的双重压力，比里决定以地下秘密工作方式组织活动，以法政大学为联络点统一指挥全国各地分部。海内外的联系全部采用加密方式，当时泰国驻美国大使馆的一位官员想出一套策略，他本人擅长泰语和英语打字，打字机的一个按键分别对应英语和泰语的各一个字母，他利用这种对应关系将泰语和英文处理成看似乱码的一段文字，只有通过打字机才能还原。这种密码较为原始，但反而骗过了日军。自由泰运动组织谨慎发展壮大，但仍然吸引了大量的爱国人士参与，包括社会各阶层人士，还吸引了当时銮披汶颂堪政府中的不少爱国官员，他们将自由泰运动的力量渗透进了当时的亲日政府之中。

比里·帕侬荣的计划是效仿法国戴高乐将军在国外建立流亡政府，曾考虑依托缅甸英军的支持在泰国北部与銮披汶颂堪分庭抗礼，但泰国北部迅速被日军攻占。此后他多次联系盟国希望在印度、中国重庆建立流亡政府，虽然得到美国的支持但英国和国民党政府对此并不认可，最终未能实现。比里·帕侬荣只能继续在国内领导地下抵抗运动。自由泰运动的爱国人士协助盟军开展抗日活动，组织破坏日军设施、收集军事情报、保护英美谍报人员进入泰国，发挥了极其重要的作用。其间美国和英国的自由泰运动成员也纷纷入伍受训，虽然人数不多但也彰显了其爱国热情。

而在銮披汶颂堪政府一边，随着国际反法西斯战争逐步迈向胜利，他也意识到自己的亲日计划即将破产。日本方面为笼络人心，于1943年将马来亚四个邦以及缅甸掸邦划归泰国，但这并不能改变泰国人民抵抗的决心。1944年随着日本东条英机政府的倒台，銮披汶颂堪政府也失去了靠山。最后他孤注一掷，向国民议会提出在泰国北部的碧差汶府（ChangwatPhetchabun）建立新首都。銮披汶颂堪给出的迁都理由是为了躲避盟军的空中打击，但他日后的回忆录中指出，这其实是他为日后领导抗日战争所做的准备。当时的首都曼谷已经被日本人完全控制,他必须将重要力量迁移出曼谷,新首都其实是一个军事基地和战略联络的要塞,可以打通向北联络中国云南部队的通道,届时泰国北部清迈和喃邦府的军队也可以经由此通道南下进攻曼谷。他认为没有碧差汶府的军事基地,对日作战是不可能的。此后他大力推动新首都的建设,并且亲自参加了设立"城柱"的仪式。这项工程消耗的人力物力巨大,政府强征民工服役达到12万人以上,当地密林环绕,疟疾肆虐,1944年便造成了1.4万民工死亡。除了建立新首都外,他还提出在沙拉武里府(ChangwatSaraburi)建设一座"佛城",这在经济恶劣的战争时期,对于泰国社会来说是过于沉重的负担,最后未能通过议会投票。这两项工程引发了国内的强烈不满,銮披汶颂堪不得不辞职,于1944年6月结束了自己的总理任期。

此后宽·阿派旺(KhuangAphaiwong)担任总理重新组阁,减少了内阁中的军人比例,因此被认为是文官政府。在新政府的领导下,泰国的抗日活动也逐渐走上台面,新总理本人也参加过自由泰运动的活动。到二战结束前,自由泰运动的规模已经相当巨大,登记在册的会员约5万人,可以动员15万人参加活动。他们的武装力量也颇具规模,受美军训练的游击队有13个营,受英军训练的游击队有11个营,每个营人数在500人以上,此外还有许多本土游击队力量,总人数达到5—9万人。但他们的武装起义抗日计划被英美盟国阻挠,未能依靠自己的力量完全赶走侵略者,导致泰国在战后不得不受制于英美两国。

1945年8月15日,日本宣布接受无条件投降。两天后,比里·帕侬荣作为摄政委员会主席,以国王的名义发表的《和平宣言》,宣布銮披汶颂堪政府在1942年对英美的宣战无效,并将战时获得的马来亚四邦以及缅甸掸邦归还英国。美国接受了这一宣言,并答复说从来未将泰国当作交战国。由此可见,比里·帕侬荣和社尼·巴莫在国内外发起的自由泰运动受到了美国的承认,在美国的视角中抵消了銮披汶颂堪政府的宣战行为。但对于英国和法国来说,泰国在二战前后与其产生了实际的交战行为,并且获得了当时英法控制的多处领土，他们在东南亚的利益受到了实际损害，因此并不愿意接受《和平宣言》，倾向于将泰国当作二战的战败国论处。

为此，泰国政府立即采取措施。《和平宣言》颁布的第二天，宽·阿派旺辞去总理职位，由自由泰运动的主要成员他威·汶耶革组织临时内阁，待社尼·巴莫返回泰国后接任总理。由于社尼·巴莫作为驻美大使拒绝对美宣战，此后一直在英美国家促进自由泰运动和盟国之间的沟通，因此他被认为是战后代表泰国与西方国家斡旋的不二人选。

社尼·巴莫上任后，圆满完成了任务。他首先颁布了惩办战犯条例，逮捕并监禁了銮披汶颂堪将其作为战犯论处。但此后这一条例并没有严格执行，因为新条约不能追究往事，銮披汶颂堪等人不久便获释放。此后自由泰政府于1945年9月8日将泰国国名改回"暹罗"，表示与銮披汶颂堪的法西斯军国主义思想划清界限。

经过谈判和协商，自由泰政府与盟国签约结束了战争状态，最终与英法两国签署了和平条约。但是泰国为了达成这些条约也满足了两国的各种条件，比如恢复英国人在泰国的一切财产和权益并赔偿所有损失，将战时占领的马来亚和缅甸领土归还英国，未经英国允许不得开凿克拉地峡运河，避免与马六甲海峡形成竞争，修改与英国和印度的通商航海条约，向英国及其殖民地免费提供150万吨大米等。而法国方面也需要将战前占领的老挝、柬埔寨领地归还，并且成立调解委员会审查有争议的边界问题。在与英法等盟国协商谈判的过程中，美国发挥了重要的作用，战前美国在泰国的影响力较小，希望在战后重新建立新的世界秩序，并以泰国为重要中心对东南亚施加影响力，因此美国不希望英法完整恢复战前在泰国的利益。在美国的支持下，泰国未被认定为二战的战败国，并且于1946年12月正式成为联合国会员国。

在二战的过程中，泰国政府中的亲日派和抗日派先后掌权。在战争初期亲日路线避免了泰国人民的流血牺牲，而此后国内外抗日力量坚持不懈地进行抗争，不仅在国内占据了领导地位，也在国际上受到了承认。最后泰国以较小的代价躲过了这一场人类历史上的浩劫，这在一定程度上进一步加强了泰国如"风中之竹"[①]一般，柔中带刚的灵活外交理念。

## 战后的民主窗口期

二战以后，銮披汶颂堪的军人政权倒台，以比里·帕侬荣为首的文人再度掌握了政权，泰国再次获得了发展民主政治的机会。

社尼·巴莫作为战后与盟国斡旋的最佳人选出任总理后，较好地解决了泰国在战后的外交困局，但由于必须满足英法等国的条件，向其赔款并免费提供大米等，国内的战后经济恢复缓慢，民生艰难。1946年1月，社尼·巴莫辞职，宽·阿派旺再度上任。同年3月，泰国举行大选，比里·帕侬荣从幕后走到台前，亲自担任总理。在他的推动下，泰国于5月9日颁布了新宪法，成立了两院制议会，所有议员均由选举产生，允许公民成立政党，其活动受到法律保护。在新宪法的感召下，泰国政客纷纷组织成立政党。社尼·巴莫早先一步于1945年成立了泰国最早的政党——进步党，后改组为民主党，宽·阿派旺也是该党创始人之一。民主党虽然支持民主政体，但具有一定保守性质，主张扩大王权。该党一直到今天都在泰国政坛中具有相当影响力。而比里·帕侬荣一派则更倾向于小资产阶级自由派，与民主党形成对垒之势。他组织的政党名为"联合党"（The Cooperation Party）[②]，自由泰运动领导人海军少将銮探隆·那瓦沙瓦（ThawanThamrongnawasawat）则成立了宪法阵线党（The Constitution Party），这两个党派在1946年8月的大选中获胜组合成为执政联盟，推选比里·帕侬荣担任总理。

但比里·帕侬荣并未能坐稳总理的位置，便由于一场意外的政治风波

---

[①] 泰国俗语"风中之竹"（Pai Lulom）意为聪明人应该懂得根据环境调整自己。
[②] 其泰语名为"Sahachip"，亦有译为"合作党""职联党"。

不得不辞职。1945年12月5日,年满20岁的拉玛八世国王从瑞士返回泰国,开始了自己的亲政生涯。比里·帕侬荣辞去摄政委员会主席职位后受到国王嘉奖,并继续承担资政职责,与国王关系密切。拉玛八世王回国亲政为泰国民众带来了巨大的鼓舞,自拉玛七世王退位后,年幼的八世王一直在欧洲留学,泰国的王位一直空着,人民渴望一位贤明的君主带领泰国走出战争的阴影,对拉玛八世寄予厚望。然而1946年6月9日,皇宫内的一声枪响打破了这种希望,拉玛八世王在寝宫中头部中弹去世。关于国王的死因,泰国社会中有过各种猜想,有说法认为是日本间谍行刺,也有说法国王是自己擦枪时由于枪支走火意外身亡,但最终都无定论。比里·帕侬荣也在这场风波中受到指控,他本人与国王亲密,可以轻易接近国王,而他的政治主张又是希望以宪法进一步限制君主权力,因此被广泛质疑和指责和拉玛八世的死有关。随着舆论发酵,8月初刚刚在大选中获胜当选的比里·帕侬荣于8月21日辞职,执政联盟中宪法阵线党的领袖銮探隆·那瓦沙瓦接任总理,但由于銮探隆出身于海军,与比里·帕侬荣关系密切,引发了銮披汶颂堪集团陆军势力的不满,为此后的政变埋下伏笔。

虽然事后长达7年的调查并无证据表明·帕侬荣和国王之死有关,但他的总理生涯因此结束。一年以后,他在銮披汶颂堪发动军事政变后被迫流亡新加坡。此后他联合海军力量组织了反对銮披汶颂堪政府的政变,但未能成功,最后到中国长期避难。1970年他移居法国巴黎,最后于1983年因心脏病离世,享年83岁。

比里·帕侬荣被誉为泰国民主之父,促成了1932年革命和二战之后的泰国宪政民主政治发展。但泰国文人集团内部关于宪法体制下君主权力问题的分歧不断,导致严重的内部斗争消耗,政府频繁更迭。1932年革命后,泰国文人集团逐渐被銮披汶颂堪领导的军人集团所压制,导致了民主初步尝试的失败。而在1944年銮披汶颂堪政府倒台后,直到1947年军人集团卷土重来,三年多的时间内文人领导的自由泰政府共产生了5个总理领导的8个内阁,导致泰国政坛混乱不堪,政客陷入内斗,难以领导国家,百姓倍感失望，最终导致了泰国前两次民主政治尝试都以失败告终。

但在这黑暗的时刻，也有一丝光亮在酝酿起势。拉玛八世王不幸身亡，他的亲弟弟普密蓬·阿杜德继承王位，成为拉玛九世王。普密蓬·阿杜德于1927年12月5日出生于美国马萨诸塞州的剑桥市，是泰国历史上唯一一个出生在美国的国王。1928年他在襁褓中跟随父亲回到泰国，1932年君主立宪制政变后，他和哥哥被送到瑞士洛桑上学。1946年19岁的普密蓬被推选登上王位，但他当时还是瑞士洛桑大学的学生，于是在同年8月返回欧洲继续求学。为了今后能更好地治理国家，他把自己的专业从理科转为了社会学、政治学和法学。1950年3月24日，拉玛九世王学成归国，于同年迎娶了诗丽吉王后，并举办了登基仪式。当时的拉玛九世在军事强人执政的背景下看似缺乏力量，但泰国社会还没有意识到，这位年轻的君主在未来的大半个世纪内将带领泰国走向光明。

# 第九章

# 军人专政与民主运动时期

1932 年的君主立宪制革命结束了泰国历史上长达数百年的君主专制统治，革命的发起者既包括以比里·帕侬荣为首的文人集团，也有以銮披汶颂堪为首的军方力量。革命取得初步胜利后，保守派势力仍然坚持捍卫君主权力，对民主体制产生了强大的阻力，文人集团依靠宪法和选举无法达成目标，反而导致了政局混乱。最终 1938 年銮披汶颂堪担任总理，以强硬姿态独揽大权，导致民主进程倒退。第二次世界大战的爆发对泰国产生了巨大影响，面对日军的军事威胁，泰国军人政府表现出了投降倾向，反而是文人集团在国内外成立了自由泰运动组织，坚决与日本法西斯主义做斗争。随着轴心国在二战中的失败，銮披汶颂堪的军人政权也于 1944 年下台，比里·帕侬荣等一干文人再次引导泰国走上民主道路。但文人集团仍是难以逃脱内部分歧的怪圈，三年多的民主发展窗口期中政府更迭频繁，派系林立，加上拉玛八世国王身故事件，导致比里·帕侬荣难以继续实践其政治主张，最终銮披汶颂堪卷土重来，于 1947 年发动政变控制政局。泰国再次陷入了军人专政的严酷统治之中。

从 1932 至 1938 年，从 1944 至 1947 年，泰国两次获得民主政治发展的窗口期，但均未能达到理想的结果。这一方面是由于泰国军人集团在政治中的影响力极大，另一方面则是由于长期萦绕在泰国社会中的忠君思想导致文人集团内部分裂。可见民主并非一蹴而就，1932 年的革命具有超前性质，一小部分留学海外的精英知识分子实践其政治理想，但人民群众对民主和宪法等新产物的认识不足，仍然期盼贤明君主的领导。这种理想与现实的脱节导致革命的胜利果实被军人集团获取，他们凭借高压政策在泰国继续实行军人专政统治。但是星星之火可以燎原，此后的数十年内，泰国在民主的道路上顶着压力不断前进。

# 一、军人独裁专政时期（1947—1973）

## 銮披汶颂堪卷土重来

1946年8月21日，比里·帕侬荣辞去总理职位，銮探隆·那瓦沙瓦（ThawanThamrongnawasawat）领导组建新内阁。他本人虽然曾是一名海军将领，但他在二战期间积极参加自由泰运动，属于泰国军队中的开明将领，也是比里·帕侬荣的重点拉拢对象。他上任之后基本保持了民主路线，将军人排除在政府以外。1946年的宪法也限制了军人从政，主张裁军，这都引起了泰国军人集团的不满。1947年11月8日，泰国在役军官在副总理屏·春哈旺（Phin Choonhavan）中将的带领下发动政变，推翻了文人政府，重组内阁，他们的组织被称为"政变团"，其幕后支持者正是銮披汶颂堪。"政变团"的军队将坦克开到政府办公地点，并且迅速逮捕了銮探隆·那瓦沙瓦总理，但比里·帕侬荣提前听到风声，在海军力量的保护下躲过一劫。11月9日凌晨，屏·春哈旺向全国宣布完成政变，在此后面对新闻媒体的采访中，他流泪自白，表示自己本已退休颐养天年，但看到政府充斥着腐败，官员将外国援助的农具私下出卖获利，农民生活艰难，因此决心做出改变。屏·春哈旺也因此得到了"流泪英雄"的绰号，当然这一称呼或许是带有一些讽刺意味的。銮探隆·那瓦沙瓦政府的确出现了很多腐败问题，但此次政变更多是从军方集团自身的利益出发，为銮披汶颂堪再度出山铺路。

对于此次政变，时任美国驻泰国大使埃德温·史坦顿（Edwin Stanton）表示，他"并不支持以武力颠覆探隆政权，这是宪政民主的一次倒退，虽然探隆政府和此前的文人政府一样腐败无能，但武力颠覆政权可能导致战争的爆发"。可见当时的美国并不愿意见到军人干政，而銮披汶颂堪本人由于在二战中的亲日政策，也没有获得西方的信任，因此军人集团推选了温和派民主党领袖宽·阿派旺出任总理。宽总理上任后于1948年1月再次赢得大选,因此获得执政信心,他并不甘心成为军方的傀儡,一方面积极恢复王室的财产和权力,另一方面积极制定限制军人权力、推动民主政党活动的宪法。这些政策都令军方极其不满,1948年4月6日,銮披汶颂堪再次领导武装力量发动政变,亲自担任总理。

銮披汶颂堪在二战中的亲日路线虽然饱受批评,但在战后仍在军队中保留了极强的影响力,自由泰政府忌惮他的军事影响力,虽然出台了惩办战犯条例,但又补充了新条例不追溯往事的条款,最终銮披汶颂堪并未受到惩处。1948年他重新掌权时在百姓中也有很高的支持率,在百姓眼中他与日军合作避免了泰国生灵涂炭,保全了国家主权独立,此后又对自由泰运动保持默许态度,因此获得了谅解甚至赞扬。

銮披汶颂堪的再次执政也与当时的世界局势有关。二战以后,美国和苏联迅速陷入了冷战的阴影之中,双方都希望能够控制战后的世界经济政治秩序。1948年春,东南亚各国也成为两种意识形态争夺的战场。尤其中国共产党军队接连取得对国民党的胜利,对东南亚各国的影响极大。印尼、缅甸、印度支那等地也纷纷爆发了反抗殖民者的斗争,并且产生了共产主义的倾向。而泰国虽然未被殖民,但在二战前便与苏联谈判过建交问题,1941年3月12日两国还曾就建立外交、贸易和文化关系签订协议,但此后泰国反而和日本合作,双方关系一度恶化。战后泰国和苏联关系缓和,1948年3月苏联向曼谷派送公使,并建议由苏军训练泰国军队。在这一背景下,美方认为泰国的民主路线不再是其关注的重心,他们急需扶持一个亲美的政府来抵抗共产主义在东南亚的扩张。泰国作为中南半岛的中心国家,具有重要的战略意义,可以作为美国在当地行动的据点。因此,美国政府和英国政府在銮披汶颂堪政变一个月后便承认了其统治合法性。

对此,銮披汶也清醒地认识到美国的诉求,他极力表明自己的反共主张,希望能够从美国获得军事和经济援助,借助美国的力量巩固他在国内的政治地位,并且强化泰国的军人政权实力。最初美国认为泰国的共产党影响力不大，对其关注度远在菲律宾、印尼和印度支那之下。但随着马来亚、缅甸、印度支那等地区不断爆发"共产主义暴乱"，泰国国内针对銮披汶颂堪政府的多次未遂政变（包括比里·帕侬荣联合海军势力发起的政变），也被认为是苏联势力扩张的结果。此外，为表现对共产主义扩张的反对，銮披汶颂堪政府跟随美国承认了法国在越南扶植的保大政权，甚至跟随美国参与到了 1950 年爆发的朝鲜战争之中，不仅为南朝鲜（韩国）无偿提供 4 万吨大米，还派出 4000 名士兵参与以美国为首的"联合国军"，同时还有 1.5 万人的"志愿人员"赴朝负责收集军事情报等工作。

为了回报泰国政府的坚决反共态度，美国于 1950 年以后大大加强了对銮披汶颂堪政府的军事和经济支持，从而保证泰国局势稳定，发挥东南亚地区反共中枢的作用。在军事方面，美泰双方于 1950 年 10 月 17 日签订了《共同防御援助协定》，约定为泰国提供军事装备、服务和其他军事援助。在经济方面，美国根据杜鲁门政府提出的"第四点计划"（Point Four Program）向泰国提供了大量经济援助，1951—1954 年的援助总额达到了 3140 万美元，1955—1959 年更是提升至 1.9 亿美元。此外，美国还在公共卫生、教育、交通、水利等各个方面为泰国提供援助，逐渐改变了泰国的面貌。

銮披汶颂堪政府在得到美国人的支持后，在国内地位日益巩固，他不断打压政治对手，在泰国实行独裁统治。在数次镇压政变的过程中，他借反共之名逮捕、杀害了一批文官，封杀报社，控制言论。并且重新启用了修改版的 1932 年宪法，使军人政府再次拥有任命半数议员的权力，可以名正言顺地操作国会。

銮披汶颂堪在重新掌权后不改战前的民族主义思想倾向，大肆实行排华政策，迫害华侨华人。他以反共名义，在美国的干预下于 1951 年通过了对社会主义国家实行禁运的政策，泰国的大米、橡胶、锡等物资都不能运到中国大陆，实行经济封锁（但实际上这一政策反而限制了泰国的自身经济，最后于 1956 年被废除）。此外，他在文化方面也施行反共反华运动，

1952年逮捕超过100名文人学者，其中不乏华人华侨。同时查禁中文书籍、查封民办华文学校等。为了限制华人移民活动，他将外侨每年的人头税从4铢提升至400铢，禁止华侨社团活动。1953年，他颁布新的国籍法规定，除非父母双方皆为华侨，其他情况下所有出生于泰国的新生儿都被视为泰籍，从而为他的民族同化政策服务。除了华人以外，銮披汶对泰南马来族人也推行激进的文化政策，禁止马来族使用马来语、穿马来民族服装、不准从事伊斯兰宗教活动，甚至要求政府中的马来族职员将马来名字改为泰人名字等。这样强迫性的同化政策引起了南部马来族穆斯林公民的不满，成为日后泰南分裂活动的导火索。

随着社会矛盾加剧，泰国社会对銮披汶颂堪独裁统治的不满逐渐积累，而他实行的高压统治逐渐在军方培养出两名新的强势人物，分别是警察总监炮·是耶侬（PhaoSiyanon）和陆军司令沙立·他那叨（Sarit Thanarat）。这两人的势力越来越大，有脱离控制的势头。为了巩固自身统治，銮披汶颂堪开始调转枪口攻击军人干政，强调民主制度的先进性，试图获得大众的选票支持。从1955年起，他开放了媒体限制，废除新闻审查，并且模仿英国"海德公园"模式在曼谷各地建设平台供人们自由发表意见；他还开放党禁，带头组织建立了玛兰卡西自由党①，最终赢得了1957年2月的大选。但此次大选受到了广泛的批评，民主党领袖宽·阿派旺和社尼·巴莫在选前便号召全体选民抵制选举，因为政府此前恢复的1932年宪法为其提供了巨大优势，而且銮披汶颂堪采取胁迫舞弊手段，力图控制选票。这次大选被批评为一场肮脏的选举，只有38.36%的投票率。大选后对銮披汶颂堪的批评声音四起，敌对政党、文人、媒体、学生都组织了抗议示威活动。对此，銮披汶颂堪指派陆军司令沙立·他那叨镇压抗议者，没想到这位他亲手扶植起来的军方心腹此时站到了他的对立面。沙立拒绝执行

---

① 玛兰卡西为泰语"Manangkhasila"的音译，是曼谷一处王室居所的名字，銮披汶颂堪在任时将其用作政府办公及会议中心。

镇压命令，而是同情抗议者，虽然不得不辞职明志，但获得了民众的好感。1957年9月，沙立发动了武装政变，将銮披汶颂堪赶下总理宝座。

此次政变获得了拉玛九世王的支持，因为此前銮披汶颂堪政府一直漠视王室，甚至有坊间传言他才是刺杀拉玛八世王的凶手，而拉玛九世王在欧洲遭遇的车祸也被猜测与他有关。这些猜测并无根据，但可以看出他和王室之间存在矛盾。最终，銮披汶颂堪不得不流亡日本，终老他乡。

## 沙立政权

1957年9月沙立·他那叻发动政变后，于同年12月推动了泰国的第十次大选，此次选举较为有序，最终他组建的民主社会党联合其他政党组成了多党执政联盟。他本人由于患肝病赴美治疗，指定副手他侬·吉滴卡宗（ThanomKittikachorn）将军担任总理。最初沙立·他侬的军人政权希望维护民主机制从而为其掌权带来合法性，他下令拒绝新闻审查，维护言论自由，受到了民众的欢迎。但是他侬1958年担任总理后，执政联盟产生了分歧和内斗，政策难以施行，各方反对声音四起，并且在3月份的议会补选中失利。

沙立认识到自1932年起泰国尝试走了20余年的民主道路，每一次文人执政都陷入互相攻击内斗、政局动荡的怪圈，说明泰国社会对西方的民主体制产生了排异，泰国的文人政客以及人民百姓都还不够成熟，只有在强人的威权统治下通过对西方民主制度进行改造，使之符合泰国国情才能解决这一乱象。他回国后于1958年10月20日以压制泰国共产党活动为由发动了自我政变，逮捕了100多名批评政府的异见人士，解散了其他所有政党，亲自掌权担任总理，同时掌握军事大权，以高压手段推行他心中的"泰式民主"。

沙立的"泰式民主"思想对后世的影响十分深远，他认为泰国社会与西方不同，其传统文化中蕴含和根深蒂固的对权威的认同基础，仍然渴求一个强力的领导核心。西方式的政党和议会体制只会带来彼此间的不断争斗，无法真正代表民意，而一个亲民、仁慈、勤勉的领导人加上高效运转的政府，才能确保人民的要求得到回应，从而实现民主的要求。素可泰时期的兰甘亨石碑记载，兰甘亨大帝执政时，"有铃悬于门外，城乡之中民有争执，口角不和，欲诉诸王，极为简便，仅须往敲门铃。坤兰甘亨国王，一闻铃声，即呼入讯问，予以公平裁判。故素可泰全境，万民称赞。"这种贤明勤政的领导人正是沙立"泰式民主"体制下所需要的领导核心，于是他极力宣扬素可泰王朝时期"家国同构，君父同伦"的统治思想，认为领导人应当像家长一样管理国家，并回应子民的需求，而民众则应当服从这种管理。

此前的銮披汶颂堪虽然以强人姿态管理国家，但作为军人，其统治的合法性仍然受到质疑，而且在执政期间未能充分代表民意，最终遭到抵制。而沙立则将回国不久的拉玛九世王推上了至高无上的位置，使其成为凝聚各方政治力量的最高权威，而沙立自己领导的政府则充当王室威权体制中的重要组成部分。他重新强调泰国三色国旗所代表的"民族、宗教、国王"三位一体口号，重新恢复并且创造了许多宫廷传统，包括将国庆日从1932年政变纪念日6月24日改为拉玛九世的生日12月5日；恢复了拉玛五世王时期被废除的跪拜礼仪；恢复了被銮披汶颂堪政府废除的皇语；大量印刷、分发、张贴国王和王室成员的画像；邀请国王出席各类公共活动仪式，比如春耕节、皇家游船巡游、敬献僧衣、向大学生颁发毕业证书等。这一系列做法大大提升了拉玛九世王的个人威望，也使得1932年革命之后逐渐黯淡的王室威严得到了复兴。

沙立的"泰式民主"统治也得到了美国政府的支持。20世纪50年代至60年代，东南亚地区是美苏意识形态争夺的重要战场，越南南北分裂采取不同立场，老挝也产生危机，处于内战的边缘。沙立政府坚持反共产主义立场，紧密与美国站在一边，并且要求美国领导的东南亚条约组织进一步采取武力措施干涉邻国局势。而泰国也逐步确立了美国在东南亚地区的反共堡垒，双方达成了紧密的同盟关系。这一时期美国向泰国提供的军事和经济援助进一步加大，被学者称为泰国历史上的"美国时期"。在沙立担任总理期间，美国大规模援助了泰国的交通发展，包括公路和航空等多个方面。1957年双方完成了对泰国公路的规划，拟建8条重要公路，全长4760公里，并计划修建1000余座桥梁和涵洞，还对泰国的十余个机场进行了设备升级，培训了相关操作和维修人员。随着美国援助的加大，沙立在20世纪60年代开始领导泰国的工业化运动，首次制定了一系列经济发展规划，建设了一些大型企业，同时也鼓励私营企业吸引投资参与竞争，泰国进入了一个经济高速发展的时期。

但随着经济的快速发展，沙立政权的弊端也不断暴露出来，他的政府空有表面上的民主名义，但内里的实质却是沙立的独断专权。他实行高压统治，严打各种犯罪，甚至不经审判便处死嫌犯。还以反共的名义长期关押异己人士，军警可以随意羁押涉嫌共产主义的嫌犯，导致社会气氛压抑，大量倡导民主的文人学者不得不逃至偏远山村躲避。他于1959年颁布了一部临时宪法，其中只有20个条款，并且为其个人赋予了极大权力，其中规定"只要总理认为镇压那些来自国内外的、危及国家和国王的安全、颠覆和威胁到法律和秩序活动是政党的，总理就有权根据内阁的决议发布命令和采取相应的措施"。而且这部宪法取消了全民选举，所有议员由任命产生，议会彻底丧失了监督政府的功能。由于缺乏监管，沙立政府的官员极其腐败，在经济发展的背景下攫取了大量利益。1963年12月8日，沙立因肝病逝世，他留下的遗产高达1.5亿美元，拥有2万多莱土地（约为8000英亩），除了3个妻子外，还有50余名情妇。而他手下的军政高管几乎个个都是百万富翁。

虽然沙立主政期间，泰国的民主自由风气被强烈压制，他凭借军事实力和美国的援助控制国家，树立威权代替民主；虽然充满了错误和偏激的行为，但在一定程度上统一了各方势力，集中力量于现代化和经济发展，为泰国的工业化进程加速，从社会治安、公共卫生、医疗教育、社会福利和基础设施方面改变了泰国的面貌，因此至今仍受到许多泰国人民的怀念。沙立推行的"泰式民主"被认为是泰国民主进程的倒退，却是符合当时时代背景和社会国情的产物，改变了此前民主道路探索中的乱局，也为此后泰国的政治道路提供了一种新的方向。有学者认为，这一步民主的倒退对于泰国来说未必是坏事，反而可能是过去的泰国领导人模仿西方民主政治实践的脚步走得太快了。

## 他侬政权

1963年沙立去世之后，他的副手他侬将军再次主政。他基本延续了沙立政权的执政思路，在主政初期较好地实现了权力的过渡。他采用高压手段一方面压制民主，维护军人专政统治，同时也能较好地延续经济发展的良好态势，人民生活得到改善。

1964年起越南战争进一步升级，美国在越南的投入越来越大，而泰国作为美国在东南亚的反共堡垒，战略地位也进一步提升。在越战期间，泰国是美国军事行动的重要基地，美军在泰国建设了多个军事基地，并派遣大量驻军驻扎于此，成为其在越战中的后方情报、后勤、休养中心。军事基地工程项目解决泰国就业问题，大量美国驻军带动了消费，改变了泰国的经济结构，同时也促使美国对泰国的援助进一步增加。他侬政权紧密追随美国，还得到美国提供的大量军事援助，帮助其巩固政权。

但20世纪60年代末，国际形势发生了重大变化，世界多极化趋势初显。美国在越战中的失败导致国内的强烈反战情绪，美国政府也开始反思其此前的亚洲策略，并作出了调整，导致美国在东南亚的影响力也随之下降。他侬政权也感到来自美国的支持逐渐不足，长期的军人执政不符合美国价值观，政府的腐败问题也饱受批评。美国约翰逊总统曾敦促他侬政府改善形象，恢复宪法，进行民主选举。

相比美国的不满，泰国人民的抗议对于他侬政权来说才是更大的问题。

军人长期执政引起了大量民主人士的不满，社会中的高压气氛也抵达了爆发的边缘。泰国人民不满"泰式民主"的路线，呼吁民主改革的声音日益响亮，许多民间组织自发抗议军人干政，要求制定新宪法，还政于民。随着经济发展，泰国社会中的中产阶级日益壮大，政商集团和地方寡头都要求改革，提升自身的政治地位。

除此以外，他侬还面临着来自王室的压力。他侬执政期间并未像前任沙立一般重视王室的威严，引起了保皇派的不满。而拉玛九世从60年代起对泰国的公共事务和民生民情投入了大量精力，他几乎走遍了泰国的每一寸土地，去各地考察人民的生活，面对面与百姓交流，并且和农业专家一起制定乡村农业发展规划。他手拿地图册、脖子上挎着相机的形象深入人心。他还从国库中筹集资金用于兴办"皇家工程"，用于兴修水利、开办学校、农业改革等。这些活动都使拉玛九世王的个人威望迅速提升。1967年拉玛九世王赴美访问，认识到军人专制统治对国家有害，回国后敦促他侬重新制定宪法，举行选举。有了国王的支持，泰国人民追求民主的热情更高，对他侬的独裁统治施加了更大压力。

1968年，他侬迫于压力敦促制宪委员会颁布了永久宪法，其中修改了政府直接任命议员的规定，改为由民众选举众议院议员，国王任命参议院议员，但事实上参议院人员的候选人名单仍由政府向国王提供。1969年泰国依据宪法举行大选，他侬组建的统一泰国人党获得了众议院219个议席中的75席，成为国会第一大党，并组成了多党执政联盟重新组阁，自己继续担任总理。

但这一结果已经无法满足泰国人民对于民主的渴望，全国工人罢工运动四起，知识分子和学生也纷纷加入反对军人专制的队伍，国会中其他政党也对他侬政府的诸多政策施加限制，国王更是公开批评他侬，鼓励大众追求民主。面对巨大的压力，他侬仍然负隅顽抗，他于1971年11月发动自我政变，废除了1968年宪法，解散国会，实行党禁，设立国家行政委员会作为最高行政机关，并将重要的军政职位交给自己的儿子纳隆（Narong

Kittikachorn）和亲家巴博（PrapassCharusathiara），妄图以家族形式继续独裁统治。其中巴博同样出身军方，大有接任总理延续军人统治的势头。这一系列行为激起了更强的抗议声浪，最终引发了1973年的学生抗议示威运动，为军人专制统治画上了句号。

## 二、民主曙光初现（1973—1997）

### 1973年学生运动

泰国1973年10月14日爆发的学生运动，也被称为泰国的"十月革命"，其重要性与1932年的君主立宪革命相当，是泰国当代历史进程的一次转折点。此前泰国从1944年起先后经历了銮披汶颂堪、沙立、他侬三届军人政府的统治，三位军事强人表面上追求民主，实际上实行独裁专制统治，将宪法、议会、大选等民主体制产物视为巩固自身权力的工具。在这近30年的时间内，泰国社会偶然爆发出零星的民主之光，但又很快在高压统治之下被淹没。虽然泰国政府依靠美国的大量军事和经济援助，开启了国家的工业化进程，但大量财富被腐败的政府和军人贪污，大资产家与掌权者达成利益共同体，而广大的人民百姓却没能得到国家经济发展的红利，生活水平提升有限，大量农民从广袤的乡村区域进城谋生，曼谷等城市中形成了大片的贫民窟，穷人和富人之间的阶级矛盾严重。与此同时，由于战后美国加紧了对泰国的拉拢，使泰国成为其在东南亚的反共中心，一方面将泰国卷入了朝鲜战争和越南战争的漩涡，另一方面大量的美国驻军在泰国本土作威作福，滋生了不良社会风气，都令泰国人民难以忍受。

在20世纪60—70年代成长起来的泰国青年见证了国家的经济腾飞，受教育的水平大大提高，对国内外的政治经济局势也更为关注，对民主的渴求也愈发强烈。他们积极参与1969年的民主选举，但并未能改变军人主政的局面，反而在1971年迎来了更为严苛的独裁统治。他侬将军自我革命后，实行了党禁政策，学生只能以社会组织形式联合起来，成立了泰国高校学生中心、泰国中学学生中心等。1973年，泰国经济形势恶化，失业率激增，国内外的诸多矛盾都集中爆发。在进步学生的带领下，民主之火形成了燎原之势。

10月4日起，10余名泰国高校学生和毕业生组成了"呼吁宪法小组"，在皇家田广场发布其诉求：1.尽快颁布宪法。2.为人民开展宪法培训。3.激发人民珍惜自由权利。他们带着100人的签名，向政府请愿，其中不乏开明军人、大学教授以及外国留学生等。10月5日，该小组大约20名成员向民众分发传单和书籍，上面印着拉玛六世王的话语："我愿意将我的权力让渡与人民，但不愿意有任何人或者组织接受我的权力后实行独裁，不倾听人民的呼声。"政府当局得知消息后立即派出警察逮捕了该组织共11名成员，并于次日在兰甘亨大学又逮捕了另一名该组织学生，理由是非法煽动政治集会，违反了禁止5人以上集会的规定。10月8日，警察又对众议院议员凯汕·素塞（KhaisaengSuksai）发布了逮捕令，认为他是集会的背后煽动者。以上共13名民主人士被逮捕，并且被指控计划推翻政府，引发了高校和社会的强烈抗议。"泰国民主之父"比里·帕侬荣创建的法政大学成为抗议活动的中心，学生和老师们发起辩论、竖起标语、拒绝考试、向总理致函，以各种形式要求政府释放被捕的同伴。此后的几天内，全曼谷以及全国各地的学校纷纷加入抗议队伍，大量高校、职业学校和高中派代表宣布停止学习和考试，大量学生们从全国各地聚集到曼谷，泰国高校学生中心宣布接管了此次抗议活动。到10月12日，法政大学的足球场和校园区域聚集了来自全国各地的10万名抗议示威者，并向政府发出最后通牒，要求在13日中午12时前释放13名被捕者。当晚抗议活动达到了高峰，人数超过了20万人。所有人聚在一起辩论、抗议、朗诵诗歌、演唱歌曲持续了一夜，民众将法政大学围得水泄不通。

而政府则密谋对其进行镇压，根据1973年10月8日泰国内政部的会议记录,巴博将军作为主席审议了抗议者关于制定宪法的要求,并表示政府可能需要对请愿者进行镇压,预估 10 万名学生中的 2% 可能会牺牲,这是为国家存亡所做出的牺牲。

13 日中午 12 点,政府并未释放被捕者,聚集在法政大学的学生和民众开始采取下一阶段措施,他们从法政大学足球场涌出,一路前往民主纪念碑。据估计,当天加入游行的学生和公众超过 50 万人,游行队伍秩序井然,并且有车队负责救护、安全、运输食品等。游行进行的同时,学生代表也得到机会与巴博将军谈判,最后得到了政府将会释放 13 名被捕者的答复,并且同意在 1 年内颁布新宪法,双方还签订了书面协议。但由于游行人数过多,联络不变,谣言四起,学生代表取得的阶段性成果并未能结束此次游行。民众从民主纪念碑逐渐向王宫方向进发,希望得到国王的庇护,不受政府和警察的伤害。当天人群在国王居住的吉拉达公园附近聚集了整晚。拉玛九世王打开皇宫大门,供示威者避难,直到 14 日凌晨人群才逐渐散去。但在这时,政府方面一改此前的伪善面貌,出动了警察部队与示威民众产生了激烈冲突。暴力冲突从这里蔓延开来,14 日整个白天政府的军队和警察在曼谷各处暴力镇压示威民众,造成了严重的流血事件。

暴力冲突最后在国王的干预下逐步平息。14 日晚七点左右,拉玛九世通过广播电视发表讲话,要求各方平息怒火,并且公布了解决方案:他侬将军保留军队最高统帅职位,但卸任总理,由法政大学校长讪耶·探玛塞担任临时总理。虽然他侬将军以军队统帅的身份要求手下"尽职尽责",完成镇压任务,但他手下的海陆空三军司令均不同意以暴力方式进行不人道镇压。他侬"三人集团"眼见大势已去,不得不离开泰国。此后整个事件迅速平息下来,最终造成了至少 77 人死亡,800 余人受伤。

此次轰轰烈烈的学生运动,最终以惨重的代价换来了民主的希望,是泰国民主势力首次集合力量战胜了军人独裁分子,具有极其重要的意义。进步学生和民主人士以血肉之躯对抗军队,展现了泰国人民改革国家的决心。而在此次事件中,拉玛九世国王首次公开参与政治,虽然不符合宪法的规定,但是起到了极为关键的作用,避免了国家陷入进一步的混乱。此后,国王的政治影响力越发强大,成为泰国政坛的中枢。拉玛九世同情抗议学生,表现出民主态度,与数十万民众站在一起,得到了人民深深的爱戴。

## 3年"民主实验"再度失败

1973年的学生运动之后,泰国再度尝试走上民主道路。但国家刚刚结束混乱,军方退场带来了权力真空,各方势力又为此争夺不休,拉玛九世国王成为泰国政坛最有权威的人物,在他的主持下,泰国于1974年10月出台了新宪法。这部宪法明确了国家最高权力属于人民,军人不得入阁,立法、司法和行政三权分立相互制约,国王任命参议院议员,众议院议长担任国会主席等。这部宪法相较此前的9部宪法体现出了明显的进步性,加上新颁布的《政党法》,泰国政党政治再度活跃起来。

1975年1月的大选中,20多个政党参加了竞争,最终社尼·巴莫领导的民主党获得72席,虽然未达到半数,但仍然在联合组阁失败的情况下强行执政。这一行为受到其他党派的指责,最终仅在任2个月便被弹劾下台。1975年3月,社尼·巴莫的弟弟克里·巴莫(KhuekritPramot)领导的社会行动党(The Social Action Party)成功联合右翼政党组成联合政府。克里·巴莫此前曾在銮披汶颂堪政府中领导财政部和商务部,此后由于不满军人干政,愤然退出政坛开办报纸,用纸笔作为武器抨击政府腐败,以辛辣幽默的笔法赢得了人民的拥护。他本人还是泰国当代最著名的作家之一,其长篇小说作品《四朝代》甚至被誉为泰国的《红楼梦》。20世纪60年代末,他重新进入政坛,于1973年革命后担任众议院议长,领导国会,并且参与了新宪法的制定。克里·巴莫在任期间他致力于通过一系列新政策来改善农民和下层人民的生活状况,如贫困人群免费乘坐公共汽车,保证米价等,还通过基金会直接向乡村地区发放了25亿泰铢,用于改善基础设施或创造就业机会。所有这些新政策为他和他的政府赢得了声誉。根据他本人的说法，这些政策也有助于平息社会中的不稳定因素，并在重大政治变革后使社会平静下来。在外交方面，克里·巴莫最重要的成就是领导泰国与中国政府建立了外交关系。泰国军人政府一贯支持美国在印度支那地区的军事行动，并且敌视中国。但是在中美之间著名的乒乓外交之后，克里·巴莫感觉到与中国建立更密切关系的机会已经到来。1975年，他成为1949年以后首位访问中国的泰国总理，并且在与邓小平和毛泽东主席成功会晤后，签署了两国的建交联合公报，这标志着两国长期互利关系的开始。

但克利·巴莫的政府同时也面临着危机，国内的军人集团、右翼势力、大资产阶级不满他向乡村地区输送利益的政策，联合起来成立了几股准军事力量，一方面配合资本家打压工人罢工示威，一方面又阻挠克利巴莫政府在农村开展民主选举。最后克利·巴莫政府在军人的政变威胁下不得不于1976年4月提前举行大选，社尼·巴莫的民主党再度胜选。这一结果并不能满足军人集团和右翼人士的野心，他们暗中支持前任军人总理他侬和他的亲家巴博于1976年8月、9月返回泰国，再次在泰国掀起轩然大波，导致又一次冲突流血事件。

从1973年至1976年的三年间，泰国政府再次经历了民主的阵痛，讪耶、社尼、克利三任总理平均任期不到一年，政府领导人的频繁更替再次体现出民主制度在泰国的水土不服，即便有拉玛九世作为定海神针，仍然难以建立健康的民主体制。随着1976年再次爆发军人政变，3年的民主试验最终以失败告终。

## 1976年军事政变事件

20世纪60年代，全球范围内爆发了一系列反战、反官僚的抗议活动，各国左翼学生和知识分子作为主力军，以游行示威、罢工罢课等形式，掀起了改革的浪潮。泰国1973年的革命也受到了这一次全球浪潮的影响，成功推翻了军人把持的政府。这次成功大大加强了泰国左翼势力的信心，而泰国共产党也于20世纪60年代和70年代不断开展武装斗争，许多激进学生也于1973—1976年加入到这一队伍之中，在泰国的农村和山野活动。为了抗衡左翼力量，泰国的军人集团与右翼力量联合组建了一些准军事化组织，比如"红色公牛队"（KrathingDaeng）等，他们集中在城市，与学生和工人力量时常产生冲突。而泰国文人政府被夹在左翼右翼两股势力之间，无法同时满足双方的要求，又无力与之对抗，到头来引发了双方共同的不满。最终矛盾逐渐激化，从唇枪舌剑演变成了武装冲突。

1976年8月、9月，前军事独裁者他侬将军和他最有可能的继任者巴博，结束了流亡生活，先后重新返回泰国。虽然他侬表示自己已经出家为僧，无意涉足政坛，此次回国是为了看望生病的父亲。但作为控制泰国长达十年的军人独裁者，他的回国引发了进步学生的激烈抗议。而军人集团和右翼势力则蠢蠢欲动，随时计划镇压学生。双方的冲突在9月24日的一次惨剧后达到了临界点。当天两名供职于佛统府电力部门的人员由于张贴反对他侬将军返回泰国的海报，被残忍杀害，他们的尸体被发现悬挂在一扇铁门上。这两人都是泰国东北技术学院的毕业生，同时也是人民阵线联盟的成员，他们的惨死引发了学生们的强烈愤怒，认为军方与此事有关，导致抗议活动愈发激烈。10月4日，学生们为了伸张正义，排练话剧重现同伴被吊死的场景，在第二天被右翼报纸安上了对王室不敬的罪名，鼓动了以"红色公牛队"为首的右翼势力群体包围了法政大学校园内正在举行示威活动的数千名学生。

10月6日，泰国近代最悲惨的事件之一爆发了，大量携带武器的右翼分子冲入校园残忍殴打甚至杀害手无寸铁的学生，指控他们威胁国家安全，造成了至少46人死亡（有说法认为当天的死亡人数在百人以上）。事后，社尼·巴莫领导的政府否认其与此次事件有关，表示泰国政府只派遣了警察去逮捕参加话剧的学生，但暴力事件的迅速升级是所有人都没有预料到的。

此次事件成为军方发动政变的理由,军队最高统帅、国防部长沙鄂•差罗如(SangadChaloryu)宣布政变夺权,成立国家行政改革委员会,废除了宪法。他表示:"此前我们对于民主政体抱有太高的希望,掌权者实际上并没有足够的能力,我们将利用这次机会在各个层面上开展改革,等到事态平息后,则将把权力交还给民选政府。"在流血事件后,大量左翼进步学生和知识分子逃往乡村和山林地区加入泰国共产党,从而躲避军人集团的清算,三年短暂的民主试验在强权之下被终结。

## 军人政权的过渡时期

1976年的流血事件让泰国再度受伤,厌倦了争斗的各方势力逐渐开始妥协。此后军方虽然再度掌权,但并没有依靠威权和高压压制民主,而是希望在民主框架下实现自身利益,寻找合适的文人官僚合作,从而维护其自身利益,共享国家权利。1976年促成夺权的是军方温和派人士,他们并未直接掌权,而是推出了王室枢密院大臣他宁•盖威迁(TaninKraivixian)担任总理,希望尽快推动民主进程。但他宁将执政重心放在反对共产主义上,他并未追究10月6日在法政大学制造惨案的右翼群体,反而对当天逮捕的3000多名学生提起诉讼。此后他又实行严格的新闻审查,多次关停报社,清除异见人士,禁止大学讲授民主政治理论。他拒绝与军方合作,努力减少军人集团在议会和内阁中的影响力,甚至还处决了企图实施政变的军官,干涉军方人士安排。最终他宁政权一方面得不到民众支持,另一方面又惹恼了军方集团,执政近一年便在军事政变中下台,他的政权被批评为"文人专政",其恶劣程度甚至超过"军人专政"。

接任他宁出任总理职位的是军人集团中的江萨•差玛南(KriangsakChamanan),他采取了一系列措施试图弥合社会中的裂痕。他首先赦免了大部分1976年事件中被逮捕的学生,仅对其中18名激进分子提起诉讼。但这一做法同时也使得当时犯下恐怖罪行的大部分右翼分子得以免罪。此后,他组织了文人和军人一同参与宪法制定,并在 1978 年 12 月颁布的永久宪法中向文人让渡了一定权利,规定众议院议员由选举产生,但参议院议员由总理任命。新宪法规定总理不必是议员或多数党领袖,为他继续出任总理铺平道路。1979 年 4 月,泰国举行大选,未有任何政党获得超过半数席位,江萨凭借权势和威望继续出任总理。他任命的参议院议员中既有文人官员也有来自军方的支持者,开启了文人和军人共治的新局面。江萨政权的诸多措施表明泰国军人政府逐渐抛弃了过去专制独裁的风格,开始在民主体制下谋求对政府的控制,虽然仍然把控了大部分权利,但为此后更加开明的军人政权打下了基础。

1980 年,江萨由于逐渐丧失军方支持,从总理职位上辞职。陆军司令炳·廷素拉暖(PremTinnasulanon)接任总理。他在江萨政权的基础上进一步平衡了各方利益,凭借个人威望和灵活的政治手段,为泰国带来了一段难得的稳定发展时期。

炳为人正直、从政清廉,而且平易近人,不仅在泰国军队中享有崇高的威望,而且在上任后极力推崇并且倚重国王,成为军方和王室之间强有力的纽带。1980 年担任总理的炳已经年满 60 岁,按照惯例应当卸任陆军司令职位,但拉玛九世王支持他留任一年稳定局面。这影响了军中少壮派军人的晋升,因而在 1981 年暗中组织了政变。当时炳总理已经被政变者控制,但拉玛九世王出面解救,全力支持炳执政,最终挫败了此次政变。1985 年军方再次爆发政变,国王再次声明立场,支持炳继续执政。这两次公开表态,体现了王室对炳的支持,他也因此在军中树立了绝对权威的地位。

炳执政的八年中,泰国经济迎来了良好的发展势头。虽然 1980 年上任时,全球的石油价格上涨,农产品价格下跌打击了泰国的经济水平,但炳政府任命了专业人士制定经济发展规划,出台了一系列政策,不仅帮助泰国渡过了经济危机,还实现了飞跃式的经济发展。在他任内,他提出要走以农业为依托的工业化道路,在加大对农业投资的同时,促使制造业和工业的比重逐渐超过农业,使得泰国在 20 世纪 80 年代成为亚洲"四小虎"

之一。在 1980—1990 年十年间，泰国 GDP 增长率平均达到 7.6%，1987 和 1988 年更是达到 9.5% 和 13.3%。

这一时期泰国的经济发展是在平稳的政治环境中实现的。此前泰国面临的意识形态分裂问题，在炳执政的时期得到了化解。当时泰国共产党缺乏国际支持，内部又产生了路线之争，处于内忧外患之中。炳趁机采取怀柔政策，许诺特赦投诚者，许多学生和知识分子从山林中归来，弥合了社会的撕裂伤痕。

在这一时期，炳鼓励国内政党政治发展，创造了较好的政治环境。针对3年民主试验期间，泰国政党林立，相互攻击，联合政府执政不稳的情况，他颁布条例要求政党必须拥有 5000 名以上党员，并且必须来自全国各地，缓解了国会席位分散的弊病。而在内阁的组成上，他将内政、国防部长职位分配给军人、经济部门选用经济专家和专业人士，其他内阁职位按照各党在议会中占据席位的比例分配，并且经常改组内阁调整利益分配，较好地平衡了各方利益。他执政时期，泰国各大政党得到了发展，但又没有任何一党独大。在 1983 年、1986 年、1988 年的三次大选中，虽然炳未参加任何政党，但都被军方和文人官僚共同推举担任总理。最终在 1988 年的大选后，他认识到民主政治乃大势所趋，毅然辞去总理一职，不贪恋权力，更彰显了他的高风亮节和远见卓识。

相较此前独断专行的军人政权，炳政府更加开明温和，积极创造民主环境。而相较内斗不断、分歧重重的文人政权，炳总理又能很好地平衡各方利益，凭借自身的威望迫使政敌屈服。在炳执政的 8 年内，泰国政坛终于找到了威权和民主之间的平衡点。

## 1992"黑色五月"事件

1988 年的大选后，炳·廷素拉暖主动请辞，泰国党凭借国会中多数席位推荐该党领袖差猜·春哈旺（ChatichaiChoonhavan）出任总理。他也是

1976年军人政变之后的首位民选总理,被各界寄予厚望。差猜虽然出身于军界,但他能够在1988年的大选中脱颖而出,依靠的主要是地方豪强集团所带来的农村选票。他认为经过炳总理八年的温和执政,在民主呼声四起的背景下,泰国军队已经失去了掌握政府的能力。同时,他凭借选票登上总理的位置,执政合法性不容置疑,因此也不需要向炳总理一样紧紧依靠国王的政治威信。而且在他执政期间,泰国的经济发展极为迅猛,从1988到1990年,泰国平均GDP增幅达到了10.8%,延续了炳政府时期的良好态势。这更是给差猜以错觉,认为可以凭借地方豪强的选票支持和良好的经济发展态势,彻底将军人和王室的力量排除于政治核心以外。因此在他执政的几年内,他不断尝试削弱军人对政治的影响力,同时也逐渐远离王室和保皇派集团。他力图压缩军人集团把持的参议院权力,力图推动众议长掌控国会,希望实现军队"非政治化"目标,并且任命亲信担任国防部要职,企图掌控军队。与此同时,差猜政府也逐渐取代王室主导经济发展,不再积极支持王室的社会发展项目,触动了王室的经济利益。

但他明显低估了在泰国根深蒂固的威权政治传统,结果遭到了反噬。拉玛九世国王多次表达对差猜的不满,认为西方式选举组建的政府未必适合泰国社会,而军方也多次与政府发生摩擦冲突,指责政府腐败、绕过国会施政等。最终三方矛盾不断激化,导致了军事政变。1991年2月,以素金达·甲巴允(Suchinda Krapryoon)为首的军方将领将前往清迈拜谒国王的差猜总理扣留,并成立国家安全委员会掌握国家权力,宣布解散国会,废除宪法,而国王在第二天认可了此次政变,要求将军们不要辜负人民的期望。

政变以后,国内外民主人士的批评声音涌来,军人集团不敢直接接管政府,于是推出文人阿南·班雅拉春(Anand Panyarachun)出任总理,同时暗中计划修改宪法,为再次登上权力巅峰做准备。阿南·班雅拉春出任总理事件仅1年,但做出了卓越的成绩,平衡了军人和文人的利益,并且任用有能力的技术官员提高政府工作效率,被认为是理想政府的典范。但好景不长，素金达为首的军人集团仍然谋求通过大选直接掌权，组建了具有军方背景的团结正义党。1991年年底，泰国颁布新宪法，规定军人掌权的国家安全委员会有权提名总理人选，且总理不必出自民选议员，从而确保军方可以控制新政府，引发了泰国民主势力的强烈反对。在抗议声浪中，素金达将军强调自己不会出任总理。

1992年3月22日的大选成为军方政党和民主政党角力的赛场，最终在金钱和政治攻势下，团结正义党获得了国会中最多的席位，并且以威逼利诱形式拉拢其他数个党派组成了联合政府。团结正义党的党魁纳隆·翁挽（Narong Wongwan）本人被称为"北方教父"，与黑社会关系密切，他被美国指控涉嫌贩毒，因此无法出任总理。为了维护军方利益，素金达将军违背了自己的诺言，亲自出任总理。

素金达上任后尝试以炳总理的模式平衡各方利益，他将内阁职位分配给了执政联盟的其他党派，与地方豪强集团达成妥协，而且也获得了拉玛九世国王的御准。但此时的泰国已经不再是十年前，素金达缺乏炳总理的良好形象，民主势力不允许再有军人政府的出现。当他于4月7号就任后，曼谷立刻爆发了抗议活动。国会中的反对党领袖占隆·西芒（ChamlongSrimuang）领导追求民主的学生、知识分子和曼谷中产阶级，开展了一系列浩浩荡荡的抗议示威。他本人更是宣布绝食，如果不能促成素金达下台，他将在7天内离世。但素金达坚持不妥协的立场拒绝辞职，坚持自己出任总理符合宪法，而且并非出于个人利益，而是为了服务国家。

示威抗议活动愈演愈烈，5月17日的示威民众人数高达20万人，是1973年学生运动以来最大的一次人民示威活动。占隆领导游行队伍从皇家田广场向政府办公地前进，被铁丝网和高压水车拦住。抗议者和防暴警察之间迅速爆发了冲突，并且迅速蔓延开来，双方都有人员受伤。占隆虽然号召民众停止攻击，但未能阻止暴力事件继续扩大。5月18日凌晨，素金达将军宣布国家进入紧急状态，并派出军队镇压示威者。尽管军方要求士兵只能向天开枪进行警告，但在紧急情况下，部分士兵直接向民众开枪，双方的恶性对抗继续升级。虽然占隆在18日被逮捕，但示威的人群并未散去，双方的对抗持续了数日。官方报告声明，从5月17日至20日，共有52人死亡，696人受伤，175人失踪，实际的伤亡人数可能更高。

最终站出来平息事态的还是拉玛九世国王。5月20日，国王召集两方领导人素金达和占隆进行御前训话，两人跪伏于国王面前的画面被电视台直播。在国王的威严下，两位领导人停止了互相指责，默默聆听教诲。最终素金达承诺辞职，释放被捕者，占隆则号召民众停止示威。数日以后，事件最终平息，示威活动中所有犯罪者都得到特赦。这一处理方式与1976年法政大学流血事件如出一辙，为了防止局势进一步激化，以残酷手段镇压民众的军警都未受到惩罚，为21世纪的数次军人政变埋下了隐患。

1992年的恶性流血事件被称为"黑色五月"，是泰国现代历史上最残酷血腥的事件之一。制造暴行的军方意识到，民主的浪潮已经席卷泰国，军人直接把控权力的时代已经过去，军方在泰国政局中的影响力也逐渐减弱。而民主势力在经过又一次流血牺牲后，终于看到了民主道路的希望，开启了文官执政的新时期。而在两方之上，拉玛九世作为君主立宪体制下的君主，展现出了超凡的政治地位，在国家陷入混乱的边缘利用个人影响力挽狂澜，成为泰国当代政治图景中最有影响力的存在。

| 第十章 |

# 经济危机后的泰国

第二次世界大战以后，泰国陷入了军人独裁的深渊，先后经历了銮披汶颂堪、沙立和他侬三任军人独裁政府，军方强人通过树立个人权威来进行威权统治，民主风气被严重压制。但随着20世纪后半叶泰国进行工业化改革，经济发展提速，民众受教育程度越来越高，人民对民主的渴求也在不断积累。最终，1973年的学生运动推翻了军人政权，标志着泰国民主势力首次战胜了军人集团。

但民主体制的弊病也在此后暴露出来，各方政客代表不同利益，彼此分歧不断、争吵不休，难以统一方向领导国家，反而陷入了政府频繁更迭的怪圈，令民众失望。军人集团抓住机会，制造了1976年的法政大学惨案，利用人民对稳定和发展的渴望，重新掌握政治权力。

此后，军人集团多次利用文人总理作为代理人维护其利益，一旦出现难以把控的情况便发动军事政变，成为泰国政坛持续至今的弊病。直到1980—1988年，炳•廷素拉暖担任总理的时期，双方搁置争议，共享权力，一同发展国家渡过难关，保持了和平和稳定。但这种繁荣一定程度上离不开炳总理的个人威望和政治手段，当他急流勇退宣布辞职后，各方势力冲突摩擦再起。军方尝试直接控制政府，但1992年的"黑色五月"事件，展现了泰国人民反对军人干政，追求民主政体的决心。在新兴中产阶级的参与下，以学生和知识分子为主的民主势力得到了补充，军人集团则不得不退居幕后。此后的泰国开始了文人民主政府执政的新时期，但各方势力盘根错节的背景下，新政府的执政仍然面临着诸多困难。

就在泰国蹒跚迈入民主的新阶段时，一场更大的危机正在酝酿。

# 一、1997年"冬阴功"经济危机

## 1997年亚洲金融危机始末

20世纪八九十年代,泰国积极吸引外资,采取了外向型的经济政策,对外贸易在经济增长中具有重要的地位。这样的发展模式在短期内促成了经济的飞速增长,1990年至1996年的GDP增长了114%,股票市场大幅增长,房地产价格飞涨,人民放心大胆地向银行借贷用于投资和消费。但过热的经济也助长了泡沫的形成,当泰国沉迷于经济快速增长的美梦中时,并没有多少人意识到,一旦泡沫被刺破,很可能造成毁灭性的打击。

泰国长期实行固定汇率制,泰铢与美元的汇率保持在25∶1,这为国际金融投资商提供了机会。1997年5月开始,以乔治·索罗斯(George Soros)为代表的国际金融炒家在泰国市场大量抛售泰铢,买入美元,政府不得不动用大量外汇储备金稳定汇率。然而由于1996年起,泰国出口出现负增长,大量外资对泰国经济的发展前景丧失信心,纷纷在此时撤资,导致泰铢贬值的趋势难以挽回。7月2日,泰国政府在外汇储备金几乎消耗殆尽的情况下,不得不宣布放弃与美元挂钩的固定汇率,实行自由浮动汇率,当日泰铢贬值达16%,最低时达到56泰铢兑1美元,贬值超过50%。

泰国此前在经济快速发展的阶段为缓解资金缺乏的问题,大量从外国借款,背上了沉重的债务负担。1996年泰国的债务达199亿美元,占国内生产总值的43%。而且这些债务大多以美元结算,当泰铢巨幅贬值,泰国的债务也成倍放大,导致国内大量企业破产,金融产业濒临崩溃,银行面临大量呆账、坏账,股市也迎来一波大幅下跌。

国内经济的快速崩溃带来了裁员失业潮,泰国人民的资产也由于泰铢贬值而大幅缩水。许多曾经风光的富翁面临破产，大量中小型企业债台高筑，不少人走投无路选择自尽。巨大的精神压力给泰国社会蒙上了一层阴影，直到今天仍有余悸。

这一场金融危机始于泰铢贬值，因此用泰国最著名的美食"冬阴功"对其命名，然而其影响远远超出了泰国国内。在泰铢宣布浮动汇率大幅贬值后的几个月内，马来西亚、菲律宾、印度尼西亚和新加坡等国也受到波及。截至当年10月1日。泰铢贬值32.69%，印尼盾贬值27.78%，菲律宾比索贬值25.27%，马来西亚林吉特贬值25.01%，新加坡元贬值6.71%，东南亚金融市场都受到震动，各国纷纷陷入金融危机。

此后金融危机逐渐蔓延到东北亚乃至全球。韩国、日本都没能抵挡住攻击，韩元和日元大幅贬值，大量银行和证券公司相继破产，此后更是波及俄罗斯和巴西等国，造成了全球性的影响。不过，在金融危机中浑水摸鱼的国际货币炒家也并非次次得逞。1998年8月，国际货币炒家将矛头指向了港币，刚刚回归祖国的香港在中央的支持下，与索罗斯的量子基金展开了惊心动魄的决战，最终保住了香港几十年的发展果实。

"冬阴功"危机从泰国蔓延至东南亚，最终演变成为亚洲金融危机乃至世界性金融危机，其起因较为复杂，并非国际金融投机者一手掀起的惊涛骇浪，而是长期以来东南亚各国经济发展过速，外部防范能力较弱带来的结果。这次危机对泰国的经济发展模式和社会心态造成了不可磨灭的影响。在2017年金融危机20周年时，泰国媒体仍在不断对当时的情景进行回顾，同时也有许多影视作品反映1997年金融危机对泰国带来的冲击，可见金融危机已经成为泰国当代历史中一次影响深远的事件，这也使得泰国开始重新审视此前的"国际化"发展道路。

## 金融危机之中的政局动荡

"黑色五月"事件以后，泰国修改并通过了修宪条款，规定总理必须出自民选议员，众议长为国会主席等，对军方任命的参议院权力加大了限制。在此背景下，1992年9月，泰国再次举行大选。经过激烈的博弈和对抗，伴随着暴力和舞弊，民主政党最终战胜了亲军方政党，民主党领导人川·立派（ChuanLeekphai）被任命为总理。

川·立派政府执政基础较好，一方面民主之势正盛，军人集团影响力逐渐减弱；另一方面，泰国在20世纪90年代初的经济发展迅速，人民生活水平得到提高。川总理本人作风清廉，受到人民欢迎。他执政期间倾听各方民意，照顾公众利益，同时坚持政策透明，依法施政，减轻贪腐问题，取得了较好的执政成绩。

但泰国刚刚走上民主道路，军方势力在参议院中仍有较强势力，利益集团靠金钱攻势在众议院中占据一定席位，国会运转不畅导致政府施政困难。另一方面，泰国城市与乡村之间的矛盾也难以平衡，曼谷政商界人士和地方豪强为了争夺财政支持和政策偏向，也不断对立抗衡，导致政府被夹在中间。复杂的局势最终失去控制，川政府执政2年7个月以后，不得不提前解散国会，重新大选。

1995年7月2日进行的大选被称为泰国历史上"最肮脏的选举之一"。此次选举中的贿选行为尤其严重，众多党派出重金拉拢具有潜力的"候选人"进入自家阵营，在大选前常有政客突然转党；同时许多候选人在竞选宣传时向选民发放现金、香烟、槟榔来"购买"票数；更有政党向地方官员和警察部门行贿，包庇选举舞弊行为。班汉·西巴阿差（BanharnSilpa-archa）领导的泰国党获得了391个议席中的92个，不到众议院总议席的四分之一，最终不得不联合六家政党组成执政联盟，政府执政基础并不稳固。班汉政府执政只有短短的一年零两个月，就由于各执政党之间的权力争夺以及反对党的不断攻击而结束。这期间泰国党多次爆出腐败丑闻，比如安排竞选时期的"金主"和亲信进入政府和国有企业；党内成员参加非法购买土地、非法贷款；总理班汉学历造假、篡改父亲国籍，包庇女儿偷税漏税等。

1996年11月17日，泰国再次举行大选，仍是没能完全解决腐败问题，甚至出现暴力袭击的恶性事件。"选举观察"组织的报告显示，竞选和选举期间共爆出4260起舞弊案，清迈地区甚至有毒贩和赌场老板当选议员。最终差瓦立·永猜裕（ChavalitYongchaiyudh）领导的新希望党获得了125名议席，同样联合其他五个政党组成了执政联盟。新希望党的执政面临同样的问题，一方面政府内部的其他党派由于利益分配不均威胁退出联盟，另一方面反对党也频频揭露政府成员的贪污腐败行为，比如财产来源不明，非法木材交易等。

这一时期的泰国政府混乱不堪，政党之间各自争夺利益，执政党和在野党也不断相互指责，导致人事变动极其频繁。大量的精力被投入政治斗争中，国家的宪法改革和经济发展都受到影响。1995年起，泰国的经济出现连续衰退，经济增长率下滑至7%以下。国内外投资者对政局丧失信心，不再看好泰国的发展前景。班汉执政的前4个月，泰国股市市值下挫18%，而差瓦立政府财政赤字严重，占到国民生产总值的8%。虽然两届政府在竞选时都提出由优秀人才来发展经济，减少财政赤字，恢复投资者信心，但在当选后都没能履行诺言，任人唯亲，导致经济政策失误，未能通过调控消除隐患，及时抵抗来自外部的经济风险。国际货币基金组织总裁康德苏曾经表示："如果泰国在1996年夏天就着手处理的话，这场危机本来是可以在不影响到其他邻国的情况下就得到解决的。而后来它却终于成了一场地区性的严重危机。"

1997年金融危机的爆发，也很快转化成为政治危机。9月7日，民主党等反对党抓住这一机会在国会对差瓦立政府提出不信任案，认为政府无能，使国家在金融危机中几乎破产，并且在国内外信誉扫地。虽然不信任案未获通过，但此后民众走上街头要求总理下台，执政联盟也支离破碎，差瓦立在执政11个月后宣布下台。

当年11月9日，川·立派（ChuanLeekphai）在拉玛九世国王的支持下临危受命，扛起了帮助泰国走出经济危机的重任。川·立派被认为是一个诚实清廉的政治家，甚至外号被称为"干净先生（Mr. Clean）"。但他的再度上位被认为是不尊重民主规则的，因为当时他所属的反对党一方共有 196 个议席，而执政党一方则有 197 个。不过危机当前，带领国家走出泥潭才是重中之重，作为 1992 年"黑色五月"事件后成功弥合裂痕，取得一定执政成绩的前总理，他被各方寄予厚望。

川·立派政府上台后主要的任务是带领国家走出经济危机的泥沼。他任命了经济领域的专家入阁，推动金融改革，并向国际货币基金组织借贷 172 亿美元来稳定金融市场。但泰国经济总体复苏的速度仍然比较缓慢，而且有批评的声音认为民主党的经济政策未能正视人民的苦痛，而是一味帮助大型金融机构，而且使国家更加依赖外国投资者，甚至大量出售国内优质资产来换取短期的经济收益。大量民众认为刚刚遭遇的经济危机便是过度依赖全球化导致的，而当下政府却仍在重蹈覆辙，这造成了泰国社会民众的强烈不满。

从 1992 至 2001 年，泰国的文人民主阶段虽然没能摆脱政党斗争和选举舞弊等长久以来的弊病，但仍然是泰国民主道路前进的一段时期，尤其是 1997 年"人民宪法"的制定，对此后的泰国民主法治产生了深远的影响。1992 年、1995 年和 1996 年的三次大选中，政党林立、贿选舞弊等问题导致执政联盟分裂，议员身份受到质疑，政府效率低下，这些弊病促使泰国开启彻底的宪法改革。1997 年经济危机爆发之初，泰国颁布了新宪法。这部宪法经过长期的调查和研讨，较好地反映了民众的意愿，扩大了民众的政治权利和自由，被称为"人民宪法"。该宪法规定国会参议院和众议院皆由民选产生，终结了此前参议院任命制的历史；增加了国会弹劾政府的门槛，确保政府执政的稳定性；设立一系列独立的司法和监督机构以规范官员和议员的资质和行为等，其中包括宪法法院、行政法院、国家反腐败委员会等，在此后数十年的泰国政局中产生了巨大的影响。

该宪法颁布时泰国处于经济危机的危急时刻，因此川·立派政府未经选举临危受命出任总理。经历了 3 年的执政，泰国迎来了 1997 年宪法后的首次大选。2000年的参议院选举中，选举委员会大胆查办舞弊现象，选出不少非政府组织、法律界和商界代表，无现任文官或现役军官，更好地代表民众的利益。而在2001年的众议院大选中，他信·西那瓦（Thaksin Shinawatra）领导的泰爱泰党（Thai Rak Thai Party）强势获胜，获得了全部500席中的248席。这次选举中虽然难免仍然存在暴力威胁和贿选的问题，但整体来说，泰爱泰党的胜利主要归功于其改善底层人民生活水平的竞选纲领，获得了人口基数庞大的农民阶级支持，因而取得了压倒性的胜利。这表明在经济危机的背景下，泰国的底层民众受到了巨大的冲击，他们借着民主政治发展的东风，凭借手中的选票，终于在泰国政坛中发出了自己的声音。

## 二、充足经济：自给自足的道路

在经济危机的余波中，泰国社会开始了反思。20世纪八九十年代的外向型发展路线使泰国经济迅速发展，和印度尼西亚、马来西亚和菲律宾一起成为亚洲四小虎。但这一场繁荣就好像没有打好地基的摩天大楼，造得越高，就越容易坍塌。一场灾难性的经济危机来袭，这一片繁荣场景迅速支离破碎，只留下一地狼藉。泰国这一时期的经济发展几乎只惠及城市中产阶级，造就了曼谷国际化大都市的地位，但泰国广大的农村区域和农业人口受益不多。

在1997年金融危机后，全社会都陷入了迷茫和消沉的情绪，不知道该如何将泰国带出这一片泥沼。此时拉玛九世国王作为泰国人心中的精神领袖站了出来，在当年12月的寿辰演讲中，他指出了一条此前受到忽视的道路——发展"充足经济"。这个概念其实国内的译法有很多种，比如"知足经济""自足经济""适度经济"等。其本质都是建议泰国能够在经济发展的道路上"退一步"，将外向型的经济结构转变为内生型，发展广大农村地区的巨大潜力。从而降低对国外资金和市场的依赖,提升国内需求对经济的推动作用,从而能够在提升外部风险防范能力的同时,适当缩小泰国的城乡差距。

其实早在 1974 年,拉玛九世便在演讲中提出了相关思考:"别人如何说都不重要,他们或许说我们老套、过时,但我们是有足够的条件去生存和生活的,我们应当去努力实现自给自足。我们或许不会拥有极度繁荣,但我们会有一个可持续的和平的国家。"此后,当泰国整体经济发展都处于"重城市、轻农村"的倾向时,拉玛九世先后在全国发起了 3000 多个皇家项目,帮助小农户提升生产和销售能力,从而使他们不至于沦为不均衡发展和全球化冲击的牺牲品。这一理念在 1997 年的经济危机后被丰富成完整的理论体系,以应对泰国当时面临的困境。"充足经济"强调奉行"中间道路"的哲学观点,不过于激进也不过于保守,不过度依靠外部也不自我隔绝,努力凭借自身的能力来促进国家的均衡发展。将这一观点应用于个人、家庭、社区和国家层面的发展和管理,为的是促进泰国在全球化进程中平稳地实现现代化建设。

"充足经济"的理念包含三项要素:适度、明智、自我防范能力。"适度"原则的愿景是达到一种不多不少的状态,既摆脱了物质层面的匮乏又不过度沉迷于享乐;"明智"原则则要求社会的发展需要负责地进行规划,完成目标的同时也考虑可能引起的后果;"自我防范能力"原则则是希望通过打好坚实的国内经济基础,不过度依赖外部投资,能够妥善地应对来自内部和外部的种种风险。而以上这三种原则需要依靠"知识"和"道德"两大要素来配合实现,从而让泰国能够在全球化的浪潮中站稳脚跟,不至于随波逐流。

为了实现自给自足的目标,拉玛九世细致地为泰国广大农户设计了家庭生产模式。他设想泰国常见规模的农户可以将 15 莱左右的土地分为四个部分进行多元化生产,其中三成用于养鱼蓄水,三成用于播种水稻,三成种植林木蔬果,一成作为住宅基地并蓄养禽畜。通过实践证明,这样的设想能够满足农户自给自足的需求，并且能有所剩余。拉玛九世也强调，这并非统一模式化的生产公式，也不意味着所有的农户都应该男耕女织，各地村落还是应该因地制宜开展生产和销售，邻近村落之间应该开展多层次、多形式的互助合作，在周边范围内实现剩余产品运输和销售成本的最小化。此外，国家和政府也应通过行政手段帮助农户处理生产、投资、销售等各方面的问题，促进村落、农户与国家机构、商业机构之间的联系与合作，从而在国家层面帮助广大的农村地区脱离发展的困境。

拉玛九世的设想充分体现了泰国在经济危机后的保守倾向，意图发掘广大农村地区的潜力，向内寻找发展的支点。这一思想获得了全社会的广泛认同，于2002—2011年被写入了泰国政府第九个五年计划和第十个五年计划中，成为泰国经济发展的指导原则，同时也被写入了泰国2007年版宪法。2006年五月，拉玛九世更是因为"充足经济"的理念获得了联合国"人类发展终身成就奖"。时任联合国秘书长安南专程赴泰国为他颁奖，并高度肯定了这一经济理论："普密蓬陛下作为一位有远见卓识的思想家，在推动全球发展方面扮演着至关重要的角色，陛下的适度经济理论强调适当、负责任的消费，强调经济政策抵御外部危机的弹性，这些在今天快速全球化的时代尤为重要。"

这一思想倾向也在社会文化层面形成了共鸣，这一时期的许多影视作品都以城乡差异为主题，号召人们重返乡村，建设家乡。比如泰国1999年和2001年参与奥斯卡最佳外语片角逐的影片《69两头勾》（6ixtynin9）和《走佬唱情歌》（Monrak Transistor），都在结尾通过主人公回到乡村的剧情来化解全片的危机。这两部电影的导演彭力·云旦拿域安（Pen-ekRatanaruang）也表示，影片中的故事其实就是泰国的缩影，他在采访中说道："我想，农民生活已经蛮好的了，你一捕，网兜就装满了虾，生活这么简朴，难道还不满意吗？还要去当劳动者，要成为新型工业化国家，要成为第五只老虎①，我不相信泰国是否有那样幸运，我不认为泰国社会将来得及转身。"

而事实上，彭力的话一语成谶。经济危机之中上台后的川·立派政府为了尽快恢复经济发展，实施了国际货币基金新自由主义改革方案，接受了国际货币基金组织的救助方案。这一方案要求泰国减少对经济的干预，使市场自然运转，同时放宽泰国公司股权中外资比例上限的限制。1990—1996年期间，泰国经济高速增长的时期，外资年均净流入约20亿美元，而1997—2001年间这一数字迅速上升到49亿元，大量企业由外资控股。至2002年年底，电力部门69.5%股权由外资控制，银行业外资股权比例也增长到38%，外资对泰国经济的控制进一步加强。

拉玛九世提出的"充足经济"理念虽然具有极高的价值，但并未能帮助泰国迅速走出经济危机的阴影。男耕女织、村落互助、自给自足的设想在实际落实的过程中仍然遇到了巨大的困难。这一理念仿佛是为受挫的泰国社会提供了一个精神的"桃花源"。在全球化的冲击中受到挫折时，无数受伤的心灵从传统文化和传统生活方式中获得了慰藉。然而在现代社会利益最大化原则的驱使下，人们难以彻底放下内心的欲望，仍然不断涌向城市，战战兢兢地接受全球化浪潮的洗礼。经济危机爆发时期的1997年和1998年，泰国曼谷的人口增长率分别是0.354%和0.768%，比前后几年的数据都要更高。1996—1999年期间，泰国农村贫困率由14.9%提升到21.5%，贫困人口数量从680万人上升至890万人，偏远农村地区返贫现象尤为严重。城乡发展不均衡的问题难以在短期内解决，人们自然而然地选择机会更多、发展前景更好的都市生活。自20世纪90年代起，泰国的基尼指数始终保持在0.5左右的高位，并且不断攀升。2010年的数据统计显示，泰国全国的城市面积有80%属于曼谷一府。泰国社会之后的发展与拉玛九世当时的设想背道而驰，而这也为此后泰国社会的阶级冲突埋下了

---

① 中文中常用"亚洲四小龙"指代韩国、中国台湾、中国香港和新加坡四个飞速发展的经济体，但泰语中实际称为"四小虎"。导演所说的"第五只老虎"指的是泰国希望成为继上述四个国家之后，又一个飞速发展的经济体。

种子。

拉玛九世的充足经济理念本身是受到了普遍认可的，是为泰国发展夯实地基的举措，但从外向到内生的经济转向需要大量积累，无法在短期内获得明显的成效。经济危机的背景下，泰国社会需要立竿见影的发展效果，需要一剂强心针。此时，他信·西那瓦（Thaksin Shinawatra）成为带领泰国走出阴影的英雄。他的经济发展政策同样坚持了"充足经济"的理念，但在具体的实践层面与拉玛九世"退一步"的态度大相径庭。他主张实施"双引擎"战略，开发双边合作与地区合作以开拓海外市场，以市场经济促进农村发展，从而促进国际国内市场的均衡发展。可以说他的经济策略与拉玛九世的设想相比要更加开放，主张拥抱全球化，而且达成了较好的效果。泰国经济在他的带领下迅速复苏，2002—2005年年均GDP增长率达到5.75%，他本人也成为泰国当代最重要的政治人物之一。

## 三、毁誉参半的他信·西那瓦

### 早年生活

1949年7月26日，他信·西那瓦出生于泰国清迈府，祖籍为广东省梅州市丰顺县，是第四代客家华裔。他信出生于商人家庭，其祖父一辈便是清迈当地著名的丝绸商，而他信的父亲叻·西那瓦（Lert Shinawatra）曾考入泰国顶尖的法政大学，但为了继承和管理家中产业未能完成学业。当时西那瓦家族的产业涉足丝绸、生鲜、园艺、建筑、影院、汽车等多个行业，但他信的父亲并未宠溺子女，作为家中长子，他从小就在自家开的咖啡馆打工赚零花钱。因此他并没有纨绔子弟、城市精英的做派，而是凭借从小与民众接触的经验，赢得了泰国北方、东北方广大农民的认可。

他信的父亲1967年开始投身政坛，成为清迈府议会议员。1969年，代表新力量党当选泰国众议院议员。受到父亲的影响，他信也同时深耕于政商两界。他从蒙特福特学校中学毕业后，考入了泰国皇家警察尉官学校（Royal Police Cadet Academy：RPCA），并以年级第一名的成绩毕业。此后他获得奖学金在东肯塔基大学获得司法管理硕士学位，1978年于山姆休斯敦州立大学获得该专业博士学位。

学成归国后，他先后担任了曼谷大都会警察局分析和规划组组长，新闻评估中心副主任，警衔提升到警察中校的级别。同时他也开始经商，但最初的丝绸商店、电影发行、公寓生意都未能获得成功，还欠下了大约5000万泰铢的债务。1987年他离开警察岗位，先后创办了自己的电脑公司、寻呼机公司、有线电视公司，涉足信息、传媒、通信等各种行业，几番波折后最终成立"西那瓦集团"，建立家族商业王国。在短短十余年中，他成为泰国电信业的巨头，资产达到十亿多美元，是2000年唯一入选《财富》杂志全球500富人榜的泰国人。

1994年他信开始涉足政坛，在占隆·西蒙（Chamlong_Srimuang）将军的邀请下加入了正义力量党（Palang Dharma Party），此后出任党魁。他于川·立派第一次出任总理时担任外交部部长，此后在班汉和差瓦立政府中出任副总理。在金融危机爆发后的1998年，他亲自组建了泰爱泰党（The ThaiRak Thai Party），以获得更加牢固的政治基础。他吸引了一众政治名流加入党派，并且凭借雄厚的经济实力和企业化管理的理念逐渐扩大影响力。当时的泰国社会处在经济发展停滞、政治生态混乱的状态中，亟须一次变革。他信提出了用"创新型政治"取代党派间恶性竞争的"旧政治"。他的竞选纲领打出了振兴经济，切实提高各阶层人民利益的旗帜。他一方面决心整顿金融和资本市场，重组国家经济和债务，对国企私有化，另一方面则许诺广大农民提供贷款，延缓还债期限，提供廉价的医疗服务等，从宏观方略和具体政策都做出了规划。同时他在2001年的大选中采取了创新的企业管理模式，将泰爱泰党总部设于曼谷，在泰国中、南、北、东北四个大区设立分部，在全国共400个选区中都设立了"分销商"。每一个选区的候选人都深入民众，宣传竞选纲领，让民众切实理解手中选票的价值，并非在于换取几百泰铢的贿选金，而是可以聚沙成塔，选择真正能够带来发展的领导人。最终在 2001 年的大选中，他信创立的泰爱泰党获得了 500 个议席中的 248 个，超过第二大党民主党 120 席，这是泰国选举历史上首次出现一党独大的趋势，足见当时泰国社会民心所向，他信本人也登上总理宝座。

## 他信政府的经济政策

他信政府上台后面临的最主要问题就是怎样恢复泰国经济增长。前任川·立派政府执政期间，泰国经济逐渐企稳，1999 年和 2000 年 GDP 增速达到 4.4% 和 4.8%，但仍面临着许多急迫的问题。比如如何减少外资对泰国经济的控制，以及如何解决广大农民阶级的贫困问题。拉玛九世的解决方案相对保守，建议农户采用传统的生产模式，小范围经营剩余产品。他信政府初期的经济政策同样关注农民民生问题，其中有些措施与国王的想法一致，但整体来说更加自由。他鼓励农民通过金融借贷的方式扩大生产，加入到市场经济中，从而脱贫致富。为此他信政府制定了多项惠及农民生活的重要政策，比如增加了面向低收入群体的低利率贷款，向泰国 7 万多个村庄各提供 100 万泰铢的贷款额度，个人贷款上限为 2 万泰铢，共有超过 500 万人获得贷款；政府允许农民延缓三年偿还贷款，还减免了部分债务，共有 240 万农民受益。

此外他信政府还设计推行了一镇一产品计划（OTOP: One Tambon One Product）。该计划最初源自日本的一村一产品（OVOP: One Village One Product）项目，其目标是支持泰国全国上下 7255 个镇各自因地制宜开发、生产、宣传、销售本地产品。最终促成了大约 36000 个产品项目，涵盖从手工艺品、丝绸制品、陶艺、时尚配件、家居产品和食物等多个领域，帮助大量低收入人群通过自己的双手致富，更是将他们纳入了全球经济的大循环中。

除了帮助农民脱贫，他信政府还推出了帮助低收入人群的医疗计划。该计划被称为"三十铢治百病"计划，因为泰国公民只花30铢（约合人民币6元）便可以到国有医院就诊一次。此前泰国只有在政府部门就业的人，如公务员、教师才能享受医疗保障，而该计划自2002年11月开始施行后，全国所有拥有身份证的公民都可以享受到低价的医疗服务，为广大农民提供了福利。该计划也使泰国成为除韩国、土耳其、墨西哥之外，全世界为数不多的能够提供全民医疗保险的发展中国家。

以上政策使得泰国农村的生产能力不断得到提升，贫困人口数据明显下降。2001年至2002年，泰国农村贫困率从19.1%下降到12.6%，同时基尼指数也有所下降，城乡贫富差距有所减小。这些成果大大提升了他信在广大农民群体中的形象，也使得泰国农业人口较多的北部和东北部成为泰爱泰党最稳定的选票来源。

重视农业和农业部门，是他信政府"双引擎"战略中推动国内市场发展的重要措施。与此同时，他也积极推动泰国企业提升自身能力和国际竞争力，从而扩大泰国产品的海外出口市场。他积极推动国有商业银行加大信贷投放来帮助泰国本国企业走出经济危机后的困境。他表示："我们必须眼光向内，转向新的具有泰国特点的产品和中小企业，它们因融注了国内的投入、传统的和地方的经验和技巧而在国际市场具有特别的吸引力。"由于国有银行便利的借贷条件，泰国企业减少了对外资的依赖，可以更灵活地开展业务，脱离此前的低迷状态。

此外，他信政府提出了五个重点战略集群产业，包括食品、汽车、时尚、软件和旅游五个领域，推动泰国成为东南亚区域乃至全球的产业枢纽。这一发展愿景将泰国经济发展的重点重新拉回实体产业上，放弃了此前依靠房地产和金融业拉动的泡沫型经济增长模式，让泰国的经济发展更加务实、更加稳定。从2000—2006年，农业在GDP中所占比重从9%增加至10.3%；制造业比重从42.1%增长至44.1%。同时发展实业的路线与他信的外交政策相辅相成，2002年起，他信政府与中国、印度、澳大利亚等贸易伙伴签署了自由贸易协定，加强与东盟国家的区域性贸易合作，从而减轻了对日本、美国和欧洲等传统贸易伙伴的依赖，开拓了新的出口市场。

通过国内、国外两个市场的共同开发，以及整体的产业转型，他信在执政的几年中，让泰国再一次看到了经济腾飞的希望。2002年至2006年，泰国经济增长率达到5.3%、7.1%、6.3%和5.2%，成为金融危机后东南亚区域经济恢复最好的国家之一，并且于2003年提前还清了国际货币基金组织提供的巨额借贷。可以说他信作为商业巨头，他的经济政策起到了立竿见影的效果，让泰国走出了经济危机的泥潭。但他的改革路线较为激进，仍然存在许多问题，受到国内外种种批评声音。比如政府政策偏向发展农村、救助农民阶级，就导致中产阶级的利益受损，引起大量城市民众的不满，认为他是在利用国家的财富为自己拉选票；同时过于宽松的信贷政策使得坏账率提升，造成了国有银行资金流动性不足，难以扩展业务等。他信政府以企业化手段治理国家，强调权力的集中和控制，虽然有效促进了经济的发展，但也为此后的政治分歧埋下了隐患。

## 政治斗争

他信执政从2001年开始至2006结束，其间泰国经济迅速恢复了活力，达成了近6%的GDP年均增长；一系列惠民政策使农民收入增长了近60%，贫富差距有减少的趋势；他在国内发动了反毒品战，缓解了日益严峻的社会犯罪问题。此外面对海啸、禽流感、非典、南部动乱等天灾人祸时，他信的政策也较为妥当。这一时期泰国积极拓展外交关系，与多国签订自由贸易协定，拓展市场的同时也使得泰国的国际地位有所提升。这一系列的成绩使得泰爱泰党在2005年的大选中赢得了500个议席中的377个，达成了一党独大的局面，他信也得以连任总理，他成为泰国实行民主选举以来首位任满4年的民选总理，也是首位成功连任的总理。

但就在他信的第二任期开始一年内,之前被掩盖在华丽政绩下的问题逐渐冒头,反对派极力攻击他信政府,泰国社会开始分裂成了挺他信和反他信的两大派别。他信的支持者主要来自人数众多的农民阶级,他们从他信的草根政策中获益良多,生活水平大幅提高,对这位关心穷人的总理内心充满了爱戴。当反他信活动进行到高潮时,许多农民开着拖拉机进入首都曼谷,组成"穷人大篷车"队来声援这位总理。

但他信政府解决农村和农民问题时,明显忽略了对城市中产阶级和工薪阶层的态度,他的一系列政策明显触动了此类人群的利益。比如用于农村扶贫的项目经费,大多出自城市中产阶级缴纳的个人所得税。他推行的"三十铢治百病"医疗服务,使得大量公立医院经费紧张,医生工作压力陡增。他主张教师脱离公务员队伍,影响大量高校教师的薪酬增长。国企私有化改革导致大批水利、电力行业职工下岗。此外,他还大刀阔斧对公务员队伍进行改革,许多抱着"铁饭碗"的公职人员下岗,成为日后反他信阵营的中坚力量。

当然他信执政的问题并不只是因为触动了一部分人的利益,反对者对他的批评还包括许多其他方面的问题。

第一,他信执政前身为泰国首富,深耕于商界,其执政过程中多次出现以权谋私的问题。早在2000年他信准备参加大选时,就被爆出先前涉嫌隐瞒申报近40亿泰铢财产的问题,引起了社会热议。当时时任副总理沙南·卡总巴沙因瞒报100万美元(约合3300万泰铢)的财产,遭到国家反腐败委员会调查,最后被迫辞职。他瞒报的金额不足他信的百分之一,但他信却凭借在宪法法院8∶7的表决结果推翻了国家反腐败委员会的调查结果,成功过关。他信自己声称隐瞒资产是"善意的错误",此事虽社会影响巨大但最终不了了之。而此次宪法法院首次推翻国家反腐败委员会调查结论的做法,也令泰国社会开始质疑其公正性。2003年后,他信逐步推选亲信进入选举委员会、宪法法院、国家反腐败委员会,基本控制了这些独立监察机构,使得1997年"人民宪法"的民主成果大打折扣。

他信执政的前两年，其家族企业西那瓦集团的利润增长 3 倍，企业旗下的 5 家上市公司市值从 1460 亿泰铢猛增至 4250 亿泰铢，总市值占到泰国股票资本总额的 9.5%。他信在任职总理期间，利用职务之便将许多经营项目授权给家族企业，谋取了巨额利益。2006 年 1 月，他信家族将其在西那瓦集团持有的 49.6% 股份出售给新加坡淡马锡公司，他信以个人身份售股免交 30% 所得税。而且他刚刚于 1 月 20 日推动泰国国会修改《泰国电信法》，放宽外资在电信企业的控股限制，为自家企业的外资收购案铺平道路。电信产业涉及国家信息安全，他信此举被认为是为了个人牟利出卖国家利益，因此广受批评，曼谷爆发了大规模抗议活动。

第二，他信执政时期对新闻媒体限制较大，导致泰国言论自由水平下降。他信本身从商时便已经涉及传媒领域，早年间曾经从事影视发行行业。在他进入政坛后，西那瓦家族于 2000 年取得了泰国当时唯一一家独立电视台 iTV 的经营权，并于 2003 年全面接管；家族旗下 AIS 电信公司拥有泰国最大的互联网服务器。他信深谙舆论公关之道，他曾开设《总理与民众谈话》广播节目，解决民生问题，并集结成文字版通过网络向公众发行，取得了良好的效果。而当媒体对他进行批评时，他也会以多种手段予以反制。泰国出版业大亨林明达（SondhiLimthongkul）早先是他信的亲密伙伴，但此后两人渐行渐远，林明达成为反他信派别的领导人。他手下的《经理人日报》（Manager Daily），曾于 2005 年 9 月发表了一篇激烈批评他信及其政府的文章，指责他信冒犯君主、宗教和国家。他信对此提起了诉讼，要求林明达赔偿 5 亿泰铢，林明达则因此指责他信限制媒体自由。最终在拉玛九世的调停下这一官司才偃旗息鼓。但此后，林明达在报纸和电视台多次批评他信，甚至专门开办了脱口秀批评政府，他信直接下令叫停了这一电视节目，林则将节目转移至网络平台继续直播。

林明达能利用自己手中的传媒资源与他信多次对抗，但许多其他媒体则只能接受他信的强力压制。他从自家的 iTV 电视台下手，解雇了 21 名记者，警告他们不要报道政府的负面新闻，此后还强迫其他电视台、电台、报社解雇记者，撤销批评政府的栏目等，甚至指使反洗钱办公室调查《民族报》《泰国邮报》等媒体的高级记者和编辑的家庭资产情况。整体来说他信执政期间许多媒体批评的声音被长期压制，最终在反他信浪潮中爆发，引起了社会共鸣。

最后，他信执政的野心较大，极力打压竞争对手，且与泰国王室和军队等传统强势政治势力不睦，希望达成"一统天下"的局面。他信家族经济实力雄厚，在2001年大选前就用财力拉拢其他党派的议员进入泰爱泰党麾下，执政后更是吞并了多个政党，并且向党员提供补贴以维系人心，诱惑其他议员前来投诚，希望巩固泰爱泰党在议会中的统治力。在政府层面，他信政府通过CEO府尹制和CEO大使制全面接管地方事务和驻外机构，达成中央政府的直接管控。他还以行政改革、人员调整的方式将大量亲信安排在政府关键职位，并且逐渐拉拢本应保持党派中立的参议院，推荐自己的亲信成为参议院正副议长。

在基本控制国会和政府机关的同时，他信还试图将权力渗透至军队中。泰国军方自1932年革命以来一直在泰国政坛中占据重要的地位，虽然1992年之后进入文官执政的时期，但军队效忠王室，仍有较强的独立性和影响力。他信力图促使军队服从于政府领导，自2001年担任总理后，多次利用人员调整的机会提拔亲信至军中的重要岗位，甚至不与枢密院主席炳·廷素拉暖商量，便将泰国军队最高的实权将领素拉育·朱拉暖（SurayutChulanon）从陆军司令岗位调离，任命自己的堂兄采西·西那瓦接任。素拉育·朱拉暖则被安排担任武装部队总司令，这只是泰国军方礼节性的职位，并没有多少实权。这一系列行为彻底激怒了军方，也为此后2006年的军事政变埋下了祸根。

他信与王室的关系也比较微妙，虽然表面上效忠王室，但他信于2009年接受采访时承认内心有改革王室体制的想法。2005年4月他信在玉佛寺主持祈福仪式，成为反对派攻击的重点。玉佛寺是泰国王家寺院，坐落在大皇宫内，一般是王室御用的寺庙。他信去此处祈福，被指责是为了篡夺国王的权力。此事在林明达和其他媒体的报道下引发了满城风雨，他信功高震主，想要废除王室、担任总统的传闻不胫而走。最后还是国王亲自出面表示不在意这种"冒犯"才了结此事。但他信与王储，也就是如今的拉玛十世，关系密切，被认为是在拉拢王储，分裂王室，引起了国王的不满。而且泰国民间有一传说，吞武里王朝的唯一一位国王郑信王在宫廷叛乱中死于却克里王朝（亦称"曼谷王朝"）的一世王手中，他在临死前发下了诅咒："却克里家族所有人一定死于非命，惨死横死，在地狱中遭受折磨，一定会惨遭背叛，永远煎熬，不得宁日，王朝十世而亡。"当时的国王已经是曼谷王朝第九世王，而泰语中他信（Thaksin）的名字与郑信王的名字（Taksin）发音极为接近，民间有传说他信是郑信王转世，来终结却克里王朝的统治。不知拉玛九世是否也听过这一传说，但从此后的种种表现来看，王室对他信的不满是非常明显的。

他信政府与中产阶级、军方、王室之间的矛盾长期堆积，最终于2006年年初爆发。林明达和曼谷前市长占隆领导"人民民主联盟"（The people's Alliance for Democracy，简称"民盟"），多次开展大规模的反他信示威游行。民盟的主要成员是曼谷的中产阶级，他们宣称拥护王室，因此以王室的象征色黄色为组织的标识，成员游行示威时大多身着黄色服装，因此也被称为"黄衫军"。此后的十余年内，黄衫军多次组织游行示威、占领机场、冲击政府大楼等，成为泰国街头政治的重要力量。他信的支持者则穿上红色的服装，成立了反独裁民主联盟（National United Front of Democracy Against Dictatorship，简称"反独联"），与黄衫军对抗。

为了避免社会分裂矛盾激化，他信宣布解散议会，重新进行大选，泰爱泰党有坚实的民众基础，他们相信可以通过再次大选确立自身的合法执政地位，从而平息矛盾。2006年4月2日，泰爱泰党获得了66%的国会席位。但在反对方号召民众抵制大选的情况下，泰爱泰党在多个地区未能得到20%以上的选票，无法产生议员。此次大选引发了宪政危机，他信临时将政府权力移交给副总理，确保拉玛九世登基六十周年庆典顺利举行。

此后宪法法院以众议院解散后不足45天不能举行大选为由，宣布大选无效。他信于5月23日宣布担任看守总理，引发了新一轮的抗议。此后几个月内，泰国一直处于分裂和斗争中，两方阵营彼此攻击使曼谷陷入混乱，暴力冲突一触即发。

7月21日，拉玛九世国王批准了于10月15日再次举行大选，他信一方信心十足，认为泰爱泰党会再次赢得选举，但军方没有给他信这个机会，在示威活动愈演愈烈的情况下开始酝酿政变以求打破政治僵局。当时的泰国军队最高实权领导人是陆军司令颂提·汶雅叻格林（SonthiBoonyaratglin），他是国王授意选择的陆军司令，与他信素来不和。在反他信示威活动如火如荼时，他反对宣布国家进入紧急状态，还要求军队电视台报道示威情况，一方面鼓励民盟进行反他信示威，另一方面也展现混乱场景，为军事政变提供合理性。最终在2006年的9月19日，趁他信赴美国参加联合国大会，颂提指挥军队占领曼谷市中心，包围政府大楼和总理府，宣布推翻他信政府。政变集团给出的理由是他信政府威胁王室、腐败滥权、干涉独立监察机构运作、干涉军务、侵犯人权，引发史无前例的社会分裂。

此后他信开始了流亡海外的生涯，先后居住于英国和日本。2008年2月至8月，他短暂返回泰国对数十项指控进行辩白，但最后于8月11日参加北京奥运会开幕式之后，在英国申请政治避难。虽然他信此后长期无法回到故土，但他的影响力仍然渗透在泰国政坛中，直接导致了泰国此后十余年中的"红黄之争"。

| 第十一章 |

# 当代泰国的政治困境

# 第十一章　当代泰国的政治困境

1992年的"黑色五月"事件后,泰国进入了文人民主的新时期,军人势力逐渐退居幕后,成为王室权威的忠实维护者。这一时期的民主政府执政仍然面临着不少困难,政党林立、利益集团渗透、贿选舞弊等现象频发。这一困局促成了1997年"人民宪法"的诞生,泰国在民主化进程的道路上向前迈出一大步。

然而1997年的"冬阴功"金融危机重创了泰国社会,产生了深远影响。为了带领国家走出泥潭,泰国王室和数任政府采取了不同的解决方案。拉玛九世推动"充足经济"思想,号召泰国走上自给自足的道路,建设内生型经济结构,发展农村地区的潜力,减少对国际资金和市场的依赖,提升风险防范能力。而1997年临危受命的川·立派政府路线却更加依赖国际金融力量,其政策包括向国际货币基金组织借贷巨额资金稳定市场,出售国内优质资产以求渡过困境等。以上这些政策未能解决泰国长期积累的经济结构弊病,民众对川·立派政府也逐渐丧失信心。2001年,他信·西那瓦领导的泰爱泰党在大选中横空出世,他信政府主张采取"双引擎"战略,一方面开拓海外市场,一方面以市场经济促进农村发展,取得了较好的效果,泰国经济也得以复苏。

他信是泰国实行民主选举以来首位任满四年的民选总理,也是首位成功连任的总理。他推行的各种政策惠及广大草根阶级的利益,因而获得了大量选票支持。但这也改变了泰国长久以来的政治生态,倾向于农村和低收入群体的政策导致城市居民、中产阶级、军队、王室等各方的利益都受到影响。他信也因此遭到批评,认为他是用国家资源换选票。此外他信以权谋利、限制新闻媒体、干涉司法独立的问题也饱受非议,最终引发了泰国社会的割裂。他信一方的支持者"红衫军"与反对者"黄衫军"在曼谷街头示威游行引发混乱,导致了2006年的军事政变。虽然他信在政变后不得不流亡海外,但这一场"红黄之争"还远没有结束。

# 一、"红黄之争"

## 反他信势力的政治武器

2006年9月19日,泰国军方发动政变推翻了他信政府。此次政变爆发之前,炳·廷素拉暖将军作为王室枢密院主席曾多次向官兵强调,军队应该忠于王室而非他信政府。政变之后,炳将军也带领颂提等政变将领面见拉玛九世,获得了国王对此次政变的认可。陆军司令颂提将军担任民主改革委员会主席,暂时行使政府权力。

这是1992年以后泰国发生的又一次军事政变,引起了国内外强烈的反对声音。泰国军人集团虽然不敢再直接把控政治权力,但仍然对泰国政局有着决定性的影响力。2006年10月过渡政府成立,枢密院大臣、前退役军官素拉育·朱拉暖(SurayutChulanon)担任总理。他承诺用一年时间重新制宪,并举行大选,还政于民。在这一年中,过渡政府中亲他信的势力被逐渐清洗,保守派、亲军方的人士占据了权力部门的要职,而且不断谋取经济利益。他们推行的新宪法引发了反对人士的不满,最终在争议声中勉强通过全民公决。

2007年版新宪法提升了军方和司法机构的权力,强化了议会对政府的约束,还规定宪法法院有权解散政党。宪法法院的法官并非民选产生,主要由军方势力遴选任命,因此在此后体现出了强烈的反他信政治倾向,也成为保守势力反他信攻势中与"黄衫军"协同呼应的重要武器。2007年5月,宪法法院判决泰爱泰党在大选中存在舞弊行为,被依法解散,该党111名执行委员五年内不得从政。

但解散政党并没有动摇他信势力的根基,泰爱泰党党员纷纷转投亲他信的人民力量党(People's Power Party),使得该党一跃成为泰国政坛的重要力量。2007年的大选中，虽然亲军方势力施加了种种限制手段，推出民主党作为竞争对手，希望将政府权力把守在曼谷官僚阶级之中，但他信执政期间的惠民口碑仍然保证人民力量党获得了233个众议院议席，超过民主党的165个。人民力量党领袖沙马·顺达卫（Samak Sundaravej）当选总理，他上台后公开表示自己是他信的代言人，逐渐将他信的亲信重新带进政府内阁之中，并且决议修改2007年军方推动的宪法。

沙马推动修宪的行为被认为是在给他信铺平重返政坛的道路，反他信势力在"人民民主联盟"（简称"民盟"）的带领下，开始组织大规模的"黄衫军"抗议示威活动，要求政府停止修宪，并对他信在职期间涉嫌贪腐的案件开展调查。"黄衫军"多次占领机场、电视台、政府部门办公地，造成了极大的混乱，还爆发了多次流血事件。在事态即将失控之际，宪法法院判决沙马·顺达卫由于主持烹饪类电视节目收取报酬，违反宪法，将其解职。这一理由令人啼笑皆非，沙马本人热爱烹饪，他经常以拿手的泰国菜招待同僚和外国来宾，在出任总理之前他已经担任多年的电视烹饪节目主持人，这也为他赢得了亲民的好口碑。泰国历史上不乏涉嫌贪腐或面临更严重指控的领导人，但只有沙马成为当时唯一一位被法院判决下台的总理。这一案件也由于存在严重的政治化倾向而饱受争议。

沙马下台后，人民力量党推选颂猜·翁沙瓦（Somchai Wongsawat）接任总理职务。颂猜是他信的妹夫，他试图平息街头运动的努力并未收到效果，同时还面临着军方和反对党的猛烈攻击，处境岌岌可危。2008年10月，泰国最高法院判决他信由于涉嫌非法购地，被判处有期徒刑两年。随后宪法法院于2008年12月2日宣判，判决人民力量党和其他两个亲他信政党在2007年大选中舞弊，依法解散，各党行政委员五年内不得参政。但在宪法法院宣判之前，颂猜的夫人也是他信的妹妹瑶瓦帕·翁沙瓦（Yaowapha Wongsawat）及时注册成立了为泰党（The Puea Thai Party），这一政党成为人民力量党的替身，吸纳了该党大部分成员，保留了他信派的政治力量，以备东山再起。这一幕与一年前泰爱泰党被解散时如出一辙，不到两年的时间内，宪法法院先后两次解散他信方政党，两位总理被解职，可见该时期的宪法法院受到了反他信势力的影响，成为军方合法的不流血武器，代表的是保守派和精英阶级的利益。

## "黄衫军"的街头运动

反他信势力控制了泰国的军警、法院等国家机器，但单凭政治手段来夺权无疑是对民主的践踏。在动用司法武器的同时，大量反对他信执政的民众也纷纷走上街头，形成了一股强大的力量。在他信的第二个任期时，泰国媒体大亨林明达和曼谷前市长占隆便组织成立了"人民民主联盟"，发动群众进行街头示威，抗议他信独断专行。这些民众在街头示威时通常身着代表王室的黄色着装，因此被称为"黄衫军"。组成"黄衫军"的民众主要是政府公务员、专业人士和工薪阶层，他们大多居住于曼谷，属于城市中产阶级，在他信惠农政策下遭受了损失。其领导人之一占隆在1992年时是反对素金达将军执政的民主派先锋，而十余年过去，他代表的中产阶级在民主化的道路上走向了保守，反过来与军方、王室等传统权力阶层联手，压制农民和城市贫民组成的草根阶层政治力量。

而2006年1月，他信将西那瓦集团股份出卖给新加坡淡马锡控股公司的事件，进一步加剧了民众的不满。人们纷纷指责他信利用税法漏洞逃避缴税，将涉及国家安全的产业出售给外国公司。2006年2月起，"黄衫军"组织了多次大型反他信集会，而他信支持者则从北部、东北部农村赶到曼谷，与之形成对抗之势。双方对峙局面趋于白热化，最终导致军方发动政变接管政权。

在素拉育过渡政府之后，他信派势力凭借广大草根阶级一人一票的力量，在2007年年底的大选后重新执掌政权。沙马·顺达卫高调宣布自己是他信的代言人，并且推动修宪为他信回国参政铺路。2008年年初，他信结束流亡返回泰国，这引起了反他信势力的极大不满，"黄衫军"再度组织起来走上街头。

2008年5月25日,"黄衫军"组织了数千人发动街头示威,沙马总理表示可能采取暴力驱散的措施,反而使得示威人数骤增至10万人。他们长期驻守在总理府门前,搭起帐篷、封锁道路,要求沙马政府下台。8月26日开始,"黄衫军"的抗议示威规模进一步扩大。当天清晨,部分示威者冲入泰国国营电视台NBT,要求其转播"民盟"控制的ASTV节目。此后数万名民众身着黄色服装占领了泰国总理府、财政部等国家机关的政府大楼,导致政府运作瘫痪。"黄衫军"以总理府为抗议活动的指挥部,宣布将长期占领直至政府下台。沙马总理强调自己是民选总理,拒绝辞职,但表示不会采用武力手段驱散,避免引起流血冲突。军方则表示示威活动可控,不会发动政变。8月28日,法院批准了警方对"民盟"领袖的逮捕令,但示威群众将领袖团团围住,阻止警方入内拘捕,双方陷入僵持。

在曼谷的示威行动陷入僵局之时,"黄衫军"在国内其他地区开始发难,数千名示威者闯入位于普吉、合艾、甲米的三座机场,封锁周边公路,导致机场被关闭,数千名旅客滞留在机场内。同时泰国铁路、航空、电力、水务部门的大量员工也集体酝酿罢工。沙马总理与军方协商颁布紧急状态令,但并未得到支持,反而被军方领袖敦促辞职以满足"黄衫军"示威者的要求。

9月2日,他信和沙马政府的支持者也组织起来,他们与"黄衫军"民众之间发生暴力冲突,造成至少1死43伤。眼见事态升级,沙马总理宣布曼谷进入紧急状态,命令军队驱散示威者,但军方拒绝执行命令。沙玛总理得不到军方支持,虽然一再强调自己不会低头,但也承认政府已经无力应对示威的局面,需要国会的力量来平息动乱。

经过了半个月的对抗和混乱后,泰国宪法法院出手,9月9日的一纸判决终结了沙马总理的任期,由于他主持烹饪节目获取报酬被判违宪,黯然下台。他信的妹夫颂猜接任沙马担任总理,但这对于"黄衫军"来说只是他信替换了他的"傀儡",不愿和解的民众继续其示威活动。

10月5日，警方逮捕了占隆等示威活动领导人，引发"黄衫军"更大规模的示威，大量民众从总理府前往国会大厦，破坏颂猜在国会的首次施政方针宣讲。警方为维持秩序与示威者爆发冲突，他们发射的催泪弹导致人群踩踏，至少2人在冲突中死亡，400多人受伤。新总理颂猜被困在国会大厦中十余小时，最后不得不翻墙乘坐直升机离开。此后的一个月内，泰国陷入了一片混乱，总理颂猜拒绝辞职，数次遭到示威者围攻，而总理府的示威现场周围也发生多次爆炸案，造成民众伤亡。

11月25日晚，"黄衫军"强行进入曼谷素万那普国际机场，26日又占领曼谷廊曼机场，致使曼谷所有民航客货运输陷入瘫痪。占领机场的过程中，有人趁乱引发冲突、制造爆炸，导致多人受伤，还造成6000余名外国游客滞留机场，引发了国际关注。此后的一周内，多国政府派出包机接走滞留泰国的本国游客，并且呼吁泰国和平解决动乱。"黄衫军"占领机场的行为造成了巨大经济损失，也使泰国的国家形象严重受损。为尽快平息动乱，泰国宪法法院于12月2日做出判决，解散人民力量党、泰国党和中庸民主党，颂猜也被迫离开总理职位。12月3日示威者逐渐撤离机场，航空服务逐渐恢复。据估计，此次占领机场事件造成近30万外国游客滞留泰国。12月5日是拉玛九世王的生日，"黄衫军"方面迅速结束了示威活动，避免影响庆典仪式，社会各界也期望国王能够在惯例的生日讲话中为泰国政局指明方向。但拉玛九世最终因病未能发表讲话。

反他信势力以"人民民主联盟"为核心，组织了大量民众进行街头示威活动，导致泰国社会陷入混乱和冲突之中。在全国范围来说，"民盟"和"黄衫军"的人数并不占优，但他们大多集中于曼谷，能够较好地集中力量，在政客的引导和军方的默许下组织大规模的抗议示威活动，把持国家命脉。"黄衫军"的街头政治是反他信运动的强大驱动力，而宪法法院等政治武器则顺水推舟，起到了一锤定音的作用。在这两股强大力量的作用下，他信势力败下阵来。

## "红衫军"的抵抗

军方和保守势力在反对他信执政的过程中可以选择的方式较为丰富，可以通过2007年宪法将宪法法院、选举委员会等司法机构把控在己方势力手中，从而作为政治武器打击亲他信政党的发展。同时还建立"人民民主联盟"发动"黄衫军"群众走上街头，以暴力手段对抗政府。军方并未直接发动政变掌权，而是放任"黄衫军"开展示威行动，并且以解决冲突为名敦促沙马总理下台。

相比之下，他信势力能够采用的斗争方式较少。广大草根阶级的群众通过选票为泰爱泰党、人民力量党争取执政的机会，但两次被宪法法院宣判解散，因此他们也选择了"人海战术"来展现其民意基础，事实证明这也是一条行之有效的道路。

2008年12月2日，人民力量党被勒令解散，大量议员转移到了新成立的为泰党中，议员数量仍然在议会中占有优势，因此希望继续领导执政联盟。但在军方的威逼利诱下，他信此前的许多政治盟友产生了动摇情绪，最终投向对方阵营。12月9日，民主党宣布联合多个政党组建新一届政府，而新总理的人选并未经过全民大选，而是在国会中召开特别会议由议员选出。最终民主党候选人阿披实·威差奇瓦（Abhisit Vejjajiva）当选总理，他于2008年12月18日宣誓就职，成为泰国当时最年轻的总理。他的当选是在军方支持下，获得了王室、司法机构、中产阶级等精英阶层支持的结果，炳将军对此表示："此乃国家之幸。"

但对于支持他信的广大草根阶级来说，这一结果是无法接受的，他们无法通过选票表达政治诉求，意味着他们唯一的政治武器也被剥夺。阿披实的当选被反对者认为是"静悄悄的政变"，少数精英阶级通过政治利益交换凌驾于广大民众之上，激起了强烈的反对声浪。数量众多的他信支持者联合到一起，以"反独裁民主联盟"（National United Front of

Democracy Against Dictatorship，简称"反独联")之名，身着红色衣物、手持他信画像，走上街头举行抗议活动。12月28日，大批"红衫军"抗议者在皇家田广场和国会大厦前举行集会，要求阿披实下台并解散国会。他们效仿此前"黄衫军"的做法，包围国会大厦，试图阻止阿披实的就职演说。但阿披实改为在外交部发表了施政纲领。随后新年到来，"红衫军"的民众纷纷离开曼谷，示威活动临时解散，宣布在2月再度集结。

虽然阿披实不断表示要缓和社会矛盾，实施"和解路线图"，但实际上却不得不配合反他信势力的行动。他所处的民主党议员名额不占优势，联合政府执政基础脆弱，他本人担任总理的合法性也存在问题，因此不得不依靠军方、王室和法院等机构来维护自身的地位。阿披实虽然表示要惩办"黄衫军"此前占领机场的行为，但实际上却将"黄衫军"的几名领袖纳入内阁，甚至担任外长。他深知此前"黄衫军"街头运动的威力，因此频频调用军警驱散、镇压"红衫军"示威行动，这反而引起了更大的矛盾和冲突。

2009年年初，"红衫军"再度集结，向政府提出几项诉求：惩办组织占领机场活动的"黄衫军"领导人、修改2007年宪法、解散议会重新大选等，但遭到阿披实政府的拒绝。此后在他信的远程鼓励和经济支持下，"红衫军"的运动愈演愈烈。2009年3月26日，大批"红衫军"示威者包围并占领了总理府，当天他信通过视频向数万名示威群众讲话，指责枢密院主席炳将军是政变的幕后指使者，进一步激化矛盾。4月11日，泰国作为主办国在芭提雅举办第4届东亚峰会，东亚各国领导人纷纷来到泰国准备参加会议。但"红衫军"将此看作向世界表达自身政治诉求的舞台，在外国代表团驻地外和警察发生对峙，并冲入峰会现场，导致会议紧急取消。阿披实只得宣布芭提雅进入紧急状态，保护各国领导人安全离开。这一事件严重损害了泰国的国际形象。但动荡并未结束，此后曼谷等地也爆发了"红衫军"示威，阿披实本人乘坐的车驾也遭到攻击，抗议民众甚至控制了军队的2辆坦克和1辆装甲车。最终泰国军警在全国多地宣布紧急状态，镇压抗议示威。此次军方没有拒绝政府的要求，而是积极采取清场行动。驻守在总理府的民众被军队包围，双方在4月13日造成严重流血冲突，导致至少2人死亡，113人受伤。为了避免人员伤亡，"红衫军"领袖迫于军方压力，将示威群众解散。当天是泰国宋干节的第一天，这一年的节日庆典也因惨剧而全部取消。

4月17日，"黄衫军"的发起人林明达遭遇枪击，两名枪手用AK47和M16步枪向其座车扫射，发射了100余发子弹，导致其头部受伤，经过抢救脱离危险。这一事件震惊了泰国各界，也预示着泰国的混乱远远没有结束。

2010年年初，"红衫军"再度大规模集结，引发了新一轮动荡。2月26日，泰国最高法院判决，从他信及其家族760亿泰铢（约合23亿美元）的冻结资产中没收非法所得部分，总计463.73亿泰铢（约合14亿美元）。这一判决旨在摧毁他信及其家族的经济基础，引起了反政府人士的强烈不满。3月12日起，成千上万的"红衫军"成员从泰国北部、东北部等地涌入曼谷，四处搭设演讲舞台和帐篷，准备参加"百万人游行"。"红衫军"方面预估支持者将达到100万人，而政府估计的示威人数大约在10万左右。"红衫军"领导人一再强调，将采取非暴力的手段表达诉求，但政府方面仍派出了5万多警察和军队维持治安。3月14日，"红衫军"集会达到高潮，并且向阿披实政府发出最后通牒，要求24小时之内解散国会下议院，举行新大选。在要求遭到拒绝后，"红衫军"策划了"血溅曼谷"活动，数百名示威群众和反政府政党议员纷纷献血，分阶段向总理府、民主党总部和阿披实官邸泼洒100万毫升鲜血，从而提醒政府官员——他们正在践踏人民的鲜血。

他信的支持者中有一大部分来自外府，他们无法放下自己的生活长期驻扎于曼谷，因此此次示威活动的规模迅速减小。4天后，集会人数锐减至4万左右。为重新扩大示威队伍，"红衫军"领导人宣布将举行舞蹈等"文化演出"，并且到曼谷大街小巷游说民众加入集会，最后宣布将以轮替的方式无限期驻扎曼谷。而他信也在不断远程鼓励民众，继续坚持抵抗政府。此后"红衫军"转变了策略，离开了政府机关，转而占领了曼谷商业中心地段和交通要道，影响了大量民众和商户营业。政府出面与"红衫军"领袖开展了数次谈判，都没能达成一致。

4月6日泰国民主党建党67年纪念日前后，"红衫军"和军警之间的冲突升级。之后的几天内，曼谷陷入一片混乱，对峙情况下不断有手榴弹、催泪瓦斯等武器爆炸，"红衫军"先后冲击并占领总理府、电视台等重要据点。4月10日，阿披实下令由军队驱散"红衫军"，造成24人死亡800余人受伤，其中包括一名路透社的日籍记者在采访时中弹身亡。政府指责有恐怖分子混入示威人群中制造了流血冲突，"红衫军"方面则予以否认。这一次冲突为双方此后的谈判增添了障碍，"红衫军"要求副总理素贴为流血事件负责，否则将继续集会示威。4月22日，曼谷街头发生5起手榴弹爆炸案，又造成3人死亡，70余人受伤。

谈判无果的情况下，阿披实政府再次下令军队清场，镇压示威者。5月13日起，军方封锁了"红衫军"的集会区域，士兵开着装甲车，对抗"红衫军"用轮胎、竹竿和铁丝垒筑的防御工事。冲突过程中，"红衫军"领导人之一卡迪亚·萨瓦滴蓬（KhattiyaSawasdipol）被狙击手命中头部身亡。军方的强力镇压持续了近一周，造成大量流血冲突事件，最终造成39人死亡，300余人受伤。最终5月19日，"红衫军"领袖向警方自首，表示将解散示威活动，从而保护普通民众。但"红衫军"的民众不甘心失败，在曼谷30余处大型商场纵火，造成了巨大的经济损失。

此次冲突从三月中旬开始，一直持续了两个多月。军方多次使用暴力手段武力镇压示威民众，导致至少88人死亡，1885人受伤。是1992年"黑色五月"事件之后，泰国爆发的最大一次流血冲突，给泰国社会留下了深深的伤痕。"红衫军"民众散去后，泰国在曼谷和全国多地实行宵禁，延续了近半个月，政府和法院向他信发出逮捕令，认为他煽动民众，涉嫌恐怖活动罪。

阿披实政府虽然用暴力手段驱散了"红衫军"的示威民众，但加深了泰国社会的割裂，饱受国际社会批评。最后在内外交困的局面下，阿披实不得不在2011年5月提前半年解散政府，举行大选。他信一方再次以压倒性优势赢得了大选，为泰党获得了265个议席，民主党获得159个，亲他信的草根阶级再次以选票表达了自己的政治诉求。

纵观这一阶段，他信一方虽然也在国会和司法机关对阿披实政府发出抗议，但收效甚微。不论是在国会发起对阿披实总理的弹劾案，还是在宪法法院起诉民主党涉嫌滥用政治发展基金，最终都被驳回。而"红衫军"的抗议虽然遭到泰国军方的无情镇压，与此前"黄衫军"的街头活动形成鲜明对比，但最终仍是给阿披实政府造成了巨大压力，最终不得不提前重新大选，为草根阶级争取到了以选票发声的权利。

## 英拉政府

经过红黄两派数年激烈的街头斗争，泰国社会厌倦了动荡和混乱，急切期盼着和平稳定的局面。2011年5月，阿披实总理提前解散政府举行大选，泰国迎来了走向平稳的机会。这一次大选的竞争空前激烈，为泰党推出他信的妹妹英拉·西那瓦（YinglakChinnawat）作为总理候选人，而民主党则继续推选前任总理阿披实。这两个党派在当时影响力最大，而阿披实与英拉一个帅气一个美丽，这次选举也被认为是帅哥美女之间的大对决。

阿披实在上一个任期中没能弥合泰国社会的裂缝，反而造成激烈的流血冲突，导致民众的不满。为了获得民众支持，他在此次大选的宣传过程中也承诺了许多惠民政策，但他本人充满精英阶级气质，在进入基层与民众交流时总是显得冷漠而不自然，在菜场进行宣传时甚至被小贩摊主谩骂，民众对其非常不信任。反观英拉，她的形象气质极佳，而且平易近人，饱经创伤的泰国社会需要一双温柔的手来抚平伤痕。再加上他信一方原本便有极强的群众号召力，她作为他信的妹妹，能够借助他信的经济支持和政治影响力为自己宣传拉票。最终她和她所在的为泰党赢得了选举。军方无力改变这一压倒性结果，承认了为泰党的胜利。

英拉上台后，泰国社会一度看到了和解的希望。英拉自己也曾经表示，作为女性总理，性别不是工作的障碍，反而有助于促进各方团结，因为她比很多男同胞更有耐心，更容易促进和解。在她任期的前两年时间内，泰国政局也的确较为稳定。一方面是由于为泰党在国会中不仅获得了500个议席中半数以上的席位，还联合了其他5个小党组成执政联盟，把控了众议院60%的席位，占到了绝对优势。英拉首届内阁36名成员中有27名来自为泰党，基本把控了政府的行政权力。2012年，前泰爱泰党解散后被禁止参政5年的执行委员纷纷回归政坛，更是为英拉政府添砖加瓦。另一方面，英拉表示不会复仇，但会保留阿披实政府设立的"真相与和解委员会"，确保其独立和中立的立场，调查2010年3—5月镇压"红衫军"流血冲突的真相。她还批准了一项补偿方案，向2006—2010年政治冲突中受到伤害的民众提供总计20亿泰铢（约合6300万美元）的补偿，同时安抚了红黄两派的情绪，确保不会再一次出现街头暴动。最后，英拉十分重视与军方的关系，她并没有像哥哥他信一样过多干涉军方运作，而是对当时的陆军司令巴育·占奥查（Prayut Chan-ocha）保持尊敬，主动协调政府和军方的关系。她的态度得到了巴育的认可，表示新政府和军方能够保持良好关系。

但随着时间推移，执政经验不足的英拉政府也出现了诸多问题，她的政府频频进行内阁改组以平衡执政联盟内各方利益，而且时刻面对来自反对党的攻击，导致她执政不稳。2013年，她推动的大米典押政策被爆出造成1360亿泰铢的财政损失。这一计划虽然初衷是惠及农民，以远高于市场水平的价格从农民手中购买稻谷，统一调控后用于出口。但由于国际米价低迷，泰国政府的高价稻米难以卖出，积压在仓库中生虫发霉。政府无力及时向农民支付典押款，导致为泰党的传统"票仓"泰国东北部和北部出现农民示威游行。而且典米政策执行过程中出现了大量贪腐问题，导致英拉政府受到广泛批评。

压垮英拉政府的最后一根稻草还是关于他信的问题，此前被暂时掩盖的矛盾还是逐渐浮出水面。2012年起，为泰党便开始推动和解法案，试图对2005年9月15日起至2011年5月10日期间所有政治相关的违法犯罪行为予以赦免。这一法案的赦免范围包括他信，使其回国继续参政变为可能。这触及了反对派的底线，数千人包围了国会表示抗议，国会不得不无限期推迟审议该法案。但1年以后，英拉在国会再次推动这一"大赦法案"，掀起轩然大波。民主党指责英拉是他信的代言人，亲自下场开始组织反政府集会，而参与者多为此前的"黄衫军"。

2013年11月25日，民主党的数万名支持者占领了财政部和外交部，要求英拉下台。英拉坚称不会借助军方力量暴力驱散示威民众。民主党在国会中也发起了对英拉的弹劾，但无法撼动为泰党议席数量的优势，英拉轻松过关。此后示威活动继续扩大，民主党的议员，包括前总理阿披实都亲自下场带领民众游行，导致5个政府部门被迫关闭。与此同时，英拉的支持者们也身着红衫赶往曼谷，以"捍卫民选政府"为口号，与"黄衫军"对垒。12月1日，"红衫军"刚刚在曼谷的国家体育场内安营扎寨，当晚便与"黄衫军"在兰甘亨大学的集会现场突然爆发冲突。现场出现枪击事件，造成至少5人死亡，54人受伤。为避免两方民众发生更严重冲突，"红衫军"领导人立即宣布停止集会，退至泰国其他地区开展抗议活动，"黄衫军"则得以继续控制曼谷。12月3日，"黄衫军"反政府示威者冲破了警方阻拦进入总理府和警察局，警方则动用催泪瓦斯、水炮和橡胶子弹进行镇压，造成大量示威群众受伤。

示威活动在12月5日前后短暂平息，警方和示威民众为迎接拉玛九世王的生日，纷纷搁置争议，握手言和。警方拆除路障和铁丝网，邀请示威者进入政府工作地，手持鲜花送给示威民众。双方一改此前的紧张对抗氛围，彼此微笑拥抱合影，唱歌跳舞，呈现了泰国街头政治的一副奇景，也展现了拉玛九世王至高无上的地位。但双方只保持了一天的和平，国王生日一天后欢乐气氛一扫而空，示威集会地点再度爆发枪击事件。

面对可能升级的事态，英拉主动表示愿意谈判，不排斥辞职或解散议会，重新大选。她敢于这样做主要是出自对为泰党选票的自信，认为可以在新大选中获得胜利。但民主党和反政府示威领袖并不同意这一方案，他们认为众议院受到为泰党把控，坚持建立"人民委员会"来推选新总理，组建临时政府。反政府示威团体领袖素贴宣称这是人民的呼声，号召民众于12月9日参加示威，争取形成百万人示威的巨大声势。这一目标是否达成并没有官方统计，但英拉还是迫于压力宣布解散国会下议院，表示将尽快重新举行选举。不过她也表示将继续担任看守政府总理，直至2014年2月2日举行大选。反对派对此并不买账，他们的目标是彻底清洗他信势力，因此要求英拉立即辞职。甚至有示威者要求他信家族成员全部离开泰国。对此英拉含泪表示自己已经退无可退，她作为泰国公民有权居住在自己的国家，希望受到公平对待。

此后的两个月内，泰国政治陷入僵局，英拉表示不会辞去看守总理职位，要求反对派用选票说话。而民主党在1992年之后就再也没有在民主选举中获胜过，因此极力号召民众抵制大选。同时他们也继续组织民众游行示威，发起了"封锁曼谷"行动，中断城市的交通运输。其间不断有爆炸案和冲突发生，造成人员伤亡。

反对派的示威和封城行动一致持续到了2014年2月2日大选当天，全国各地都充斥着紧张气氛，多个投票点因示威活动而关闭。大选过后，为泰党和民主党都宣布了"胜利"。为泰党预计已经拿到了下议院半数以上席位，甚至最终可能达到300个席位。而民主党的获胜理由是：部分投票站未能按时开放，此次选举结果会被取消。最终泰国宪法法院在3月21日以6∶3的票数判决此次大选无效，理由是选举投票未能在同一天进行，而英拉看守政府与选举委员会也未能就补选事宜达成一致。这对英拉政府造成了极大打击，他信一方再也没有其他手段来掌握局势，因为民主党表示会延续抵制大选的政策。

在一方支持一方抵制的情况下，举行大选也无法打破泰国的政治僵局。

最终是泰国宪法法院又一次站出来发挥了重大作用。2014年5月7日，宪法法院宣判：英拉2011年将时任国家安全委员会秘书长他汶·批恩西（ThawilPliensri）调离岗位的行为是滥用职权，为自己亲信谋利，因而解除其总理职务。英拉成为继沙马、颂猜之后，第三位由于宪法法院判决而被解除职务的泰国总理。

英拉下台后，副总理尼瓦探隆·汶颂派汕（Niwatthamrong Bunsongphaisan）接任临时政府总理职务。反对派依然不满这位来自为泰党的新总理，骚乱仍在继续。5月20日，泰国军方突然宣布全国戒严。5月22日军方主持各方参加会谈，试图寻找出路，但最终的结果令人失望，为泰党、民主党、"民盟""反独联"各方难以妥协，未能达成一致。当晚，军方召开电视记者会，宣布接管政权，成立全国维持和平秩序委员会（National Council for Peace and Order，简称"维和委"），巴育将军担任总负责人，并且暂时代理总理职务。

这是自2006年来军方的又一次政变，也代表着泰国军人集团在1992年"黑色五月"的挫折之后，强势回归泰国政坛。这次政变引发了国际舆论争议，认为是对民主的践踏。但事实上，泰国的民主已经陷入了困境和僵局，在民主党的抵制下，大选已经失去其代表民意的功能，无法解决泰国精英阶级和草根阶级之间的矛盾。面对国家日渐陷入混乱和动荡，这一场"红黄之争"，最终在军人集团的干预下画上了句号。

# 二、巴育政府的执政困境

## 巴育军人政府的改革措施

2014年5月22日，军方宣布接管政权，陆军司令巴育·占奥查以军人身份担任临时总理。泰国此前陷入了长达6个月的动乱，曼谷主干街道被占领，商业中心被破坏，交通和经济长期处于半瘫痪状态，导致民众生活极为不便，因此泰国社会早已厌倦了红黄两派之间的无休止争斗。此时军方出面干预在国内并没有激起过多反对，反而得到了许多民众的支持。民调显示，巴育领导军队执政1个月时的得分为8.82分（满分为10分）。

此次军事政变与2006年针对他信的军人政变达到了同样效果，军方和反他信势力的目标都得到了满足，而他信一方的政党和领导人被迫下台。2006年军人发动政变后不久便将政权交给临时政府，由退役将军素拉育担任总理，而且在2007年迅速组织了大选还政于民。但2014年巴育领导政变后，意图建立一套新的执政体系，一方面彻底打破泰国文人政府争斗不休的怪圈，从体制上改革泰国体制，另一方面也是为军人集团重回泰国权力中心打牢基础，准备长期执政。

2014年政变之后，军方组建了全国维持和平秩序委员会（National Council for Peace and Order，简称"维和委"），取代国会和政府行使国家权力。2007年的宪法被临时废除，并邀请朱拉隆功大学的法律教师起草了一部临时宪法，于2014年7月22日生效，赦免了发动政变的军人，并赋予"维和委"巨大权力，使得该委员会的领导人集立法权、司法权和行政权于一身。2014年临时宪法第44条还规定维和委员会主席拥有下令阻止及镇压任何威胁公共和平秩序或国家安全行为的权力，被批评是拥有了宪法赋予的"绝对权力"。[①]

临时宪法还赋予"维和委"任命国家立法会议的权力，200名议员中有超过半数来自军队，改变了由政党人士主导议会的局面。立法议会成立后，迅速推选了新政府的总理，巴育作为唯一候选人以191票赞成，3票弃权的成绩当选。他于8月25日获得国王御准，成功组阁，任命军官掌

---

① 巴育此后"建设性地"使用这一条款，在2017年永久宪法颁布前便使用了近200次。2017年4月7日新宪法生效，但2014年临时宪法第44条赋予全国维持和平秩序委员会主席的权力，仍作为附录第265条被保留下来，直至产生新的民选总理。

握了政府的实权职位。此后，巴育又主导成立了国家改革委员会和宪法起草委员会，其中的委员都由"维和委"主导任命。至此，巴育的军人政府建立了以全国维持和平秩序委员会为核心的执政新体系，由立法议会、政府、国家改革委员会和宪法起草委员会在不同方面配合，促使军方及其支持者主导了泰国的权力系统。

新执政体系的建成为巴育争取到了更多时间，他领导的军人政府并没有急于制定宪法、举行大选，而是利用临时宪法赋予的近乎一言九鼎的权力，逐步制定新政治规则，为军人集团继续掌握政局打好基础。军人临时政府如果长期执政，很可能导致国内外对于泰国民主制度的批评，巴育政府最终的路线还是需要修订宪法、举行大选。虽然 2015 年 1 月 23 日，英拉因大米典当案被判渎职遭到弹劾，5 年内不得从政，并且于 2017 年流亡海外，但泰国草根阶级对于为泰党仍然保有支持，是军人集团最大的政治对手。于是此后的数年时间内，巴育政府通过宪法制定选举规则，确保为泰党无法凭借草根阶级"一人一票"的战术，再次控制下议院半数以上席位。

巴育政府最重要的政治改革手段便是推行新宪法，在新的执政体系中，巴育已经将他信方势力排除在各大权力机构之外，并且以防止他信势力重新掌权为原则，要求军方任命的国家改革委员会和宪法起草委员对未来的政治版图做出规划。经过数次波折和推延，新宪法最终于 2017 年 4 月 7 日得以实施，成为了巴育继续把控政局，实现"军转民"过渡的重要基础。

2017 年新宪法以多种形式限制他信方政治力量。第一，宪法为未来的大选制定了十分复杂的选举规则，核心宗旨是为了下议院能够出现更多的中小型政党，从而避免为泰党一党独大。第二，2017 年宪法规定，新国会首次举行会议后的 5 年内，由军方任命 250 名上议院议员，他们有权和 500 名下议院议员共同选举总理，而总理未必出自民选议员，只需要获得国会两院议员 750 票中半数以上的赞成票便可当选。这一规定基本上在大选之前便为巴育锁定了上议院议员的 250 票，他只需在下议院中获得 125 票便可稳稳当上总理。相比之下，为泰党一方领导人想要成为总理，则需要获得下议院375票以上的压倒性胜利。这是此前的历次大选都无人企及的成绩，在新的选举规则下，更是不可能做到。第三，新宪法规定，曾经犯罪的人不能担任议员、部长和总理等职务。这彻底封死了他信、英拉以及为泰党一些骨干成员再次出任政府高官的道路，因为他们都在此前因为贪腐和渎职等各种问题被法院判刑。

这部宪法的推进过程一波三折，最终在2016年8月7日举行了全国公投。公投中设置了两个问题：（1）你是否同意新宪法草案？（2）你认为在大选后国会召开首次会议后的5年内，上议院是否有权与下议院共同参与总理选举。最终这次公投得到了59.4%的投票率，两个问题分别获得61.3%和58.1%的赞成票。巴育政府推行的新宪法草案得到了通过，这也基本宣告了他在2019年的大选中获得了较大优势。

## 巴育军人政府的发展规划

在政治改革之外，巴育政府在2014—2019年执政期间还十分注重国家的未来发展规划。此前约10年的时间内，泰国社会陷入分裂，导致国家发展路线不清晰，经济下滑严重。尤其是2008年、2009年和2011年示威活动频繁的年份中，GDP增长率仅为1.72%、-0.69%和0.84%。巴育政府开始执政后，开始制定长期发展计划，为泰国指明此后的前进道路。

2017年，泰国内阁批准了"国家改革法案"和"国家战略法案"，成为泰国未来20年发展的指导纲领。2018年10月13日，泰国首部《国家20年发展战略规划（2018—2037年）》获得国王签署批准，正式颁布实施。该规划制定了泰国今后的长期发展目标，力争到2037年将泰国建成稳定、富裕、可持续发展的发达国家。而2017年宪法则为这一发展规划保驾护航，规定未来产生的新政府也必须执行该规划，确保了军队的治国理念能够长期影响泰国国家发展思路。

此外，2017年6月，巴育总理和副总理颂奇·乍都西披塔

（SomkidJatusripitak）宣布了"泰国4.0"战略规划，指出泰国此前经历了三个阶段，分别以农业（泰国1.0）、轻工业（泰国2.0）、重工业（泰国3.0）作为国家经济发展支柱，但也导致泰国面临"中等收入陷阱""不平等陷阱"和"不平衡陷阱"。而"泰国4.0"战略着重发展高附加值经济产业，目标是经济繁荣、社会福祉、提升国民价值和环境保护，确定了十大重点产业，并规划了"东部经济走廊计划"（EEC）和"南部经济走廊计划"（SEC）两大战略性项目。这一规划将成为泰国今后数十年的发展重心，并且重点促进该战略与中国"一带一路"倡议的对接，为泰国今后的经济发展奠定了方向。

除此之外，巴育政府还逐渐解决了前任政府的农民欠款问题，稳定了大米生产；大力发展基础建设，制定了大量铁路、公路、港口、机场的建设计划。在军人政府执政期间，泰国经济发展水平逐渐稳定，2014—2019年的GDP增速分别为0.98%、3.13%、3.43%、4.17%、4.22%和2.15%。虽然经济发展数据不及他信和英拉执政时期，导致泰国民众认为政府未能改变泰国经济不景气的状况，但巴育政府在临时执政期间保证了泰国社会的稳定和安全，让泰国社会回到了正向发展的轨道上。

## 拉玛九世国王去世

在巴育军人政府临时执政期间，泰国还发生了一件大事。2016年10月13日，泰国国王拉玛九世普密蓬·阿杜德因病去世。普密蓬国王享年89岁，从1946年登基后共在位70年，是当时全世界在位时间最长的国王。

拉玛九世王多才多艺，由于早年在欧洲求学，能讲6种欧洲语言。他还擅长音乐、绘画、摄影，曾创作40多首广为流传的歌曲，并且举办个人摄影展。1967年普密蓬国王甚至代表泰国参加了第四届东南亚运动会，获得风帆项目金牌。为表彰其对体育运动的贡献，1987年他获得国际奥委会执行委员会授予的奥林匹格最高荣誉勋章。可以说国王本人具有极强的个人魅力，是泰国人崇拜的模范。

但拉玛九世深受百姓爱戴，主要还是因为他对民生的关注。自登上王位以来，拉玛九世几乎走遍了泰国的每一寸土地，去各地考察人民的生活，面对面与百姓交流，并且和农业专家一起制定乡村农业发展规划。他手拿地图册、脖子上挎着相机的形象深入人心。通过长年累月的调研，他深深体察泰国广大农民生活之不易，于是充分动用自己的智慧和能力去帮助百姓。他于20世纪70年代开始推进"皇家工程"，先后通过3000多个项目主导开发农业、环境、公共卫生、水利、通信系统，帮助小农户提高自身能力建设，大大改善了泰国农村的面貌。此外，拉玛九世王还亲自在王宫中设立试验田、农场、鱼塘和果园等，集中科研人员进行农业技术研发，将适合泰国国情的农业技术推广到贫穷的农村地区。他曾发明治理废水的充气式水车，能够有效地治理废水、减少污染，获得了2000年世界科技发明博览会的"杰出发明奖"和"优秀研究成果奖"。他还努力帮助山区农民改变落后生产方式，脱离种植鸦片的恶习，帮助他们改种其他蔬菜和农作物，温和而又有效地减轻了泰国社会中毒品泛滥的问题。拉玛九世将泰国人民时时刻刻装在心中，也因此得到了人民的爱戴。

通过总结经年累月的惠农助农经验，加上对泰国社会的深刻观察，拉玛九世于1994年提出了泰国自给自足发展的"新理论"，并在此后将其发展为"充足经济"理论，倡导"中间道路"，帮助泰国在全球化的背景下可持续地平稳实现现代化建设。这一哲学得到泰国社会的广泛认可，成为泰国国家社会经济发展的指导性原则，写入了2007年以后的各版本宪法中。

拉玛九世国王初登王位时并无实权，但在随后的70年中，他逐渐赢得人民的爱戴，成为泰国国民心中神一般的人物。他在位期间见证了多次泰国政治危机，1973年学生运动和1992年"黑色五月"事件都是在他的调停之下而平息，原本争斗不停的各方势力在他面前都只能跪俯聆听教诲，可见他对当代泰国的影响力之巨大。

拉玛九世去世当晚，全国民众陷入一片悲痛之中，成千上万的民众聚集在医院外痛哭落泪。泰国总理府当晚发布公告，宣布泰国进入国丧期，所有政府公务员戴孝一年。此后一年内，数千万泰国人民先后前往大皇宫吊唁先王。2017年10月25—29日，拉玛九世的葬礼隆重举行，移灵队伍过处人民纷纷跪拜行礼，悲痛落泪，悼念这位"泰国7000万子民共同的父亲"。

拉玛九世驾崩后，他与诗丽吉王后唯一的王子玛哈·哇集拉隆功继位成为泰国曼谷王朝的第十位国王。拉玛十世王出生于1952年7月28日，曾先后在英国和澳大利亚留学，返回泰国后进入泰国军队中任职，1972年起被立为王储。2019年5月，先王哀悼期结束后，拉玛九世举行了登基大典，正式加冕。

拉玛十世的个人威望在短时间内难以媲美先王，但得到了拉玛九世留下的大量政治遗产。首先，军方是拉玛九世最坚定的拥护者，拉玛十世登基后也得到了军方的强力支持。在巴育政府推行2017年宪法时，新国王提议修改了部分涉及王权的条款，强化了国王权利，比如可以亲自任命摄政王、可以否决国会部分法案等。其次，拉玛十世的11位枢密院大臣中有8位都是先王留下的旧臣，他们都是历经风雨而不倒的政坛精英，带领着整个保守派力量为新国王出谋划策。最后，拉玛九世数十年勤政爱民，为王室积累了极强的民意基础，泰国许多民众经过数十年的皇恩洗礼，已经对王室产生了一种深入心底的崇敬。任何对王室不敬的言行，不仅将面临刑法的严厉惩处，还将面临广大民众的唾弃。

但时代在迅速地变化，拉玛九世的个人影响力也将随着时间不断消退。随着年轻一代逐渐崛起，泰国王室面临的是一个全新局面，如何在新时代顺应潮流乃至主导潮流，这是拉玛十世王正面临的一个难题。

## 2019年大选

在经历了普密蓬国王去世的社会巨变之后，泰国社会逐渐度过了哀悼期，也迎来了2014年军事政变以来的首次大选。在此前长达五年的准备期中，巴育政府推动了大量政治改革，历经数次波折，最终成功建立了新的政治规则体系，为其继续掌权打下了基础。

2019年3月的大选共有77个政党参与。曾经上演"红黄之争"的两方势力都有所折损。亲他信势力政党为泰党，在经历了数次打击之后，由素达拉·杰育拉潘（SudaratKeyuraphan）贵夫人[①]担任总理候选人。巴育军人政府执政期间，西那瓦家族的资产被大量冻结，其财力也难以继续支持大规模的群众运动和选举宣传活动。他信和英拉两位前总理相继流亡海外之后，该党开始重新思考自己的政治路线，不再坚持他信代言人的身份，而是希望使政党"去他信化"，起码在表面上不再表现出与西那瓦家族过于密切的关系，流失了一部分草根阶级的支持。在巴育和精英阶级势力制定的新政治规则中，为泰党的选票优势不再明显，实力大减。

而反他信势力的先锋政党民主党，也处于非常尴尬的位置。民主党虽然是泰国历史最悠久的政党，也一直是国会中的大党，但该政党在1992年以后从未赢得过大选。出身于该党的前总理川·立派和阿披实都是在国家动荡的时刻，凭借与王室和军方的良好关系被指派上台，执政合法性遭到质疑。虽然在2013—2014年的街头示威中，民主党成员亲自下场指挥游行，并且集体辞职、号召民众抵制大选，最终沉重打击了他信势力。但在此后的巴育军人政府执政期间，民主党并没有获得多少政治利益。他信势力离开后的权力真空，主要被军人集团所把控，民主党日渐式微。

---

[①] 由于曾经获得朱拉隆功勋章，素达拉·杰育拉潘获得了相应的勋位头衔"坤英"（Khun Ying），常被翻译为贵夫人。

第十一章 当代泰国的政治困境

为泰党和民主党这一对曾经斗得难解难分的政党，在2019年大选前都面临着衰落，这也标志着影响泰国数十年的"红黄之争"基本落下帷幕，精英阶级与草根阶级的割裂被暂时搁置，不再是国家的主要矛盾。而两股新兴政治势力则登上舞台，来势汹汹。

巴育虽然于2014年便从陆军司令位置上退休，但一直得到军方的支持。他的支持者组成了人民国家力量党①（PalangPracharath Party），于2018年10月在选举委员会办公室登记成立，最初共有150多名党员，其中包括三名重量级成员：前泰爱泰党成员、中庸民主党②（PhakMatchimaThippathai）创办者颂萨·贴素廷（SomsakThapsutin），前泰爱泰党成员、他信政府的交通部长苏里亚·宗龙伦吉（SuriyaJuangroongruangkit）以及时任泰国副总理颂奇·扎都西披塔（SomkidJatusripitak）。他们三人被称为"三友"（SamMitr），在维和委禁止进行政治活动的时期，便开始私下与各党议员接触，拉拢成员，因此受到其他政党的批评和攻击。但他们的工作收到了较好效果，成功拉拢了其他政党的多名议员。人民国家力量党最初的150多名党员中，有的曾属于亲他信的泰爱泰党、人民力量党和为泰党，参加过"红衫军"的示威游行，而有的则来自民主党、泰自豪党，属于反他信势力的中坚力量。在新的政治规则之下，双方抛下了成见，共谋出路。无论其他政党如何批评这些"叛逃"的成员，都无力阻止人民国家力量党的势力不断扩大。

除了支持巴育的人民国家力量党外，2019年的泰国政局中又出现了一股崭新的政治势力。塔纳通·宗龙伦吉（ThanathonChuengrungrueangkit）领导的新未来党（PhakAnakhot Mai 或 The Future Forward Party）以黑马之

---

① 该政党的中文译名较多，包括"人民国家力量党""政府民力党""国民力量党""公民力量党"等，此处采用新华社译名。需注意与此前的亲他信政党"人民力量党"（People's Power Party）区分。

② 该党和泰国国民党（Phak Chat Thai）曾与亲他信的人民力量党组成执政联盟，在2008年被宪法法院一同判决解散。

姿横空出世，代表了泰国年轻一代全新的政治理念。21世纪的前15年中，泰国经历了严重割裂和动荡，红黄两派在争斗中都暴露出各自严重的问题，无法代表泰国的未来，泰国民众厌倦了关于他信的争议，急切期待新的政治局面。许多保守精英阶级对巴育政府带来的稳定局面感到满意，但生长于互联网时代的年轻人对此并不买账。他们既不满意红黄两派的常年争斗，也不满意由军人发动政变，重新上台掌权。许多城市中产阶级、学生以及厌倦了政治乱象的人纷纷支持新未来党，认为能够带来一些变化。新未来党的领袖们认为2014年军事政变之后的领导阶层是束缚新一代人民的枷锁，因此提出了鲜明的反军政府执政纲领，要求分散权力、反对独裁、促进政治透明、包容多样性，最重要的是要求改变泰国长期以来的征兵制度，改革军队管理体系，从而削弱军方力量。这些政治理念使得新未来党成为巴育的头号敌人，遭受了许多攻击，但也同时吸引了大量不满军政府长期执政的人士加入到这一股政坛新势力中。

除了鲜明的反军政府纲领，新未来党还有另一个法宝：他们在互联网社交网络中开辟了新的政治营地，博得了大量泰国年轻人的喜爱。党魁塔纳通在大选前年仅40岁，与其他老派政客相比算得上是非常年轻。他高大英俊，又是泰国最大汽车零件制造商高峰集团（Summit Group）CEO的儿子，可以说是名副其实的"高富帅"。他和新未来党成员在社交网络上用年轻人的思维和语言与新一代民众交流，比如对社交网络中的流行趋势频频发声，支持性少数群体权利、支持"ME TOO"反性骚扰运动；再如大胆批评军政府专制，鼓励言论自由等。泰国媒体将他称为"平民亿万富翁"，女网友将他当作年长多金的爱人，一时间他掀起了一阵风潮，成为泰国政坛最耀眼的新星。但也有人评论说，表面上这一风潮是对塔纳通本人个人魅力的追捧，但实际上这是人们对巴育政权"敢怒不敢言"的隐晦表达。

综上所述，在2019年的大选之前，代表红黄两方的为泰党和民主党势力都有所削弱。巴育的人民国家力量党经过数年准备似乎已经胜券在握，但他也还面对着塔纳通领导的新未来党挑战，军人集团干政与追求民主自由的矛盾，又一次在泰国上演。

2019年3月24日，泰国大选正式举行，各个政党对500个下议院席位展开了激烈争夺。泰国选举委员会表示，大选投票率达到了74.69%，有效票比例达到92.85%。但是投票过后，选举结果却迟迟没有宣布，关于大选舞弊的传闻四起。他信和为泰党领袖纷纷表示军方可能有买票、滥权等舞弊手段。但5月13日，选举委员会反而宣布存在舞弊行为的是为泰党在清迈府第8选区中获胜的议员候选人，该地区在5月26日重新投票选举。经过2个月的等待，大选结果最终于5月28日公布：下议院的500个议席中，为泰党获得137席、人民国家力量党获得116席，新未来党获得81席、民主党获得53席，泰自豪党获得51席，此外还有21个小党获得1—10席不等。此次共有27个政党进入下议院，这一数量创下历史纪录。

为泰党获得了最多议席，但并未超过半数，其压倒性选票优势被新的选举规则大大削弱。巴育的人民国家力量党虽然议席数排在第二，但由于已经掌控了上议院的250个议席，他对成为下一任总理几乎已经成竹在胸。新未来党初出茅庐便获得不俗成绩，成为第三大党，这离不开泰国年轻人的积极努力。由于上次大选已经是8年前，2019年大选中有大约700万首次参与投票的"首投族"，他们大部分是年轻人，对新未来党起到了重要支持作用。排名第四位的民主党收获一场惨败，民主党原本和巴育军人集团同属反他信阵营，但党主席阿披实与巴育政见不合，公开表示不会与人民国家力量党合作，导致民主党内部产生分歧。最终该党获得53个议席的成绩，只能与传统的中型政党泰自豪党平分秋色，阿披实因此引咎辞职。

2019年6月5日，新一届国会上下两院第一次常务会议召开，选举新一任泰国总理。由于上议院250名议员由军方遴选任命，加上下议院500票中人民国家力量党获得的116票，巴育只需要再争取9位议员支持就可以得到375票，达到总票数的一半。为泰党和新未来党一方推举出塔纳通与巴育对垒竞争，这两党在下议院中的总票数相加只有218票，距离半数所需的375票仍有较大差距。最后经过投票，巴育以500∶244的优势战胜塔纳通，成功当选总理。

值得注意的是，这一数字看似悬殊，但如果去掉上议院议员250票的"先发优势"，巴育最后的总票数仅仅领先塔纳通6票。若非提前预判巴育胜算较大，其他几个大党的态度可能有很大变数。比如民主党前主席阿披实公开表示不支持巴育连任，但他辞职后民主党议员基本全部将票投给了巴育。如果该党议员按照主席阿披实的指挥倒向塔纳通，那么巴育的位置便危险了。但无论如何，经过惊心动魄的大选，巴育最终成功保住了总理的位置，成为合理合法的民选总理。

## 巴育政府继续执政的困境

虽然在2019年的大选中获胜，但巴育的前军人身份仍然在泰国社会引起不少争议，许多年轻人认为他的胜利依靠的是不公平的选举规则，并不能代表民意。他获选当天，社交网络上出现了"#Notmy PM"标签，表明巴育并不是他们心中总理的人选。

巴育的胜利来之不易，军方力量也见识到了泰国新一代年轻人集结起来的力量。塔纳通作为新未来党的领袖，表达了坚定的反巴育立场，并且赢得了大量支持，甚至一度在民调中获得最高支持率。他的崛起必将成为巴育政府此后执政的重要障碍，甚至有可能凭借强大的财力支持成为另一个他信，这是巴育和其盟友不愿看到的。2019年2月起，塔纳通和新未来党遭遇了数次控告，罪名包括涉嫌在网络上散布谣言、煽动民众、组织非法集会、非法持有股份等。在大选后一个礼拜，塔纳通被警方传讯至警察局接受初步审判。审判过程中，来自西方多国大使馆的人员进入警局观察，引起了争议。许多民众和媒体认为塔纳通背后有来自欧美势力的支持，若让他掌握政权，泰国可能被外国势力操控。

2019年11月20日，泰国宪法法庭判决，塔纳通由于在报名参选议员时仍持有 V-luck 传媒有限公司股份，该行为违反宪法，被判剥夺议员身份。而且祸不单行，2020 年 2 月 21 日，宪法法院再次宣读判决，裁定党魁塔纳通通过新未来党贷款 1.91 亿泰铢是违法行为，该党被判解散，16 名执行党员 10 年内不得从政。

这两次判决激起了泰国各界，尤其是高校学生强烈的反抗声浪。2 月 21 日当晚，泰国法政大学校园内出现了各种标语和条幅表达不满，声称"这个国家没有公平可言"。此后抗议活动蔓延到全国范围内的高校，朱拉隆功大学、泰国农业大学、清迈大学、兰甘亨大学、艺术大学、施纳卡琳威洛大学、曼谷大学等著名高校学子都纷纷组织集会，抗议新未来党被解散的判决。他们年轻一代集合起来为新未来党投票，但仅仅一年后该党便被宪法法院宣判解散，导致其努力被白白浪费。而且这一幕似曾相识，同样的命运曾经发生在泰爱泰党、人民力量党身上，说明泰国政局仍未能脱离军方保守派的控制。年轻一代凭借选票争取的代言人政党，被保守力量影响下的宪法法院轻易解散，加深了他们对泰国政治旧秩序的失望，于是纷纷组织抗议活动。但就在示威活动愈演愈烈时，新冠疫情在泰国迅速暴发，高校被关闭，集会被禁止，线下的示威迅速偃旗息鼓，学生们只能转到网络空间继续表达抗议。

2020 年 7 月疫情逐步得到控制，针对巴育政府的示威抗议又一次爆发。泰国"自由青年团"（FreeYouth）组织发动了数千人的抗议示威活动，并向巴育政府提出三大诉求：停止威胁民众、起草新宪法、根据民主制度解散议会。这为 2014 年军事政变以来泰国最大示威游行活动揭开了序幕。此后的半年内，泰国各类组织发起了上百场抗议活动。但这些抗议活动与此前"红衫军"和"黄衫军"的街头运动具有显著差别。

首先是示威人数大幅减少，相比起此前街头运动动辄十万人、百万人的浩大声势，此次以学生为主力军的示威活动参加者最多不过几千人，甚至有许多数十人完成的"快闪抗议"。人数减少，但频率更高，这样"去中心化"的形式，使得政府监管更加困难。

第二，这些抗议活动大多带有鲜明的文化标识，年轻一代的抗议者们常年接受大众文化的洗礼，用充满创意的方式表达自己的政治诉求：他们模仿电影《饥饿游戏》中竖三指的手势用于抗议强权；改编动画片《哈姆太郎》的主题曲讽刺当局贪得无厌；身着《哈利·波特》系列小说和电影中的巫师法袍，对抗"不能提及姓名的大反派"等。

第三，示威活动大多通过线上方式进行宣传和组织。泰国民众的社交媒体使用频率高、覆盖范围广，使用互联网媒体的用户人数占总人口78.7%，平均每日在线时间8.44小时。大量泰国年轻人都沉迷于facebook、twitter、youtube等社交平台织造的信息茧房之中，也使得示威活动不必再拘泥于现实世界的街头和广场中，小范围的示威活动配合抓人眼球的标签，也能够形成巨大的声浪。

第四，示威活动并不像此前一样有明确的领导人。此前的示威活动一般都有资深的政客担任抗议领袖，他们身先士卒领导并鼓舞民众，负责与政府谈判，承担被捕、被判刑甚至被刺杀的风险。但此次的学生运动中，虽然有数个"明星抗议者"，但他们均不承认自己的领袖身份，强调自己只是抗议示威民众之一。而在各类团体提出的示威诉求中，大多也都包括了赦免示威者的要求，表现出极强的自我保护意识。

第五，美国和西方国家的各类非政府组织对这些示威者提供了强力的舆论支持，并且与东南亚和亚洲其他各国的学生运动达成呼应。为了巩固示威者在社交网络上的优势，美国的推特公司表现除了偏袒的态度，该公司数次维护示威者，拒绝泰国当局要求删除违反泰国法律的内容。并且于2020年10月，关闭了泰国亲政府方的近千个账号。随着泰国示威活动在网络上的不断发酵，周边国家如缅甸、马来西亚、柬埔寨等国也由于不同原因爆发了青年人抗议示威活动。这些活动背后时常看到有美国和西方国家的"黑手"，他们一边传授"颜色革命"的经验，一边煽动国际舆论为其提供支持。

最后，这一轮示威活动的目标并不局限于泰国政府，而是试图冲破禁忌，对泰国王室表达不满。拉玛九世在位期间始终保持了巨大的政治影响力，但拉玛十世登基之后暂时未能建立起足够政治威严。新一代年轻人对王室的情感远不如老一代，他们在西方民主自由的观念下，难以理解泰国传统的忠君思想。而且王室和以巴育为代表的军方势力形成了利益同盟，在反抗巴育的同时，年轻人也大胆地将矛头指向了泰国王室。2020年10月14日，示威者甚至一度冲击泰国王室车队，以侮辱性语言和手势向王后示威，这是泰国几十年内从未出现过的场景。泰国年轻人不满王室拥有的权力和财富，要求限制王权、减少王室开支预算，要求国王保持政治中立，抵制军事政变，最重要的是要求当局废除刑法第112条：诽谤、侮辱或威胁王室成员将获刑3—15年监禁。

面对示威者频繁的抗议和反对，巴育政府采取了较为强硬的态度。泰国政府数度宣布国家进入紧急状态，控制疫情蔓延的同时也压制示威活动，还逮捕了数十名示威者。此类示威活动也在2022年逐渐减少。

但巴育的执政困境并不仅仅来自外部的反对，他所在的人民国家力量党内部也产生了多次变动。2020年6月1日，该党的18名执行委员集体辞职。同月27日，副总理巴威·翁素万（PrawitWongsuwon）出任新一届党主席。人民国家力量党高层大换血，表明党内出现了较大矛盾。而2020年7月下旬，副总理颂奇以及财政部部长乌达玛等多名内阁部长辞职，引发巴育内阁大改组，也进一步加剧了巴育政府的动荡。

除此之外，2022年8月，巴育总理的执政期限也引起了广泛争议。2014年5月，巴育发动政变，8月24日被任命为总理。此后他执掌军人政府于2014—2019年执政5年。2019年大选后，他转变身份在民选政府中继续出任总理。泰国现行的2017年版宪法规定，任何人不得担任总理超过八年，这引出了相当多的争议。按照2014年8月上任的时间点计算，巴育的总理任期于2022年8月24日到期，应当主动辞职。但他本人和许多政治盟友都不认可这一算法，他们认为总理任期应当从2017年宪法颁布实施开始计算，到2025年才满8年。更有一些支持巴育的人士提出，总理任期应当从上一次大选开始计算，也就是自巴育赢得2019年大选担任民选总理后开始，干满两个任期，直到2027年才算任满。对于这一争议，广大民众的心声与上述观点不同，据泰国多所大学和媒体的民调显示，93.17%的民众认为巴育的任期应当于2022年结束。

8月24日当天，泰国宪法法院宣布暂时停止巴育的总理职务，等待对其任期的裁决，由副总理巴威成为临时看守总理。经过一个多月的等待，宪法法院于9月30日宣布，巴育总理的任期应当从2017年4月6日新宪法生效之日开始计算，之前的总理任期不适用于该宪法，因此他可以继续担任总理，并且参加2023年的大选。虽然巴育这次成功过关，但宪法法院的判决也宣布了他的总理生涯最晚将在2025年结束，即便赢得大选也无法干满下一个任期，2023年的大选情况因此扑朔迷离。

2023年1月初，巴育正式宣布加入2021年成立的联泰建国党（United Thai Nation Party），成为该党的总理候选人，许多政治盟友纷纷跟随其脚步退出执政党加入新党。而人民国家力量党作为执政党，推出了77岁的现任副总理巴威·翁素万成为总理候选人。巴威是巴育多年合作的亲密盟友，两人都曾担任泰国陆军司令，有强大的军方背景支持。泰国各界纷纷怀疑，两人代表各自政党参加大选，是否意味着军方力量的分裂。

除此之外，新未来党被解散后，其主要成员纷纷加入其替身政党"远进党"（Move Forward Party）。被裁定10年不能参政的塔纳通也成立了社会组织"前进团"，与远进党一唱一和，希望在年轻选民中继续获得支持。

2023年大选最大的不确定因素可能要数为泰党的新总理候选人——佩通坦·西那瓦（Paethongtarn Shinawatra）。这位年仅36岁的政治新人是他信·西那瓦的幼女，此前在为泰党担任顾问。2023年1月，她宣布准备好代表为泰党参加大选。虽然政治经历较少，但她一方面具有西那瓦家族的光环，可以承接广大草根阶级对他信势力的支持，另一方面她又富有个人魅力，能够和塔纳通一样通过社交网络吸引年轻人的喜爱。在2023年年初的民意调查中，她的支持率远远高出其他的竞争对手。但是作为他信的女儿，这一身份既是优势也是一种"诅咒"。泰国保守阶级的政治底线是防止他信势力把控政治，即便佩通坦能够获得大量草根阶级和年轻一代选民的支持，她能否在新的政治秩序之中顺利坐上总理职位仍未可知。

  2023 年的大选必然是一次残酷的竞争，精英阶级和草根阶级的割裂仍未消解，新旧两代人之间的政治观念冲突又进一步叠加，泰国历史的进程将走向何方，我们拭目以待。

# 参考文献

## 中文参考资料

1. （澳）安东尼·瑞德. 东南亚的贸易时代：1450-1680[M]. 吴小安、孙来臣、李塔娜译. 北京：商务印书馆，2010.

2. （澳）安东尼·瑞德. 东南亚史：危险而关键的十字路口[M]. 宋婉贞、张振江译. 上海：上海人民出版社，2021.

3. 卜鸿姝，时殷弘. 1976年泰国大规模流血军事政变的前因后果与其一项见证[J].《东南亚研究》.2018年第4期，第15-25，152-153.

4. 段立生. 泰国通史[M]. 上海：上海社会科学院出版社，2019.

5. 段立生. 泰国阿瑜陀耶时期的华人社会[J].《八桂侨刊》2015年第2期，第72-77.

6. （美）戴维·K.怀亚特. 泰国史[M]. 郭继光译. 上海：东方出版中心，2009.

7. 郭净. 土地控制与人力控制——试论古代泰国"萨迪纳制"的功能[J].《云南社会科学》1992年第6期，第52-58.

8. 黄重言、余定邦编著. 中国古籍中有关泰国资料汇编[M]. 北京：北京大学出版社，2016.

9. 何平. 东南亚的封建-奴隶制结构与古代东方社会[M]. 昆明：云南

大学出版社，2011.

10. 贺圣达．东南亚文化发展史 [M]．昆明：云南人民出版社，2011.

11. 贺圣达，王文良，何平．战后东南亚历史发展：1945-1994[M]．昆明：云南人民出版社，1995.

12. 金勇．泰国民间文学 [M]．银川：宁夏人民教育出版社，2011.

13. 金勇．以国王为元首的民主制：当代"泰式民主"的文化建构 [J]．《东南亚研究》2018 年第 2 期，第 94-107，156.

14.（澳）克雷格·J. 雷诺尔斯．泰国的激进话语：泰国萨迪纳制度的真面目 [M]．金勇译：北京：商务印书馆，2022.

15.（泰）黎道纲．泰国古代史地丛考 [M]．北京：中华书局，2000 年版。

16. 吕颖：17 世纪末法国与暹罗外交的斡旋者——塔查尔 [J]．《南洋问题研究》2012 年第 2 期，第 95-102.

17. 梁志明，李谋，杨保筠编著．东南亚古代史 [M]．北京：北京大学出版社，2013.

18. 宋清润，张锡镇．当代泰国政治 [M]．北京：社会科学文献出版社，2021 年版。

19. 宋清润．《泰国军队与政治的关系及其发展趋势分析 [J]．《东南亚纵横》，2020 年第 5 期，第 58-70.

20.（美）通猜·威尼差恭．图绘暹罗 [M]．袁剑译．南京：译林出版社，2016.

21. 田禾，周方冶．列国志：泰国 [M]．社会科学文献出版社，2005.

22.（泰）吴汉泉．朝贡与利润 [M]．王杨红，刘俊涛，吕俊昌译．北京：社会科学文献出版社，2021.

23. 巫凌云．泰国兰甘亨碑铭释文补正 [J]．《云南民族学院学报》1987 年第 2 期，第 82-85.

24. 吴圣杨．八百媳妇遗风余韵——语言民族学视角的泰国女权文化探幽 [J]．《南洋问题研究》2007 年第 2 期，第 67-74.

25. 吴圣杨. 萨迪纳制与暹罗华人的文化适应 [J].《南洋问题研究》2008 年第 1 期，第 82-89.

26. 熊燃、裴晓睿编译. 泰国诗选 [M]. 北京：作家出版社，2019.

27. 周方冶. 全球化进程中泰国的发展道路选择——"充足经济"哲学的理论、实践与借鉴 [J].《东南亚研究》2008 年第 6 期，第 36-45.

28. 周方冶.《王权·威权·金权：泰国政治现代化进程 [M]. 北京：社会科学文献出版社，2011.

29. 周方冶. 泰国政党政治重返"泰式民主"的路径、动因与前景 [J].《东南亚研究》2019 年第 2 期，第 1-28，154.

30. 张锡镇，宋清润. 泰国民主政治论 [M]. 中国书籍出版社，2013 年版。

# 泰文参考资料

1. 参威·加塞锡里.《阿瑜陀耶：历史与政治》，曼谷：社会学人类学教材计划基金会，2000.

2. 丹隆亲王.《泰缅之战编年史》，曼谷：民意出版社，2013.

3. 尼提尧锡翁.《都城沦陷、郑信王以及泰国历史》，曼谷：民意出版社，2000.

4. 帕沙贡·翁达万：《泰国史》，曼谷：YPSY 出版社，2013.

5. 诗琳通公主编著《阿瑜陀耶王朝与曼谷王朝初期的泰国政治》,曼谷:朱拉隆功大学出版社，2006.

6. 诗琳通公主基金会编著《泰国国王名录》，曼谷：诗琳通公主基金会，2011.

7. 苏内·楚丁塔农.《缅泰之战》，曼谷：民意出版社，2013.

8. 泰国科学研究与创新促进委员会.《泰国的民族》，曼谷：泰国高等教育与科技创新部，2021.

## 英文参考资料

1.Baker, Chris and Phongpaichit, Pasuk, A History of Thailand, Cambridge University Press, 2014.

2.Grace, Brewster, A Note on Thailand: The Student Rebellion and Political Change, Southeast Asia Series, Vol. XXII, No. 4. 1974.

3.Hell, S. M, Siam and the League of Nations :modernization, sovereignty, and multilateral diplomacy,1920-1940, Doctoral thesis, University of Leiden, 2007, Retrieved from https://hdl.handle.net/1887/12395.

4.Rappa, Antonio L.,The King and the Making of Modern Thailand, NY : Routledge, 2017.